本書由中國歷史研究院田澍工作室資助出版

主辦單位　西北師範大學歷史文化學院
　　　　　甘肅簡牘博物館
　　　　　河西學院河西史地與文化研究中心

顧　　問　裘錫圭　胡平生　李均明　王子今　吳振武　初師賓

編輯委員會主任　　田　澍　張德芳
編輯委員會副主任　朱建軍　劉再聰　高　榮

主　　編　田　澍
副 主 編　李迎春　楊　眉

編輯委員　（以姓氏筆畫爲序）
　　　　　卜憲群　于振波　〔韓〕尹在碩　田　河　田　澍　朱紅林　朱建軍　李并成
　　　　　〔韓〕金秉駿　侯旭東　〔日〕宮宅潔　郝樹聲　徐世虹　高　榮　孫占宇
　　　　　孫家洲　陳文豪　陳松長　陳　偉　張春龍　張榮強　張德芳　鄔文玲　楊振紅
　　　　　雷黎明　〔日〕廣瀨薰雄　趙　凱　趙逵夫　劉　釗　劉國忠　劉再聰　劉國勝

本輯執行編輯　肖從禮　馮　玉　馬智全　魏振龍　袁雅潔

第十五輯

簡牘學研究

JIAN DU XUE YAN JIU

西北師範大學歷史文化學院
甘肅簡牘博物館
河西學院河西史地與文化研究中心 編

甘肅人民出版社
甘肅·蘭州

圖書在版編目（CIP）數據

簡牘學研究：繁體字版．第十五輯／西北師范大學歷史文化學院，甘肅簡牘博物館，河西學院河西史地與文化研究中心編．-- 蘭州：甘肅人民出版社，2024.8.
ISBN 978-7-226-06124-4

Ⅰ．K877.5-53

中國國家版本館CIP數據核字第2024YN8849號

責任編輯：張　菁
裝幀設計：馬吉慶

簡牘學研究・第十五輯：繁體字版

JIANDUXUE YANJIU DISHIWUJI FANTIZIBAN

西北師范大學歷史文化學院　甘肅簡牘博物館
河西學院河西史地與文化研究中心　編

甘肅人民出版社出版發行

（730030　蘭州市讀者大道568號）

蘭州鑫泰印刷有限公司印刷

開本710毫米×1020毫米　1/16　印張15　插頁2　字數265千
2024年8月第1版　　2024年8月第1次印刷
印數：1~1 600

ISBN 978-7-226-06124-4　　　　定價：80.00元

目　錄

包山楚簡"受幾"類文書及其所反映的相保制度 …… 劉松清　范文强（ 1 ）

清華簡（捌）《攝命》"受幣"問題蠡測…………………… 桂珍明（ 13 ）

簡帛四古本《老子》异文分類研究………………… 陳　晨　趙建業（ 25 ）

簡牘所見秦代公文書保密制度研究………………………… 張　崗（ 44 ）

秦簡"自爵"罪蠡測………………………………………… 李兵飛（ 59 ）

《二年律令·賊律》"亡印"條考略………………… 謝曉燕　皮雙銘（ 71 ）

虎溪山漢簡《計簿》所見"聚"及其户口統計方式蠡測……… 魯家亮（ 83 ）

試析西漢時期寡婦支配財産權利的轉變……………………… 袁　證（ 91 ）

緑緯書與漢代的"公車"上書………………………………… 程帆娟（103）

漢代西北屯戍地區的市場…………………………………… 孫　寧（113）

《懸泉漢簡（叁）》所見典籍殘簡試解……………………… 金玉璞（130）

懸泉漢簡所見敦煌倉儲系統及相關問題…………………… 羅　晨（143）

《懸泉漢簡》讀書札記三則………………………………… 韓　鋭（160）

敦煌懸泉漢簡研究論著目録（1989年—2024年2月）………… 張官鑫（176）

《簡牘學研究》文稿技術規範……………………………………（235）

《簡牘學研究》征稿啓事…………………………………………（237）

包山楚簡"受幾"類文書及其所反映的相保制度

劉松清 范文强

（1. 武漢大學簡帛研究中心 "古文字與中華文明傳承發展工程"協同攻關創新平臺，武漢 430072；2. 襄陽市博物館，襄陽 441000）

内容摘要： 本文分析了包山司法文書中的《受幾》簡，補充論證了"受"指提供擔保，簡文中頻繁出現的連寫的"受""幾"應分屬上下句。文書中所"受"内容爲後面期定之人或事項，蒙後省略"受"的對象。而"幾某月某日"所施加的期限，則是爲了使案件盡快决斷而不滯留，從而有效控制司法案件的處理時間。包山簡中有部分簡揭示當時楚國利用擔保形式對逃亡行爲進行管控，從目前所見的簡牘材料看，這種管理方式還延續到後代，五一廣場東漢簡牘中的"保任"文書即是擔保某人不逃亡。

關鍵詞： 包山楚簡；受幾；相保

包山二號楚墓共出土了197枚司法文書簡，其中編號19-79的簡，共61枚，整理者根據内容歸爲《受期》類。① 篇題"受𠤎"書於簡33背面，它與簡正面書寫的正文的對應關係較爲明晰。下面所舉是簡33、34、37的正面簡文：②

八月辛巳之日，臨陽之御司敗黄异受𠤎（幾），癸巳之日不將五皮以廷，阩門有敗。33

---

① 湖北省荆沙鐵路考古隊：《包山楚墓》，文物出版社，1991年，第272頁。
② 除需討論的字詞外，引用釋文皆爲寬式，主要參看湖北省荆沙鐵路考古隊《包山楚墓》，文物出版社，1991年；陳偉等著《楚地出土戰國簡册[十四種]》，經濟科學出版社，2009年；朱曉雪《包山楚簡綜述》，福建人民出版社，2013年；劉國勝、胡雅麗、陳偉：《楚地出土戰國簡册合集（六）包山楚簡》，文物出版社，2024年。下文引用簡文不再一一注明。

八月辛巳之日，俰舉之關戠公周童耳受昏（幾），己丑之日不將俰舉之關人周敫、周瑶以廷，阩門有敗。泜忻戠之。34

八月己丑之日，福陽宰尹之州里公妻毛受，壬辰之日不將苛厝以廷，阩門有敗。旦墒。37

這類簡的記錄有比較統一的格式，可以從中抽繹出三個主體成分，即時間、事件主體某人、（某人）不如何將"阩門有敗"。儘管格式、内容相對簡單，但有關包山"受幾"簡的概念、内涵却還有值得進一步研討的餘地。本文在已有研究的基礎上擬對"受幾"的涵義、《受幾》簡的斷讀以及其中所反映的相保制度等問題加以討論。

一、"受幾"的涵義及《受幾》簡的分類

1. 關於"幾"的釋讀

簡文"昏"字，整理者逕釋"期"，認爲是期字的异體。① 學者多從之，或把"昏"和"期"字的古文"昇"當作一字。白於藍先生從林澐先生意見提出"肌"（即"昏"）不當釋爲期。② 裘錫圭先生改釋爲"幾"，訓爲"期"，認爲"昏"應該是爲訓"期"的"幾"而造的專字。③ 李家浩先生進一步指出，新蔡葛陵楚簡中零336、341號與"昏"相當的字作"畿"，從"日""幾"省聲。與"期"同義的"昏"或"畿"，傳世文獻作"幾"。儘管過去人們把"昏"誤釋爲"期"，但并不影響對文意的理解，"受幾"之"幾"是期會的意思，指約定的時間。④

"昏"，裘先生釋"幾"可從。在新蔡簡中與"昏中"相當的詞作"畿中"。清華玖《成人》有"中幾"，整理者注釋云："中幾，天星觀、望山、包山、新蔡等楚簡又作'昏（幾）中''曘（幾）中'等，義同於'期中''中期'。"⑤《成人》篇中有關於斷獄過程中應在規定的時間内完成審理的論述，簡文作：

......獄垄（成）又（有）幾，日求毕（厥）審，非緩隹（惟）緾

---

① 湖北省荆沙鐵路考古隊：《包山楚墓》，文物出版社，1991年，第374頁。
② 白於藍：《〈包山楚簡文字編〉校訂》，《中國文字》新25期，藝文印書館，1999年，第189頁。
③ 裘錫圭：《釋戰國楚簡中的"昏"字》，《古文字研究》第26輯，中華書局，2006年，第250—256頁。
④ 李家浩：《談包山楚簡"歸鄧人之金"一案及其相關問題》，《出土文獻與古文字研究》第1輯，復旦大學出版社，2006年，第18頁。
⑤ 清華大學出土文獻研究與保護中心編，黄德寬主編：《清華大學藏戰國竹簡（玖）》，中西書局，2019年，第165頁。

（亟）……23①

賈連翔先生認爲"獄成有幾"等幾處的"幾"字是用了本字。②從文意看，"幾""日"應連言，簡文似當讀作："獄垼（成）又（有）幾（期）日，求氒（厥）審非緩隹（惟）經（亟）。"典籍中常以"期日"表示約定的日數或時間，如《周禮·秋官·司寇》："凡士之治有期日：國中一旬，郊二旬，野三旬，都三月，邦國期。期内之治聽，期外不聽。"《周禮·地官·山虞》："令萬民時斬材，有期日。"孫詒讓正義："有期日者，謂依其所用木之多少，爲其出山入山之日數。""期"後也往往接表具體時間段的時日，如：《吕氏春秋·開春》"韓氏城新城，期十五日而成。"《吕氏春秋·爲欲》"晋文公伐原，與士期七日，七日而原不下，命去之"。《説苑·奉使》"趙簡子將襲衛，使史黯往視之，期以一月六日而後反。"

文獻中亦有"時""幾"連言，如《墨子·尚同中》："春秋祭祀，不敢失時幾。"俞樾《諸子平議·九·墨子一》："幾者，期也。詩楚茨篇'如幾如式'，毛傳訓幾爲期，是也。不敢失時幾者，不敢失時期也。"

2.關於"受幾"的斷讀

"受幾"之義，論説甚多，整理者認爲《受期》簡是受理各種訴訟案件的時間與審理時間及初步結論的摘要記録。受理告訴的官吏必須把告訴的日期、受理人、被告人、原告及案情記録在案，然後送往具有審理權的縣廷。簡上的第一個日期是官吏接受告訴的時間，也稱做"受期"。簡文的第二個日期則是接受告訴後，縣廷決定不對被告起訴的時間。③其他意見大多是將"受期"連屬而解，大體圍繞受理、接受案件的時間或授以限定的日期來闡釋。④

---

① 清華大學出土文獻研究與保護中心編，黄德寬主編：《清華大學藏戰國竹簡（玖）》，中西書局，2019年，第155頁。
② 賈連翔：《清華簡〈成人〉及有關先秦法律制度》，《文物》2019年第9期。
③ 湖北省荆沙鐵路考古隊：《包山楚墓》，文物出版社，1991年，第272頁。彭浩：《包山楚簡反映的楚國法律與司法制度》，《包山楚墓》，文物出版社，1991年，第552頁。
④ 主要觀點如：1.接受年度考核，曹錦炎：《包山楚簡中的"受期"》，《江漢考古》1993年第1期。2.接受指派任務，在約定期限内完成相關事項，袁國華：《包山楚簡研究》，香港中文大學博士論文，1994年，第200頁。3.受理《疋獄》類各項訟案與廷審結果，黄盛璋：《包山楚簡中若干重要制度發覆與争論未決諸關鍵字解難、決疑》，《湖南考古輯刊》第6集，嶽麓書社，1994年，第191—192頁。4.接受訴訟的期約，劉信芳：《包山楚簡司法術語考釋》，《簡帛研究》第2輯，法律出版社，1996年，第17—18頁。5.授以期日、限定聽訟治獄的日期，葛英會：《包山楚簡治獄文書研究》，《南方文物》1996年第2期，第87—88頁。6.下達在限定時日爲某特定行爲的指令，蘇杰：《釋包山楚簡中的"阩門又敗"——兼解"司敗"》，《中國文字研究》第3輯，廣西教育出版社，2002年，第219頁，等等。

對"受""期"的解釋,多數學者都把"受"看作接受、受理之義,"期"指約定的時間。陳偉先生認爲"受期"大概是指接到時間約定。他對"期"字所指有更詳盡的解釋:

> 簡書中的日期Ⅱ就是這個約定的時間。當然,所"期"之時必定與預備在這個時間進行的特定事項相聯繫,這使"期"往往兼有約定時間和事項等多重含義。《詩·鄘風·桑中》:"期我乎桑中",是約於桑中幽會。《左傳》襄公二十三年"明日將復戰,期于壽舒",是約定交戰時間和地點。因此,"受期"之"期"也許兼指所"期"之日以及所"期"之事。①

此外,對於《受幾》簡的句讀,多數學者也都連讀。陳偉先生則提出,簡文"受期"二字也許應該分開,"受"屬上讀,"期"連下讀。對照"疋獄"簡的補充性文字,"期某某之日"與簡81、82中的文句一致。鑒於篇題以"受期"爲名,而同見的其他幾個篇題均采用意義連貫的詞匯,因而暫將"受期"二字連讀。②賈濟東先生針對"受期"簡進一步分析認爲"受"與簡文中的第一個日期對應,根據簡37、55、63、77在日期之後只有"受"而沒有"期",指出并非如整理者所言"受"字後脫"期"字;"期"與第二個日期對應,"期"與簡81、82中"期甲戌之日""期乙丑"的"期"涵義相同,指約定、預定、指定、限定(時間)。但仍認爲"受"指"受理案件"。③陳紹輝先生同意"受"與"期"斷讀,認爲與"受"對應的日期是受理訴訟案件的日期,與"期"對應的日期則是預定開庭審理的日期。④

我們贊同將簡文中的"受幾"斷讀,"受"在文中作擔保講(詳下文),"幾"屬下與某月某日連讀表示規定完成所保之事的時間,需要擔保人在特定的時日做某事。上舉文獻中有"幾日""期日"連言的文例,此處也可與之對照,只不過"幾"後書的是具體日期。當然也有如簡37、55那樣省略"幾"字的情形,我們縱觀這類簡文,因爲是固定且明確的時間,其之前的"幾"也可省略,不會影響對簡文的理解。如果不省,即仍書寫"幾"字,或可視作強調時間的標誌。

因爲篇題直書"受幾"二字,可能導致大家認爲這也應與篇題一致而將簡文"受""幾"兩字連言。其實,篇題《受幾》應該是對這種簡文記錄的概括,指

---

① 陳偉:《包山楚簡初探》,武漢大學出版社,1996年,第52頁。
② 陳偉:《包山楚簡初探》,武漢大學出版社,1996年,第52頁。
③ 賈濟東:《〈包山楚簡〉中〈受期〉簡別解》,《東南文化》1996年第1期。
④ 陳紹輝:《從包山楚簡看楚國的訴訟制度》,《江漢論壇》2008年第5期。

擔保的期日。它囊括兩個時間，也就是説"受幾"對應著擔保人作保之起訖期，即第一個日期爲既定作保時間，第二個日期爲限定完成所保之事的時間。因此，以之爲篇題與簡文中"受"與"幾"應分屬上下句并不矛盾。

"受""幾"兩字斷讀後，所"受"內容爲後面期定之人或事項，蒙後省略"受"的對象，大概是由於《受幾》簡"非常程式化、措辭非常簡練的緣故"①。"幾某月某日"所施加的期限，是爲了使案件盡快決斷而不滯留，從而有效控制司法案件的處理時間。

3.《受幾》簡內容的分類及歸屬問題

陳偉先生認爲原歸入其中的簡58、63和77三簡與"受期"簡體例不符，應從"受期"簡中剔出。②簡58、63中的"受"字，陳偉先生指出，從"受"者有責任讓所"受"之人"以出""以廷"來看，大概是一種擔保制度。③蘇杰先生贊同陳偉先生將"受"解爲擔保，但他認爲58、63號簡仍可統一於《受期》文書，沒有限定日期，并非不要求效率，而是恰恰相反，要求立即執行。④

"受幾"類簡文完整格式基本可以歸納爲：（幾）某月某日，某某受，幾（或省略）某月某日，不……，阩門有敗。雖然簡58、63與基本格式有異，實際上這兩簡是具備擔保時間、擔保人、擔保事項及結果等要素的，仍應歸到《受幾》簡中。即使沒有明確的所期之日，但符合不執行某事將會有"阩門有敗"的結果的情況。而以此來對照簡77的書寫格式，祗記錄擔保的情形，雖然沒有執行期日及將會受到"阩門有敗"的後果，但有擔保日期，因此也可以歸入《受幾》簡。

在厘清了"受"和"畬"的具體意涵後，我們可以對一些簡文的內容重新分析，將其中的擔保人信息及事項分類如下：

擔保內容分類表

類別	擔保人	如期不執行之事項	簡號
A	鄢正婁劃虢	不將龏倉以廷	19
	司豊司敗鄝頎	不將集獸黃辱、黃蚒以廷	21
	司敗黃貴鈉	不將玉令壟、玉婁痍以廷	25
	鄢陽大正鄧生肱	不將鄢陽宣大夫以廷	26

①陳偉：《包山楚簡初探》，武漢大學出版社，1996年，第52頁。
②陳偉：《包山楚簡初探》，武漢大學出版社，1996年，第47—49頁。
③陳偉：《包山楚簡初探》，武漢大學出版社，1996年，第90頁。
④蘇杰：《釋包山楚簡中的"受期"》，《中國文字研究》第4輯，廣西教育出版社，2003年，第154—155頁。

續表

類別	擔保人	如期不執行之事項	簡號
A	䣄尹之司敗郇卣夷	不將䣄尹之邲邑公遠忻、莫囂遠眍以廷	28
	鄅司敗蔡丙	不將鄅之己里人青辛以廷	31
	臨陽之御司敗黃异	不將五皮以廷	33
	佛舉之關哉公周童耳	不將佛舉之關人周敫、周瑤以廷	34
	新游宫中醻之州加公佴彪	不將鸄以廷	35
	宰舸	不將剗君以廷	36
	福陽宰尹之州里公婁毛	不將苛厝以廷	37
	射卣君之司敗臧舸	不將射卣君之司馬駕與射卣君之人南輂、鄧敢以廷	38
	付舉之關敢公周童耳	不將周敫、周瑤以廷	39
	菁陵司敗陞非	不將李義以廷	40
	龔夫人之大夫番兕	不將䢼鄧以廷	41
	五師佶司敗周國	不將鄧扉以廷	45
	越异之司敗番駏	不將越异之大師越價以廷	46
	頽司敗李卺	不將頽宧大夫猒公魯期、陽公穆疴與周愠之分諓以廷	47
	龔夫人之大夫番兕	不將䢼鄧以廷	48
	鄢喬佐宋加	不將鄢左喬尹穆巽以廷	49
	鄅少司敗蔡丙	不將鄅辛以廷	50
	陰侯之正佐猒瘦	不將陰大辻尹宋费以廷	51
	越异司敗番豫	不將越异之大師價以廷	52
	越异之司敗番逭	不將大師價以廷	55
	彭君之司敗遠綑	不將郇遏、舋慶以廷	56
	佶之司敗周惑	不將鄧扉以廷	57
	射卣君之司敗臧舸	不將射卣君之司馬周駕以廷	60
	糒郢司悥秀鄢	不將安陸之下隋里人屈犬、少宧陞申以廷	62
	周賜之大夫陞義	不將猒屋夷、猒臊以廷	65
	鄢正婁蔡玄	不將鄧猷之子娭以廷	66
	鄢君之耆州加公周逪	不將景栖之司敗淨愴以廷	68
	大廄馭司敗雩且	不將大廄馭陳己以廷	69

續表

類別	擔保人	如期不執行之事項	簡號
A	篁敔公若雄	不將縣發以廷	70
	中陽司敗黃勇	不將中陽之仟門人范慶以廷	71
	辻大令珊之州加公周畢、里公周劙	不將辻御率嘉以廷	74
	羕陵正婁邵奇	不將獣旆以廷	75
	噩君之司敗舒丹	不將周緩以廷	76
	長沙之旦墜倚	不將長沙正佐豫思以廷	78
	越异之司敗番岠	不將越异之大師越價	64
B	鄝莫囂之人周壬	不廷	29
	上臨邑公臨佗、下臨邑臨得	不廷	79
	長沙正龔懌	不以廷	59
C	鄳司敗李㠯	不貞周悢之奴以致命	20
	邸陽君之州里公鄧纓	不以所死於其州者之居處名族致命	32
	鄝君之右司馬均臧	不歸板於鄧人以致命於郢	43
	鄰郵大宣屈佗、大佲尹夏句浩	不軛絲且歸其田以致命	67
D	邔司馬之州加公李瑞、里公隋得	不察陳宝頎之傷之故以告	22
	邔司馬豫之州加公李逗、里公隋得	不察陳雒之傷	24
	邔司馬之州加公李倘、里公隋得	不察陳頎之傷以告	30
	雪里子之州加公文壬、里公苛諴	不察公孫虢之伹之死	42
	彭君司敗史善	不察長陵邑之死	54
	邸陽君之州里公鄧嬰	不以死於其州者之察告	27
E	邻少司敗臧未	不將邻大司敗以盟邻之櫨里之敀無有李䎽思	23
	畢右仔尹李肱	不歸鄧人之金	44
	臨陽之宣司馬李牁	不量廡下之賨	53
	新大厩陳漸	不行代陽厩尹郚之人或戠於長沙公之軍	61
	大臧之州人窋聸	不屬人於郲豫	72
	仿令堅	不量騆奉	73

從表中可以看到，如期不執行的事項細緻可分爲"不將某某以廷""不（以）廷""不××以致命（於郢）""不察某某之傷/之死（以告）""不××"五類。除了簡29和72，其他擔保人均爲官吏。根據上文對簡58、63的分析，"不以出""不以朔廷"應當歸到B類，"不以出"爲"不以适出（廷）"之省，由此B類又可歸入A類，省略了所保之人名，實際上只有四類情形。"不將某某以廷"類情形占據多數，即在約定日期不將受保人帶至庭審現場，這裏的主體是相關涉案人。除了對人進行擔保，爲了確保有序處理司法環節，擔保執行人還需要對職責範圍內的事務作出保證，如簡文中要求在限定時間完成的覆命（C類）、察告死傷之情（D類）以及其他各種事項（E類）等。如果沒有按作出的保證來執行相關事務，擔保人就會致使"阩門有敗"。"阩門有敗"是"受期"簡固定的術語，陳偉先生認爲"受期"簡所謂"不如何阩門有敗"，應與簡128所說"不致命阩門有敗"一樣，是對未然之事的一種假設，"阩門有敗"因而應當是某種懲處。[①]游逸飛先生將"有敗"讀爲"有罰"，指接受懲罰。[②]由此可見，針對如期不能完成所保證之事會有懲罰的舉措，這已形成嚴密的程式規範。又因只是預設，未發生實質後果，故而沒有說明具體處罰措施，以"阩門有敗"統而概之。

二、《受幾》簡及其他簡牘所反映的相保制度

我們在上文簡要提到《受幾》簡的"受"字作擔保解。除此之外，早前對有關擔保的討論也涉及《集箸》《集箸言》《疋獄》及"案卷"類簡文中的"受"字。爲方便討論，茲將所涉簡文抄錄於此：

　　……▨魯陽公以楚師後城鄭之歲屈柰之月丁巳4之日，佯大令念以爲剣令圉登剣人。其溺典，新官師瑗、新官令越、新官妻5履犬、新官連囂郜趙、犨得受之。6

　　蔡遺受鑄劍之官宋強。宋強廢其官事，命受正以出之。　中酷許适入之。　咒路公角戠之，義得。18

　　東周之客許桯歸胙於葴郢之歲九月戊午之日，宣王之宭州人苛叟、鄧公艗之州人苛瘦、苛鯤以受宣王之宭市之客苛适。執事人早暮救（求）

[①]陳偉：《包山楚簡初探》，武漢大學出版社，1996年，第50、52頁。
[②]游逸飛：《製造"地方政府"——戰國至漢初郡制新考》，臺灣大學出版中心，2021年，第125頁。

包山楚簡"受幾"類文書及其所反映的相保制度 ·9·

适，三受不以出，阩門有敗。58

九月癸亥之日，鄴之市里人殷𨚕受其兄殷朔。執事人早暮求朔，𨚕不以朔廷，阩門有敗。63

䎽月辛未之日，让令人周甬受正李圓恥以敗田於章國鄾邑。　正義牢獻之77

荆层之月辛巳之日，鈗缶公德訟宋𧉮、宋庚、佐令慇、沈緾、黄鴋、黄㙴、陳欨、番班、黄行、鄧萈、鄧逈、鄧堅、鄧諫、鄧㒸、鄧譁、䥫上、周敓、鄭𨚕、黄爲余、熊相䶂、苛胼、雷牢、塦唇、沈敢，以其受鈗缶人而逃。

疋吉獻之，秀湥爲李。85

八月辛巳之日，鄴陽大夳尹宋歆訟范慶、屈貉、塦疆、塦軍、陳果，以受鄴陽之楃官塦昜昜逃之故。　宵逆，塗愳。87

司豊之夷邑人程甲受汜陽之酷官黄齊、黄䶂。黄齊、黄䶂皆以甘匠之歲䎽月死於聊國東敃卲戊之笑邑。124

夏层之月癸卯之日，獻言市以至，既涉於喬與，喬佐僕受之。　其察，獻言市既以远鄅。128 背

在這些簡文中，陳偉先生最先提出簡58、63的"受"是指擔保義，而後推測簡85的"受"字也許與58、63號簡的"受"相同，是接受鍾缶人而承擔擔保人的責任。① 在此基礎上，學者對包山簡中"受"字可能作擔保解的相關簡文有進一步的闡述，主要有：

熊賢品先生指出簡6、18、58、63、85、87、124、128中的"受"字，似乎與"保"同義，即指互相擔保。當時有在基層之庶民互相擔保之制度，如《管子·小匡》："故卒伍之人，人與人相保，家與家相受"，《吕氏春秋·卷十二·季冬紀第十二》："凡在天下九州之民者……四鄰（鄙）入保。"他將擔保情況分析爲"官民相保"和"庶民相保"兩種情形，指出戰國晚期的楚國在當時的基層社會中已經實行互相擔保的制度。②

劉國勝、劉彬徽先生結合新見的楚簡材料，認爲將簡58、63的"受"解釋爲擔保是合理的。通過對照簡58的"三受"與新見材料中的"五受"，指出這

———
① 陳偉等著：《楚地出土戰國簡册［十四種］》，經濟科學出版社，2009年，第32、41頁。
② 熊賢品：《〈包山楚簡〉所見戰國晚期楚國社會制度研究》，河南大學碩士學位論文，2011年5月，第39—41頁。

是更爲明確的楚簡文字"受"表示擔保之義的用例。① 也對簡6、18、87、77、128等幾條簡文中的"受"表示擔保義做了解析，認爲楚國在基層實施擔保制的目的是對逃亡行爲的嚴防和管控，確保帶受保人到廷。在此基礎上又指出，實際上所有《受幾》簡"幾"的對象都有具體的事項，這些事項可以包含日期，這個日期多是完成事項的期限，但也可以没有具體的期限而完全是針對事來實施"受"的。"受幾"的"受"也不排除就是指提供擔保。②

王捷先生認同"受"是戰國楚地訴訟擔保的表現形式，將擔保的屬性分爲行政與司法事務兩種。但認爲"受期"的"受"指提供擔保的含義需更多資料證實。③

湘鄉三眼井出土了一批戰國簡牘，其中有一枚編號爲5048的竹牘，釋文作：④

　　齊客邸輨迡（蹠）楚之戢（歲）九月甲子之日，大喬尹魯（許）悥（喜）、右喬尹魯（許）止（上）、左喬尹舍（熊）尼獻、喬差（佐）魯（許）漸，以喬墾（舉）賞之不共（供）兀（其）敬（警）事而執之，命足（疋）受。所受賞者：魯（許）荓、吾（伍）丁、胆（廚）連罷（熊）记（起）、虐（吾）晏連罷（熊）卯、黄遊（失）。凡五人以受賞之毋逃亡五戠（歲）。女（如）未妻（盡）五戠（歲）賞逃亡，五受陞（徵）門各又（有）必（匹）馬之貽（令）以亞賞。

這枚竹牘主要是記録賞因"不供其警事"被執後，爲防止其再逃亡而需五位擔保人作保。如果被擔保人在五年内有逃亡，這五位擔保人將受到"徵門各有匹馬之令"的處罰。張家山漢簡《二年律令·行書律》簡265記有"敬（警）事郵"，彭浩先生認爲是指傳送緊急的軍情報告。⑤ 牘文的"不供其警事"可能也是指没有及時從事或承擔傳送緊急文書的任務。

通過以上論述，我們可以看到包山簡6、18、58、63、77、85、124、128中的"受"

---

① 引録部分簡文爲"……凡五人以受賞之毋逃亡五歲。如未盡五歲賞逃亡，五受門……"，參看劉國勝、劉彬徽《也談包山楚簡中表示擔保的"受"》，"中國簡帛學國際論壇2017"，第254頁。
② 劉國勝、劉彬徽：《也談包山楚簡中表示擔保的"受"》，《中國簡帛學國際論壇2017論文集》，武漢，2017年，第253—256頁。文中還由簡5-6和87兩處均爲五人擔保，作出"楚國當時的擔保制度可能有由五家或五比各出一保的做法"的推測。
③ 王捷：《論先秦的訴訟擔保——以出土司法文書爲主》，《政法論壇》2020年第6期，第160—161頁。
④ 竹牘原件曾於2019年11月10日—2019年11月30日在由湖南省文化和旅游廳主辦、湖南省博物館承辦、甘肅簡牘博物館等協辦的"千年遺墨——中國歷代簡帛書法展"上展出。2018年11月16日，由長沙簡牘博物館主辦、湖南省及長沙市多家文博單位聯合籌辦的"湘水流過：湖南地區出土簡牘展"，展出的是竹牘複製件。
⑤ 彭浩：《讀張家山漢簡〈行書律〉》，《文物》2002年第9期。

字作"擔保"解,這在文意的理解上比解釋爲接受、授予、收受、窩藏等義合理,簡文順暢。結合上文對《受幾》簡的分析,"受"字解釋爲擔保也能更好地理解簡文。

由是觀之,戰國時期楚國便以"受"作爲訴訟擔保的一種形式,在訴訟或執行過程中需要對涉案人及事項進行擔保。《受幾》類簡作爲司法文書程式的一部分,能夠比較集中地反映在戰國晚期楚國的擔保制度已規範化。從有關擔保的簡文裏我們可以看到,有基層民衆的相互擔保、地方官員對管理範圍内的官員或民衆進行擔保,地方官員甚至還要保證如期完成復命、察告死傷情況等,這表明國家對地方實行較嚴格且縝密的控制模式。

在古代司法環節中的擔保程序,文獻中也寫作"任"。《周禮·秋官·大司寇》:"凡萬民之有罪過而未麗于灋,而害於州里者,桎梏而坐諸嘉石,役諸司空。……使州里任之,則宥而舍之。"孫詒讓云:"以其本爲害于州里,故役月訖,必使州里之人保任其不復爲惡,乃赦之,使得相督察,禁其怙惡也。""任"也有"保"的含義,即保證、擔保。在五一廣場東漢簡牘中,也常見以"任""保任""葆任"等字詞表示司法環節中的擔保,相關簡文移録如下:[①]

  世、定、昌、匡無他姦詐,請理出付部主者。亭長令具完厚任五人,徵召可得。   《五一[貳]》540

  辟報户曹史棋莫詣曹,願保任守史張普不逃亡,徵召可得,以床印爲信。   《五一[貳]》526+534

  左倉曹史薛憙詣曹,願保任守史張普不逃亡,徵召可得,以床印爲信。   《五一[陸]》2572

  廣成鄉陽里男子黄京不召自詣縣,葆任男子番豫、唐除不兆(逃)亡,以床印爲信。   《五一[貳]》620

  都亭長李宗不召自詣曹,願保任男子劉胡不兆(逃)亡,以床印爲信。   《五一[肆]》1274

  永元十七年四月甲申朔十二日乙未,書佐胡寶敢言之:願葆任效功亭長胡詳不桃(逃)亡,寶手書,敢言之 《五一[貳]》441

  永元十七年四月甲申朔十二日乙未,書佐陳訢敢言之:願葆任效功亭長胡詳不桃(逃)亡,訢手書,敢言之 《五一[叁]》1120

---

① 所引釋文出自長沙市文物考古研究所等編:《長沙五一廣場東漢簡牘》(貳)(叁)(肆)(陸),中西書局,2018、2019、2020年。標點係據文義酌加。

李均明先生對"任""保任"類簡牘進行解析，認爲其與候審取保相關，指出簡文出現最多的是擔保其不逃亡并"徵召可得"，即保證嫌疑人能隨時接受審訊和被召唤。被擔保的對象大多是訴訟過程中待審的被告，也涉及在押服刑的犯人。擔保者有親屬，也有同事或同鄉；被擔保人有官員也有老百姓。擔保人通常需要出具書面保證。[1] 從簡牘記録的内容看，相較於戰國時期，保任制度發展到東漢時已經更加完備且規範，擔保人爲他人作保時需要親自寫保證書或者以"床印"爲信用憑證。

附記：

本文爲國家社科基金冷門絶學研究專項學術團隊項目"中國古代喪葬簡牘文獻整理研究及數據庫建設"（項目批准號：23VJXT008）的階段性成果。

作者簡介：劉松清，女，1993年生，武漢大學歷史學院博士研究生，主要研究方向爲戰國出土文獻。

范文强，男，1971年生，襄陽市博物館副研究館員，主要從事楚文化考古。

---

[1] 李均明：《東漢時期的候審擔保——五一廣場東漢簡牘"保任"解》，《湖南大學學報（社會科學版）》2017年第5期，第1—4頁。

清華簡（捌）《攝命》"受幣"問題蠡測

桂珍明

（復旦大學出土文獻與古文字研究中心、"古文字與中華文明傳承發展工程"協同攻關創新平臺，上海 200433）

内容摘要：清華簡（捌）《攝命》篇中的"受幣"一詞與獄訟問題緊密相關。就"受幣"本身而言，它屬於接受聘享、祭祀的禮物的禮儀交往行爲，而不是"獄訟"中類似"繳納訴訟費"或"受理獄訟"等行爲。《攝命》篇中的主人公"攝"，有出納王命、轉呈下層民衆意見的職責，能在一定程度上參與"獄訟"活動，職能近似"太僕"，故他個人的"受幣"行爲會對獄訟的公平公正産生影響。周王關心"攝"的禮儀交往行爲，實則體現了周人對司法公平和公正的價值追求。

關鍵詞：清華簡（捌）；《攝命》；獄訟；受幣；伯攝；獄訟

一

清華簡（捌）《攝命》篇簡 21—23 有這樣一段文字，整理者釋文如下：

王曰："奊（攝），巳（已），女（汝）隹（唯）沖（冲）子，余既明命女（汝），乃服隹（唯）鹽（寅-夤），女（汝）母（毋）敢橐[①]=（橐橐-蠹飽）。凡人有【21】獄有諹，女（汝）勿受鯒（幣），不明

[①] 按，"橐"，整理者隸定爲"橐"，石小力先生將之改釋爲从"缶"的"橐"字（石小力：《清華簡第八輯字詞補釋》，"清華大學出土文獻研究與保護中心"網 2018 年 11 月 17 日，https://www.ctwx.tsinghua.edu.cn/info/1081/2469.htm），劉信芳先生贊同石氏意見，并補説道，"橐橐，橐橐乃連語，連語記音，用字往往無定，或讀與蘢蘢、蒙蒙、蒙蘢近，謂斷獄之舞弊、欺瞞、暗箱操作行爲"（劉信芳：《清華藏竹書〈攝命〉章句（四）》，"復旦大學出土文獻與古文字研究中心"網 2019 年 1 月 2 日，http://www.gwz.fudan.edu.cn/Web/Show/4371），馮勝君先生將之讀爲"蠹飽"（馮勝君：《清華簡尚書類文獻箋釋》，上海古籍出版社，2022 年，第 337、361 頁）。

于民=（民，民）其聖（聽）女（汝），寺（時）隹（唯）子乃弗受鏥（幣），亦尚夐（辯）逆于朕。凡人无【22】獄亡（无）譖，廸隹（唯）悳（德）亯=（享，享）卻（載）不開（孚），是亦引休，女（汝）則亦受鏥（幣），女（汝）乃尚龸（祇）逆告于朕。"①

此段簡文中的"受幣"一詞具體所指，殊爲難解。整理者在清華簡《攝命》篇注釋第41注解道：

"幣"字從帛，"受幣"見《周禮·小宰》。"聽"謂治獄，《周禮·大司寇》云雙方"入束矢於朝，然後聽之"。簡文"幣"功能與"束矢"相當，"受幣"則謂受理獄訟。②

劉信芳先生理解與整理者不同，他將簡文中前後兩個"受幣"分別作了解釋，指出了二者内涵存在差異，其中"獄譖之受幣"意涵如下：

受幣，整理者注："'受幣'見《周禮·小宰》。"按：簡文"受幣"二例，含義有别。本例爲獄譖之受幣，下例爲享祭之受幣。整理者注："《周禮·大司寇》云雙方'入束矢於朝，然後聽之'。簡文'幣'功能與'束矢'相當，（嚴格地說，整理者所謂"'幣'功能與'束矢'相當"是不準確的。與"束矢"相聯繫之"幣"是繳納的訴訟費，而享祭之"幣"本質上屬於貢賦）'受幣'則謂受理獄訟。"大略可從。③

劉先生還在簡文後文的"是亦引休"與"女（汝）亦受幣"兩處立足"攝"的職事申說"受幣"爲"享祭之受幣"：

（是亦引休）諸侯納幣，"攝"是相薦達經手人，倘若"受幣之事"出現舞弊，不能盡數入庫，是"引休"也。

女（汝）則亦受（幣）："受幣"乃"攝"職守，下文言及"女（汝）母（毋）（婪）"，知"亦受幣"話中有話。《周禮·天官》：小宰之職，"凡賓客贊祼，凡受爵之事，凡受幣之事。"《周禮·春官·小宗伯》"大賓客受其將幣之齎"，注："謂所齎來貢獻之財物。"疏："此謂諸侯來朝覲，禮畢，每國于廟貢國所有，行三享之禮。諸侯以玉幣致享，既訖，

---

① 李學勤主編，清華大學出土文獻研究與保護中心編：《清華大學藏戰國竹簡（捌）》，中西書局，2018年，第111頁。
② 李學勤主編，清華大學出土文獻研究與保護中心編：《清華大學藏戰國竹簡（捌）》，中西書局，2018年，第118頁。
③ 劉信芳：《清華藏竹書〈攝命〉章句（四）》，"復旦大學出土文獻與古文字研究中心"網2019年1月2日。

其庭實之物則小宗伯受之。""人""隹(唯)惪(德)亯(享)"而助祭,汝亦受幣,是輔相重臣之索賄受賄,是瀆職。①

"受幣"一詞在本段簡文中前後出現了三次,前兩處與"獄訟"聯繫非常緊密,所謂的"幣"或有與"訴訟費"近似的含義,然而這對於"凡人無獄無訟"情形下的"女(汝)則亦受幣",則存在解釋上的困境。至少在没有獄訟的情况下,是不存在所謂的"受理獄訟"以及與之相關的"訴訟費"。因此,2019年1月11日晚復旦大學讀書會上,鄔可晶先生指導大家研讀此篇文獻,否定了"受幣"是處理訴訟之事的説法,并指示我們當從其他方向加以考慮。這種看法無疑是正確的,畢竟在涉及"獄訟"的部分,"王"都强調"勿受幣"或"弗受幣"。我們如果將"受幣"理解爲"受理獄訟""繳納訴訟費"之類,這是符合正常司法程序的行爲,理應不會讓"王"多次發言加以申誡。正如整理者分析此句結構時所説,"'凡人有獄有'句與下'凡人無獄無'對文",②那麽此二句中的"受幣"所指及意義也當是相同的。這樣看來,筆者當時也曾將前兩處"受幣"之"幣"理解爲"訴訟費",把後一處"受幣"理解爲諸侯聘享之"禮物",近似於劉信芳先生的結論,實則還有進一步討論的餘地。實際上,對於"受幣"解釋上的差异,正好説明了清華簡《攝命》篇的"受幣"有其獨特的内涵。

二

2019年5月17日,宣柳先生在簡帛網上刊布了《清華簡〈攝命〉第六段讀箋》一文,進一步討論了"受幣"問題,并從攝爲"納言"職官這一方面進行了解釋。針對整理者對"受幣"的注解(見上文),他分析道:

若按整理者解釋,則後半句文意便無從落脚。另外,《周禮·大司寇》"入束矢於朝",以及西周晚期六年琱生簋銘文"公厥稟貝"③(《集

---

① 劉信芳:《清華藏竹書〈攝命〉章句(四)》,"復旦大學出土文獻與古文字研究中心"網2019年1月2日。按,將"受幣"直接理解爲"輔相重臣之索賄受賄""瀆職"似亦不甚妥當,這種周王都明確知道的瀆職行爲一般而言是不大能進行下去的。
② 李學勤主編,清華大學出土文獻研究與保護中心編:《清華大學藏戰國竹簡(捌)》,中西書局,2018年,第113頁。
③ 按,六年琱生簋(《集成》04293)銘文中的"公厥稟貝"不是繳納"訴訟費",裘先生指出此句意爲"召伯虎之父生前所稟受的貝……來抵償'公僕庸土田'的欠賬"。參見裘錫圭《琱生三器銘文新解》,《中華文史論叢》2021年第4期。

成》04293）均顯示，西周時期獄訟之事訴訟雙方需要交納訴訟費。如此，將此處之"幣"理解爲訴訟費便和實際情况相反。

因此，此處"受幣"當非指受理獄訟。幣，《説文》"帛也"，泛指束帛一類的禮物。"受幣"之事多見於禮書，爲覲禮、聘禮等禮儀中必不可少的環節。這裏的"幣"當指訟事相關人員送給王官攝的禮物，具有私人屬性，區别於公事中至於朝的訴訟費用。《儀禮·覲禮》："侯氏用束帛、乘馬儐使者。使者再拜受。侯氏再拜送幣。"賓客致使者之"幣"也屬於私人賜贈，不用上交上級。西周時期，官員間"致幣""受幣"之事常見，爲何此處王告誡攝"勿受幣"？當是由於所涉事宜乃刑獄之事，極爲特殊。①

對於攝"受幣"行爲所涉及的特殊性問題，他從受理"獄訟"的角度進一步分析認爲：

王强調攝不得接受私人禮物，當與獄訟之事的特殊性質有關。官員處理刑獄糾紛時，如接受私人贈賜，則會影響審理的公正性。其行爲與賄賂相類。根據《尚書·吕刑》記載，西周時期在獄訟之事中特别注意防止賄賂行爲。《尚書·吕刑》："典獄，非訖於威，惟訖于富。"僞孔傳："言堯時主獄，有威有德有怨。非絶於威，惟絶于富，世治，貨賂不行。"這是説典獄之事止于貨賂行爲。《尚書·吕刑》："惟時庶威奪貨。"蔡沉《書集傳》："惟是貴者以威亂政，富者以貨奪法。"曾運乾《尚書正讀》："'奪貨'，廣征貨賂，猶上文言麗刑并制也。"《尚書·吕刑》："五過之疵：惟官、惟反、惟内、惟貨、惟來"，"貨"即鬻獄。此外，是篇還有"獄或②非實"的記載，强調賄賂之財不可取。彝銘中亦有表達杜絶腐敗、賄賂行爲的誥誡之語，如西周晚期毛公鼎銘文云："毋敢龏橐，龏橐乃侮鰥寡。"（《集成》02841）"龏橐"還見諸四十三年逨鼎銘文，後者作"雩乃訊庶有，毋敢不中不型，毋龏橐，龏橐惟又宥從，乃侮鰥寡，用作我一人咎"（陝西省考古研究所、寶雞市考古工作隊、眉縣文化館楊家村聯合考古隊：《陝西眉縣楊家村西周青銅器窖藏發掘簡報》，《文物》2003年第6期，第4—42頁）。關於此短語的

---

① 宣柳：《清華簡〈攝命〉第六段讀筆》，"簡帛"網2019年5月17日，http://www.bsm.org.cn/?chujian/8083.html。

② 按，此"或"字，當爲作者誤植，《尚書·吕刑》本經作"貨"。

涵義，學者認爲與受賄有關。（李學勤：《四十三年佐鼎與牧簋》，《中國史研究》2003年第2期，第51—54頁）因此，所謂"弗受幣"當指獄訟之事中不接受賄賂。

總之，根據《尚書·呂刑》等文獻記載，涉及獄訟之事的官員不應該接受私人饋贈，以妨礙聽獄過程中保持中正誠信，不偏不倚。（《尚書·呂刑》中有大量強調治獄原則的語句，如"爰制百姓于刑之中""故乃明于刑之中""簡孚有衆，惟貌有稽""無簡不聽，具嚴天威""民之亂，罔不中聽獄之兩辭，無或私家於獄之兩辭"等）攝平時出納王命，擔任言官，需要親身參與刑獄審理，并亦有將獄辭告于王之職事。因此，王也特別要求其勿接受私人禮物，謀求私利。①

值得注意的是，宣柳先生此文結合《尚書·呂刑》及六年琱生簋（《集成》4293）銘文，將王訓誡攝"受幣"背後的周代司法觀念以及思想觀念背景揭示出來了。特別是"王"提示審理牢獄訟的官員不要收受財貨的相關條目。如"典獄，非訖於威，惟訖于富""惟時庶威奪貨""五過之疵"之一的"惟貨"以及"獄貨非寶，惟府辜功，報以庶尤"等條目，皆體現出了他們追求司法公平、公正的觀念。又如《左傳·昭公十四年》所載"叔向斷獄"，也明確反對獄訟過程中的賄賂，并判定這種行爲有罪：

> 晋邢侯與雍子争鄐田，久而無成。士景伯如楚，叔魚攝理。韓宣子命斷舊獄，罪在雍子。雍子納其女于叔魚，叔魚蔽罪邢侯。邢侯怒，殺叔魚與雍子於朝。宣子問其罪于叔向。叔向曰："三人同罪，施生戮死可也。雍子自知其罪而賂以買直，鮒也鬻獄，邢侯專殺，其罪一也。己惡而掠美爲昏，貪以敗官爲墨，殺人不忌爲賊。②

從《左傳》記載來看，雍子明知自己有罪而以婚姻賄賂叔魚，目的是爲争奪本不屬於他的"鄐田"。叔向在負責處理邢侯、雍子和叔魚案件時，直接點出雍子"明知自己有罪而企圖通過賄賂獲得獄訟勝訴"，叔魚"收受賄賂而不秉公處理刑獄"，"'蔽罪邢侯''抑邢侯'，嚴重違反了訴訟規則，同時還犯了枉法裁判罪。違反訴訟規則，自然導致裁判不公……所以叔向建議既要處罰叔魚，又要處罰雍子，

---

① 宣柳：《清華簡〈攝命〉第六段讀箋》，"簡帛"網2019年5月17日。
② 〔戰國〕左丘明撰，〔西晉〕杜預集解：《左傳（春秋經傳集解）》（下），上海古籍出版社，1997年，第1397頁。

以保證訴訟的公正性。"①文中的"賕以買直""鬻獄"與《尚書·吕刑》反對的獄訟中的"惟貨"行爲具有一致性。因此，在涉及獄訟時，周王强調"攝"的"勿受幣"也當有近似的要求在内。所不同的是，"攝"是負責出納王命，不是負責刑獄的主官，對獄訟有一定影響力，但不是決定性的。

周代在獄訟過程中，收取類似"訴訟費"的行爲，在《周禮·大司寇》中有記載，可見這項制度在當時是較爲成熟的。在西周銅器銘文中，涉及獄訟繳納的物品以"鈞金"爲主，亦有"矢"②，"幣"則爲布帛或玉器等爲主的聘享禮物③，主要用於聘享或祭祀，但收受"貨賄"等禮物的行爲屬於交際範疇，與繳納類似訴訟費的性質截然不同。前者屬於非制度性的個人禮儀或交往行爲，後者如"束矢""鈞金"或適當的布帛④則在正常司法活動中，屬於制度性規定行爲，應當不會引起"王"的過多關注。

三

我們認爲，"攝"之所以會被"王"要求"勿受幣"，當與其所任官職涉及獄訟有關。通過《攝命》簡文可知"攝"的職守雖不負責司法，而其履職時却與司法活動有一定的關聯。宣柳先生將"攝"的身份理解爲"涉及獄訟之事的官員"有一定的合理性。當然，這僅就獄訟等司法活動而言的。其後，宣先生還從簡文中攝"出納王命"這一職事出發，認爲"攝乃言官，主要涉及傳達王命，以及告言于王"。他還結合《尚書·堯典》《北堂書鈔·設官部》《詩·大雅·烝民》《周禮·大僕》等文獻，説明"攝"的"職事與之類似"。此外，他更引《周禮·春官·内史》"掌敍事之法，受納訪以詔王聽治"爲證。宣氏所論"攝"具有"言官"的

---

①張家國：《試析"叔向斷獄"的法律意義——兼論春秋時晉國的法律制度》，《江西師範大學學報（哲學社會科學版）》，2003年第1期。

②杜勇：《清華簡〈攝命〉"受幣"考略》，《中國古代法律文獻研究》第14輯，社會科學文獻出版社，2020年，第4—5頁。

③按，賈公彦認爲"六幣"包括"玉、馬、皮、圭、璧、帛"，"幣"除了"皮馬享幣"外，還有包括"禽摯"。參見〔漢〕鄭玄注，〔唐〕賈公彦疏，王輝整理《儀禮注疏》，上海古籍出版社，2008年，第185頁。

④杜勇先生指出"幣"主要指的是繒帛，而類似"訴訟費"的則主要是"束矢""鈞金"和"貝"三大類。（杜勇：《清華簡〈攝命〉"受幣"考略》，《中國古代法律文獻研究》第14輯，社會科學文獻出版社，2020年，第1頁）不據西周時期涉及司法類銅器銘文來看，此論斷還需進一步申説。五年琱生尊（《銘圖》11816、11867頁）即有"帛束"，亦即"束帛"，《春秋公羊傳·隱公第一》何休解詁曰："'束帛'謂玄三纁二。"〔漢〕何休注，〔唐〕徐彦疏，刁小龍整理：《春秋公羊傳注疏》，上海古籍出版社，2014年，第29頁）。

這一特徵,可能和"攝"能夠參與和影響司法活動有一定的關係。但還需說明的是,《周禮·夏官》中"太僕"這一職官不僅也與《攝命》篇"攝"的職能聯繫緊密,且還有更深層次的內涵,唯有將二者合觀,才能得到更進一步的了解。因此,我們認爲應當將《攝命》與僞古文《尚書·冏命》之《書序》[①]及相關文獻所說的"太僕"問題結合起來進行考查。

《書序》云:

穆王命伯冏爲周太僕正,作《冏命》。[②]

屈萬里《尚書集釋》云:

冏,史記周本紀、説文俱作臩。孫氏注疏云:"臩蓋今文,冏古文也。"僞孔傳云:"伯冏,臣名也。"史記周本紀云:"穆王閔文、武之道缺,乃命伯臩申誡太僕國之政,作臩命。"簡氏集注述疏云:"蓋稱曰大僕,其爲長可知矣。今序又稱正焉。如曰:正,長也。其於大僕,若綴旒然。論語云:'政者,正也。'則正者,所以爲政也。今言爲太僕政也。史記云:'乃命伯臩申誡大僕國之政。'是也。"簡氏申史記之説,是也。周禮夏官序官太僕鄭注云:"僕,侍御於尊者之名。大僕,其長也。"爲,讀去聲。孔壁古文有冏命,已亡于晉永嘉之亂。今尚書中之冏命,乃東

[①] 按,我們引僞古文《尚書·冏命》篇爲證不是信此篇爲真,而是立足於漢代文獻考察關於該篇中伯冏(臩)所任職事的一些綫索。劉起釪先生在《尚書學史》中認爲,"《尚書大傳》和《史記》所載《書》篇與二十九篇的比較"一節,對於《史記》引述《臩命》,他論述道,"臩命 周本紀引述篇名,實即逸十六篇書序之冏命。"(劉起釪:《尚書學史(訂補修訂本)》,中華書局,2017年,第91頁)而他在考察"僞古文《尚書》的篇目構成問題"時指出,"其中只有《大禹謨》《五子之歌》《胤征》《湯誥》《伊訓》《咸有一德》《武成》《旅獒》《冏命》九個篇題在逸十六篇中……而其相同者,只是從《書序》百篇裏選題選篇之偶合。"(劉起釪:《尚書學史(訂補修訂本)》,中華書局,2017年,第189頁)我們雖不信僞古文《尚書·冏命》爲真,但僞書之作,也不全是向壁虛造,其中當有一定的史實根據。如《書序》所述伯冏的職事等,《史記·周本紀》亦有記載。正如王國維先生《古史新證·總論》所論:"研究中國古史爲最糾紛之問題,上古之事,傳說與史實混而不分,史實之中固不免有所緣飾,與傳說無異;而傳說中亦往往有史實爲之素地。"(王國維:《古史新證古——王國維最後的講義》,清華大學出版社,1994年,第1頁)

[②] 按,關於此句,王寧先生將之重新標點爲"穆王命伯冏爲周,太(大)僕(付)正(政),作《冏命》",然訓"僕"爲"附"及疑"僕"本爲"僕"所从之"卜"爲"付"的假借字(參見王寧《由清華簡八〈攝命〉釋〈書序·冏命〉的"太僕正"》,"復旦大學出土文獻與古文字研究中心"網站 2018 年 12 月 6 日,http://www.gwz.fudan.edu.cn/Web/Show/43532018a),於義尚可,然爲何不逕用"付"或"與"予"而用"僕",殊爲難解。馬遷《周本紀》所據《書序》不止此一處,若將此理解爲因不明前紀王世因猜測而致誤,可備爲一説。至於"太僕"是否爲職官,以及此篇是穆王還是夷王或平王之史事,仍有待於新材料加以證實。綜上,我們還是遵從傳統的理解,將"太僕"理解爲職官。當然,《周禮》成書亦較晚,未必符合西周時期的職官實際情況,但從簡文反映出攝的職事來看,大抵近之,故我們才在此基礎上進行考慮,藉此研究"受幣"與他的任職間的聯繫。

晉梅賾所傳僞本。①

《史記·周本紀》云：

穆王閔文武之道缺，乃命伯冏申誡太僕國之政，作《冏命》。②

《史記集解》曰："《尚书序》云：'穆王令伯冏爲太僕正。'"應劭云："太僕，周穆王所置。蓋太御衆僕之長，中大夫也。"吴汝綸曰："《史記》言'命伯冏申誡太僕'，則不爲太僕矣，《序》與《史記》違也。又王道衰微，申誡太僕以國之政而復寧，非僅命爲太僕也。"③程元敏先生則不同意吴说，"敏案：《尚書》篇名'某命'者凡九，《説命》《旅巢命》《微子之命》《賄肅慎之命》《顧命》《畢命》《蔡仲之命》《文侯之命》及本篇，一皆天子命臣工之書，且除《顧命》命群大臣外，'命'上之人名莫非被命之人，故《冏命》，命冏也。安有命之誡太僕而篇以宣命或作命之臣工——冏爲名者乎？《序》依本經立言，馬遷肊説，吴氏過尊《史記》，失之。"④正如王寧先生所説，古書裏没有"太僕正"這個官名和職官。⑤僞孔傳及孔穎達疏將之解釋爲"太御中大夫"。訓"正"爲"長"，誠如簡朝亮氏所言"如曰：正，長也。其於大僕，若綴疣然"，進而他結合《論語》《史記·周本紀》訓"正"爲"政"，甚是。⑥當然，吴氏所言"《序》與《史記》違也"，原因在於他將《書序》"命伯冏爲周太僕正"和"乃命伯冏申誡太僕國之政"看作主體對象不同的二事。其實，乃命伯冏申誡太僕國之政"可理解爲王以太僕之職命伯冏，以"太僕國之政"申誡之，即是說，冏被王册命爲太僕，（并）被王以"太僕國之政"申誡，而不是讓冏去對其他對象申誡"太僕國之政"。由此觀之，程先生之疑似乎可以得到一點疏解。

根據《周禮·夏官·大僕》記載，"太僕"之職掌如下：

---

① 屈萬里：《尚書集釋》，中西書局，2014年，第307頁。
② 《史記》，中華書局，1982年，第134—135頁。
③ 吴汝綸：《尚書故》，中西書局，2014年，第354—355頁。
④ 程元敏：《尚書學史》（上），華東師範大學出版社，2013年，第294頁。
⑤ 王寧：《由清華簡八〈攝命〉釋〈書序·冏命〉的"太僕正"》，"復旦大學出土文獻與古文字研究中心"網站2018年12月6日。按，"太僕正"即太僕諸職的長官，或當如孫詒讓所言："《大射儀》有僕人正、僕人師、僕人士。注云：僕人正，僕人之長。師其佐也。士其吏也。"（〔清〕孫詒讓撰，王文錦、陳玉霞點校：《周禮正義》，中華書局1987年，第2261頁）。胡寧先生則將"太僕正"理解爲"大正"（參見胡寧《論清華簡〈攝命〉中"攝"的職位與職責——以傳世文獻、金文文獻爲參照》，《清華簡〈攝命〉研究高端論壇論文集》，2019年5月31日—6月1日，上海大學古代文明研究中心，第109—126頁；胡寧：《論清華簡〈攝命〉中"攝"的職位與職責——以傳世文獻、金文文獻爲參照》，鄔文玲、戴衛紅主編《簡帛研究》二〇二〇·春夏卷，廣西師範大學出版社，2020年，第25—42頁），可備一說。
⑥ 簡朝亮：《尚書集注述疏》，《續修四庫全書》第五十二册，上海古籍出版社，2002年，第774頁。

大僕，掌正王之服位，出入王之大命。掌諸侯之復逆①。王眡朝，則前正位而退，入亦如之。建路鼓於大寢之門外，而掌其政。以待達窮者與遽令，聞鼓聲，則速逆御僕與御庶子。祭祀、賓客、喪紀，正王之服位，詔灋儀，贊王牲事。王出入，則自左馭而前驅。凡軍旅田役，贊王鼓。救日月亦如之。大喪，始崩，戒鼓，傳達于四方，窆亦如之。縣喪首服之灋于宮門。掌三公孤卿之弔勞。王燕飲，則相其灋。王射，則贊弓矢。王眡燕朝，則正位，掌擯相。王不眡朝，則辭於三公及孤卿。②

通過此段叙述可知，"大僕"掌管王之着裝，對下傳達天子教令，向上轉呈臣下之奏章；掌管諸侯之告請；將窮而無告、擊鼓鳴冤者之冤情及驛站傳遞來的驚急情況稟報天子。此外，還有祭祀、宴享、喪紀之時"贊王牲事"；王出入時親自駕駛副車爲王前導；征伐、田獵時王擊鼓，太僕擊鼓以響應；救日食、月食；傳達天子崩殂之訊息於四方以及喪禮、葬禮諸事的相關儀節；奉王命前往三公孤卿家弔喪和慰勞；王宴飲時，太僕爲之贊；王行射禮，太僕爲王取拿弓和箭；燕朝時，檢視天子朝位是否有誤，充當儐相；天子不上朝，太僕負責向三公及孤卿説明原因。通過分析不難看出，太僕爲"親近王所之官"，③負責王之着裝、宴飲、喪紀、射禮、驅車前導、傳達王命、弔勞大臣、轉呈群臣奏章等事是非常自然的。其中，關涉刑獄者，則爲"建路鼓於大寢之門外，而掌其政。以待達窮者與遽令，聞鼓聲，則速逆御僕與御庶子"，即在天子路寢門外設路鼓，太僕掌之，利用此鼓將窮民之冤情達致於王。④鄭玄還將太僕的此項職能同司寇下屬的訛"朝士"聯繫起來，即"玄謂達窮者，謂司寇之屬朝士，掌以肺石達窮民，聽其辭以告於王"。⑤正因爲太僕的此項職能與獄訟活動聯繫緊密，故而"王"非常重視涉案人員以幣帛禮物賄賂太僕而影響司法活動的公正性。儘管"太僕"具有參與獄訟、傳達民情的職責，但這并不是説"太僕"就衹掌管司法訴訟之事。根據其職守來看，太僕

---

①按，"復逆"，孫詒讓曰："先鄭此注云復謂奏事，與《宰夫》注訓'復'爲'請'義同，奏事即以事白請於王也。逆謂受下奏者，謂王既得所奏事，復下其奏而行之，則迎受王命，與《宰夫》注迎受王命之訓亦同。"參見〔清〕孫詒讓撰，王文錦、陳玉霞點校《周禮正義》，中華書局，1987年，第2497頁。

②〔漢〕鄭玄注，〔唐〕賈公彦疏，彭林整理：《周禮注疏》，上海古籍出版社，2010年，第1209—1213頁。

③〔漢〕鄭玄注，〔唐〕賈公彦疏，彭林整理：《周禮注疏》，上海古籍出版社，2010年，第1208頁。

④按，"窮者"，鄭司農云："窮謂窮冤失職"者，鄭玄以爲"天民之窮而無告"者，參見〔漢〕鄭玄注，〔唐〕賈公彦疏，彭林整理《周禮注疏》，上海古籍出版社，2010年，第1209頁。

⑤〔漢〕鄭玄注，〔唐〕賈公彦疏，彭林整理：《周禮注疏》，上海古籍出版社，2010年，第1209頁。

職能當以上傳下達王的教令及大臣意見爲主。此職爲王的近臣,故王之服飾、宴享、射禮、喪紀乃至"王教王學"諸事皆有豫焉。

又,從清華簡《攝命》篇來看,攝的職責是以"肇(肇)出内(納)朕命""汝隹唯衛事衛命"爲中心的,此其主要職事,①可與《周禮·夏官·太僕》"出入王之大命"合觀。當然,"攝"的其他職責也與"太僕"非常接近,因此我們認爲"攝"爲"太僕"的傳統説法仍是值得重視的。至於簡文"凡人有獄有訾""凡人無獄無訾"之"訾"字,陳劍先生將此字釋爲"訟",②"有獄有訟""無獄無訟"辭例搭配甚好。對於"獄訟"活動中繳納"束矢"和"鈞金"的區別,孫詒讓等禮學家曾有過考察。③但是,這與攝"受幣""弗受幣"性質和作用是不同的。

簡23"廼(乃)隹(唯)惪(德)言"的前提就是獄訟公正。"乃唯",虛

---

① 按,"攝"之職事又不止於此,如還有協"御事庶百""四方小大邦"、瞭解與傳遞民情於王、掌王教王學、掌禮等事。對於"伯攝"所任官職,約有理官、太僕、司徒、大行人、言官等五種認識。馬楠先生主"理官説",她認爲"右者爲'士恚'。《堯典》皋陶作士,士爲理官,掌刑獄,簡文攝之職掌亦與刑獄相關"。(李學勤主編,清華大學出土文獻研究與保護中心編:《清華大學藏戰國竹簡(捌)》,中西書局,2018年,第120頁)程浩先生意見與此不同,"將佑者的職掌與受命者伯攝的職掌關聯起來,當然是很好的思路。但我們猜想'士'字或可從上讀,則前句更作'王在鎬京,格於大室,即位,咸士'。'士'可通'事'"(程浩:《清華簡〈攝命〉的性制與結構》,《清華大學學報(哲學社會科學版)》2018年第5期;程浩:《有爲言之:先秦書類文獻的源與流》,中華書局,2021年,第173頁)陳民鎮先生基本主太僕説,并指出,"《攝命》中伯攝輔佐君王、協調諸侯、體恤小民、參與刑獄、執掌禮儀教化,亦可與太僕之職相參證。雖然《周禮》未必能反映穆王時期的官職制度,但太僕之職與伯攝之職的高度重疊是值得注意的。"此後許兆昌、史寧寧二位先生也主"太僕説",他們將"攝"的職責與"太僕"相比後認爲,"《書序》'穆王命伯冏爲周太僕正,作《冏命》'説,不應輕易否定"。(許兆昌、史寧寧:《從〈周禮·太僕〉看清華簡〈攝命〉》,《古代文明》2019年4期)王寧先生主司徒説。"《攝命》中反復説到'教'、'學',如'越朕恳朕教''王子則克悉用王教王學''所弗克職用朕命朕教',則周王册命伯攝者當爲司徒之官,《周禮·地官司徒》:'乃立地官司徒,使帥其屬而掌邦教,以佐王安擾邦國',比較符合周王册命伯攝的内容。"(王寧:《清華簡八〈攝命〉初讀》第3樓帖,"簡帛"網(簡帛論壇)2018年10月8日,http://www.bsm.org.cn/forum/forum.php?mod=viewthread&tid=4352)"子居"先生主大行人説,"實際上,《攝命》此處的'士'當即是'大士',……'大士''大理''大司寇'本即是同一官職的不同稱謂。……《周禮·秋官·大行人》)也正與《攝命》'受幣'部分相應,可見《攝命》中伯攝所受當是'受幣'職。春秋時期,行人一職位高權重,也與《攝命》吻合。大行人爲大士下屬,所以右者爲'士恚'。"(網友"子居":《清華簡八〈攝命〉末簡解析》,360個人圖書館2018年12月10日,http://www.360doc.com/content/18/1210/00/34614342_800545704.shtml)。宣柳先生主言官説,他根據簡文"肇出納朕命""汝唯言之司""小大廼有聞知弱詳"及"汝不廼是,唯人乃亦無智聞于民若否"斷定,"攝乃言官,主要涉及傳達王命,以及告言於王。"(宣柳:《清華簡〈攝命〉第六段讀箋》,"簡帛"網2019年5月17日)。胡寧先生主"大正"説。(胡寧:《論清華簡〈攝命〉中"攝"的職位與職責——以傳世文獻、金文文獻爲參照》,《清華簡〈攝命〉研究高端論壇論文集》,2019年5月31日—6月1日,上海大學古代文明研究中心,第120頁;胡寧:《論清華簡〈攝命〉中"攝"的職位與職責——以傳世文獻、金文文獻爲參照》,《简帛研究》春夏卷,廣西師範大學出版社,2020年,第31頁)

② 陳劍:《試爲西周金文和清華簡〈攝命〉所謂"斳"字進一解》,《出土文獻》第13輯,中西書局,2018年,第29—39頁。

③〔清〕孫詒讓撰,王文錦、陳玉霞點校:《周禮正義》,中華書局,1987年,2748—2749頁。

詞，意爲"即是"。乃，裴學海《古書虛字集釋》，"'乃'猶'即'也。訓見經傳釋詞補。"①惟，《經傳釋詞》卷三"《文選·甘泉賦》李善注曰：'惟，是也。'《書·康誥》曰：'小人有罪，非眚，乃惟終。'又曰：'乃有大罪，非終，乃惟眚災。'《多方》曰"非我有周秉德不康寧，乃惟爾自速辜。'是也。"②裴學海《古書虛字集釋》："'惟'猶'是'也。"③享，獻也，祭也。綜上，全句意爲當人們沒有獄訟時（即"無訟"的狀態），④只有這樣才是德享，以德獻祭。不，簡文"享（載）不（孚），是亦引休"，不，當如單育辰先生讀爲"丕"，訓爲"大"。⑤孚，當如整理者訓爲信。引，致也。休，《左傳·襄公二十八年》"以禮承天之休"，杜預注："休，福禄也"。⑥《左傳·莊公十年》："公曰：'犧牲玉帛，弗敢加也。必以信。'對曰：'小信未孚，神弗福也。'"杜預注："孚，大信也。"⑦"未孚"與此處"丕孚"相對，意義相反，一則未能取信於神，一則能取大信於神。此二句即言，達到無獄無訟的狀態，即是以德獻（天或神）。（這種）獻能（取）大信（於天或神），因而也就能獲得福禄。⑧但是，值得注意的是，即便如此，在"無獄無訟"之時"攝"要"受幣"，仍需向"王"辯白清楚。足見，周代司法過程中注意獄訟的公平性，雖然"攝"不專司法律，但有傳達消息、參與司法活動的職責和機會，故"王"很重視他在涉及司法的環節收取禮物財帛的情況。

---

① 裴學海：《古書虛字集釋》（下冊），中華書局，2004年，第477頁。
② 王引之撰，李花蕾點校：《經傳釋詞》，上海古籍出版社，2014年，第54—55頁。
③〔清〕裴學海：《古書虛字集釋》（下冊），中華書局，2004年，第187頁。
④ 按："無訟"體現的是中國古代強調以教化的方式防止犯罪、敦化人心的一種價值追求。《潛夫論·德化篇》曰："是故上聖不務治民事而務治民心，故曰：'聽訟，吾猶人也。必也使無訟乎！''導之以德，齊之以禮'，務厚其情而明則務義，民親愛則無相害傷之意，動思義則無姦邪之心。夫若此者，非法律之所使也，非威刑之所彊也，此乃教化之所致也。聖人甚尊禮而卑刑罰，故舜先勑契以'敬敷五教'，而後命皋陶以'五刑''三居'。是故凡立法者，非以司民短而誅過誤，乃以防姦惡而救禍敗，檢淫邪而内正道爾。"張覺：《潛夫論彙校集注》，嶽麓書社，2023年6月，第476—477頁。
⑤ 網友"ee"：《清華簡八〈攝命〉初讀》第23樓帖，"簡帛"網（簡帛論壇）2018年11月21日，http://www.bsm.org.cn/forum/forum.php?mod=viewthread&tid=4352&extra=page%3D2&page=3。
⑥〔戰國〕左丘明：《左傳（春秋經傳集解）》（下），上海古籍出版社，1997年，第1095—1097頁。
⑦〔戰國〕左丘明：《左傳（春秋經傳集解）》（上），上海古籍出版社，1997年，第150—151頁。
⑧ 張賀森、桂珍明：《春秋災異與政治張力——以晏子"論祝史薦信"爲考察對象》，《貴州文史叢刊》2021年第2期。

四、結語

綜上所述，我們回過頭來再審視"受幣"問題，根據文獻記載，"幣"主要用於祭祀、聘享等禮儀活動中，但具體到"太僕"之類涉及司法的職官時，不可否認"受幣"行爲與獄訟之事是有一定聯繫的，因而"受幣"這種行爲引起了王的充分重視，無論收受與否皆需向他匯報。從整理者的注釋出發，將"受幣"理解爲獄訟過程中受理獄訟、收取"束矢""鈞金"，與後面"無獄無訟"狀態下的"受幣"顯然無法統一。既然没有獄訟之事，又何來"受理獄訟"及相關的"束矢""鈞金"呢？如果"受幣"是正常的司法程序，周王勢必不會事無巨細地關心這一環節。從王對攝的訓誡言辭及"太僕"的職掌來看，他負責傳達諸侯之意見，將弱勢群體的申訴轉達至王所，即《周禮》所言"以待達窮者與遽令"，則是他涉及司法活動的部分，在這個過程中存在類似賄賂的"受幣"，故前兩處"獄訟"語境下的"受幣"行爲當是涉及司法活動時私人性質的禮儀餽贈一類。後一處"受幣"則是在"無獄無訟"狀態下的，大約指的是在與各色人等普通交接往還中，作爲太僕的"攝"即使"受幣"（收取財貨，仍是禮物性質），亦當向周王報告。貨賄雖然在人際交往中本屬正常行爲，但具體到攝"出納王命"、傳遞民情的職責，"受幣"等收取財貨行爲勢必會影響司法過程中的正常判斷和公正性。因此，無論在有無獄訟的情況下，周王都對攝是否"受幣"表示异常的關心。

附記：

小文草成於2019年5月24日，其後於6月1日在上海大學歷史系舉辦的"清華簡《攝命》研究高端論壇"會議上宣讀，蒙與會專家批評指正，會後吸收各家意見將文章加以補充修訂。對於參會諸位師長及征引文獻的諸位先生之貢獻謹志謝忱！

本文是國家社科基金冷門絶學研究專項學術團隊項目"中國出土典籍的分類整理與綜合研究"（20VJXT018）；貴州大學人文社會科學研究一般課題"先秦時代'輿論觀'研究"（GDYB2021025）階段性研究成果。

作者簡介：桂珍明，男，1994年生，復旦大學出土文獻與古文字研究中心、"古文字與中華文明傳承發展工程"協同攻關創新平臺博士生，主要研究出土文獻與先秦秦漢史。

簡帛四古本《老子》异文分類研究

陳 晨 趙建業

（河北師範大學文學院，石家莊 050024）

内容摘要：郭店楚簡《老子》、馬王堆帛書甲、乙本《老子》和北大漢簡《老子》的异文可分爲用字、用詞、語句和篇章四個層面。在用字异文方面，通假字、异體字占主要部分。在用詞异文方面同義、近義詞异文和以增删虚詞爲主的增删詞語占絕大多數，造成意義不同的用詞异文較少。在語句方面，有增删相同句子成分、增删其他句子成分、并列成分位置互换、上下句位置互换、多句少句和其他六類。在用字、用詞以及語句异文中，造成意義表達不同的比例較少。在篇章方面，郭店簡本與三個漢代簡帛本差异較大，漢簡和帛書本差异只有三處。説明了《老子》一書在戰國漢初流傳的過程中，其思想是一直比較穩定的，其文本至遲在西漢基本定型，後世變化不大。

關鍵詞：《老子》；异文；郭店楚簡；馬王堆帛書；北大漢簡

《老子》是先秦道家思想的重要來源和代表之作，對傳統文學、思想、宗教、政治等方面都産生了重要的影響。20世紀70年代初馬王堆帛書《老子》甲、乙本出土後，郭店楚簡《老子》、北大漢簡《老子》相繼面世。在中國古代各類的經典中，像《老子》這樣擁有如此多出土簡帛古本的十分罕見，這反映了《老子》在戰國至漢是一種十分流行的文獻。郭店楚簡《老子》時期最早，其著作年代當在《孟子》之前，篇幅不足傳世本的五分之二，用字遣詞、篇章結構及思想内容都與傳世本存在較大差异。馬王堆帛書《老子》甲本大致抄寫于秦末漢初，帛書《老子》乙本大致抄寫于劉邦在位期間，兩個本子的母本産生的年代可能還要稍早一些。其内容與郭店楚簡《老子》差别不小，與傳世本在用字遣詞、篇章結構上也有些不同，但已比較接近。北大漢簡《老子》在四個古本中時代最晚，最完整，且與王弼、河上公等後世經典傳世本差异最小。四個簡帛古本《老子》形成了從戰國中期到西漢中期，從萌芽到成熟的完整序列，爲研究《老子》一書的形成與流傳提供了重要的資料。

"异文"的概念有廣、狹之分，狹義的异文指用字的差异，乃文字學之名詞，如陸宗達、王寧先生在《訓詁方法論》中所指出："异文指同一文獻的不同版本中用字的差异，或原文與引文用字的差异。"①郭在貽先生的説法更加通俗簡潔："所謂异文，是指某一句話中的某一個字，在不同的版本或篇目中换成了另一個字。"②《實用中國語言學詞典》中指出這一類的异文主要包括古今字、异體字、通假字、同義詞代替或其他文字訛誤等情況。③而廣義的异文是則指"字句的互异"，④不僅包括"字"一層面的异文，還包括"詞句"層面的异文。本文的研究對象是廣義上的异文，指郭店楚簡、帛書甲本、帛書乙本和北大漢簡四古本《老子》之間的用字、用詞、語句和篇章上的异文。

一、用字异文

四古本《老子》的用字异文主要包括通假字、异體字、訛字、衍文與脱文四類。

（一）通假字

本文所説的通假字是指狹義的通假，"指借一個同音或音近的字來表示一個本有其字的詞。"⑤簡帛《老子》通假字异文可分爲諧聲相通、雙聲疊韻、雙聲韻近、疊韻聲近、聲韻皆近（非雙聲、疊韻）五類。

1. 諧聲相通

是指异文之間有相同的聲符，或一字以另一字爲聲符。這一類是通假字异文中最多的一類，據本文統計這一類的异文共二百一十七組，四百一十八例。通假字與本字聲符相同的，如王弼本《老子》第五十七章"以奇用兵"，"奇"字郭店簡《老子》甲簡29作"哉"，帛書甲本40行、乙本19／193上行皆作"畸"，北大漢簡《老子》簡54作"倚"。簡帛四古本皆非本字，哉、畸、倚皆從奇聲。又如王弼本第六章"用之不勤"，北大漢簡《老子》簡138作"用之不堇"，"堇"帛書《老子》甲本103行、帛書《老子》乙本48／222下行作"菫"。堇從菫聲，

---

① 陸宗達、王寧：《訓詁方法論》，中華書局，2018年，第102頁。
② 郭在貽：《訓詁學》，中華書局，2005年，第61頁。
③ 參見葛本儀主編《實用中國語言學詞典》，青島出版社，1992年，第235頁。
④ 周大璞：《古代漢語教學詞典》，岳麓書社，1991年，第107頁。
⑤ 裘錫圭：《文字學概要（修訂本）》，商務印書館，2013年，第111頁。

故可通假。一字以另一字爲聲符的，如北大漢簡《老子》簡45"善抱不脱"，"脱"郭店楚簡《老子》乙簡16作"兑"，傳世本多作"脱"，脱從兑聲，故可相通。

2. 雙聲疊韻

是指异文的上古音屬於同一聲母和同一韻部。這一類共四十組，五十九例。如北大漢簡《老子》簡115"安可以爲善"，"安"帛書《老子》甲本91行作"焉"，傳世本皆作"安"。安、焉上古音皆影母元部，屬於雙聲疊韻，故可通假。① 北大漢簡《老子》簡150"五色令人目盲"，"盲"帛書《老子》乙本52/226行作"盲"，盲、盲异體。帛書《老子》甲本111行作"明"，明、明异體，明（明）與盲（盲）上古音皆明母陽部，雙聲疊韻，故可通假。

3. 雙聲韻近

是指异文的上古音聲母相同，韻部相近。這一類共十七組，三十四例。如北大漢簡《老子》簡169"民復孝兹"，帛書《老子》甲本127行"孝"作"畜"，二字上古音皆爲曉母，韻爲幽、覺對轉。又如北大漢簡《老子》簡210—211"避道之在天下"，"避"郭店《老子》甲本簡20、帛書《老子》乙本74/248上行作"卑"，帛書《老子》甲本160行作"俾"，傳世本皆作"譬"，用本字。避，上古音幫母錫部；卑、俾，上古音幫母支部。避與卑、俾皆幫母，韻爲對轉，音近可通。

4. 疊韻聲近

是指异文的上古音韻部相同，聲母相近。這一類共八十組，九十四例。如北大漢簡《老子》簡180"不自發故有功"，"發"帛書《老子》甲本137行、乙本64/238上行、各傳世本皆作"伐"，發、伐二字上古音皆屬月部，發屬幫母，伐屬並母，皆爲唇音，故得通假。又如北大漢簡《老子》簡190—191"燕處超然"，帛書《老子》67/241上作"昭"。超，上古音透母宵部；昭，章母宵部，二者上古音韻部相同，聲母皆屬舌音。

5. 聲韻皆近

是指异文的聲母不相同，韻部也不相同，但聲母和韻母都相近。這一類共有二十六組，二十八例。如北大漢簡《老子》簡169"故令之有所屬"，"屬"郭店《老子》甲簡2作"豆"。屬，上古音章母屋部；豆，定母侯部，皆舌音，韻爲對轉。

---

① 本文所用上古音聲母和韻部依唐作藩先生編《上古音手册（增訂本）》。（唐作藩：《上古音手册（增訂本）》，中華書局，2013年。）

又如北大漢簡《老子》簡60"光而不燿","燿"帛書乙本21／195上行作"眺"。燿,上古音喻母藥部;眺,透母宵部。二字上古音聲皆舌音,韻爲對轉。

异文通假字的使用上也有以下一些特點。

第一,簡帛古本《老子》使用通假字异文的比例,隨着時間的推移,呈下降的趨勢。郭店楚簡《老子》使用通假字的比例最高,北大漢簡《老子》使用通假字的比例最低,帛書甲、乙本《老子》居中。這也符合戰國秦漢文字和寫本發展變化的一般規律。

第二,簡帛古本《老子》通假字异文的類型以"諧聲相通"最多,其次是疊韻聲近、雙聲疊韻、聲韻皆近,雙聲韻近最少。説明了當時人書寫、抄寫《老子》,寫通假字時,最經常選用的是與本字同屬一個諧聲序列的,即選用同聲符的字,用諧聲通假字的比例占了總數的一半以上。在選用通假字的標準上,更多考慮韻部相通的字。各組數據可見下表。

表1 通假字异文分類比例

類別	組數	例數
諧聲相通	217	418
雙聲疊韻	40	59
雙聲韻近	17	34
疊韻聲近	80	94
聲韻皆近	26	28
總計	380	633

第三,各本皆有一些慣用的通假字。如北大漢簡《老子》"自然"見於簡78、167、189,其中"然"字郭店本皆以"肰"爲之(甲12、甲23、丙2),帛書乙本皆作"然"(28／202上、59／233上、66／240下)。又如北大漢簡《老子》簡160"純虖其如樸"、簡197"樸散則爲成器"、簡209"樸唯小"中的"樸",帛書甲本皆作"握"(120、149、158),帛書乙本皆第一例殘損,第二、三例皆作"樸"(69／243下、73／247下)。北大漢簡《老子》簡143"富貴而驕"、簡202"果而毋驕"中的"驕",郭店《老子》甲皆寫作"喬"(38、7),帛書甲本皆作"驕"(107、153),帛書乙本與北大漢簡本相同作"驕"(50／224下、71／245上)。"智、智／知"异文共九例,"智""智"皆"智"之异體,有的表示"智慧"之"智",有的表示"知道"之"知",北大漢簡皆寫作"智",帛書甲、乙本皆作"知",郭店本皆寫作"智"。"聖／聲"异文有九

例，皆表示"聖人""神聖"之"聖"，其中北大漢簡九例皆寫作"聖"（128、135、139、151、168、179、193、199、214），帛書甲本一處殘損，其餘八處皆作"聲"（101、104、112、126、136、146、152、164）。

第四，郭店《老子》主要由戰國楚文字抄寫，其中有一些特殊的用字，有別于漢簡和帛書本。如"將/酒"異文有七例，其中北大漢簡本、帛書甲、乙本皆寫作"將"，郭店本皆寫作"酒"，"酒"爲"醬"之省，楚文字經常用來表示將軍之"將"或時間副詞"將"。"用/甬"異文有六例，其中北大漢簡、帛書甲、乙本皆作"用"，而郭店本皆作"甬"。楚簡、楚帛書及楚金文中常用"甬"表示"用"一詞。"失/達"異文共三例，其中帛書甲本皆殘損，北大漢簡、帛書乙本皆作"失"，郭店本皆作"達"，趙平安先生考釋認爲乃"逸"本字，[①] 逸、失音義皆近。

第五，各本用字這種對應關係也并不嚴格，有一定隨意性。如北大漢簡《老子》簡41（二見）、49、72、73、77、182（二見）之"終"皆表示"最終"之義。帛書乙本三處殘損，其餘五處皆寫作"冬"（14／188上、17／191上、27／201下、64／238下、65／239上）。帛書甲本兩處殘損，三處作"終"（30、37、58、），三處作"冬"（54、138、138）。郭店本四處作"夰"（甲15、甲34、乙13、乙13、丙12），一處作"各"（甲11）。又如北大漢簡《老子》簡5"去被取此"、簡98"故去被取此"、簡151"故去被取此"，皆假"被"爲"彼此"之"彼"；帛書甲5行作"皮"、77作"被"、113作"罷"；帛書乙本2／176下、37／211上行皆作"罷"，52／226下行作"彼"。又如北大漢簡《老子》簡69"唯有共之璧以先四馬"、簡190"唯有榮館"、簡194"唯智必大迷"皆假"唯"表示"雖然"之"雖"；帛書甲本52行作"雖"，143、147行作"唯"；帛書乙本24／198下、67／241上、68／242下行皆作"雖"。又"蜀/獨"異文有三組，皆表示"獨立""獨自"，北大漢簡本簡173、174作"蜀"，簡187作"獨"。帛書甲本殘存兩處，130、140行皆作"獨"。帛書乙本殘存兩處，61／235下、65／239下行作"獨"。從以上的幾個例子中可見，較晚的北大漢簡本的用字比較穩定，而早期的郭店簡本和帛書本用字相對隨意。

---

① 參見趙平安《戰國文字的"遊"與甲骨文"㚔"爲一字說》，趙平安著《文字・文獻・古史：趙平安自選集》，中西書局，2017年，第11—14頁。

（二）异體字

異體字指"彼此音義相同而外形不同的字"。[①]異體字異文的數量，僅次於通假字異文，共有一百一十組，三百四十六例。

包含以下七種情況。（1）加不加偏旁的不同。如北大漢簡《老子》簡153"及吾無身"，"及"郭店乙簡7作"返"，帛書甲114行、乙本54／228上行及傳世本作"及"。又如北大漢簡《老子》簡179"是以聖人執一"，帛書乙本64／238行"聖"字寫作"耶"，傳世本作"聖"。（2）造字方法不同。如北大漢簡《老子》45"善建不拔"，"拔"郭店乙簡15作"杲"。"拔"爲形聲，而"杲"爲會意。（3）同爲形聲字，聲符或義符不同。如北大漢簡《老子》簡11"反者道之動也"，"動"字帛書甲本11行、乙本6／180上行作"勭"，傳世本皆作"動"，二字聲符"童""重"音近。又如北大漢簡《老子》簡27"其出瀰遠"，"遠"字帛書甲本20行、乙本9／183下行皆作"䇲"，從辵與彳，皆表示與行走相關的含義。當然"䇲"亦可視爲"遠"的省寫。（4）同爲會意字，偏旁構成不同。如郭店《老子》甲中的"道"簡6、10、13皆寫作"衍"。（5）偏旁相同，但配置方式不同，如北大漢簡《老子》56"我好靜而民自正"，"好"帛書甲本42行作"孜"，郭店甲本簡32及傳世本皆作"好"。又如北大漢簡《老子》簡136—137"其猶橐籥虖"，"猶"郭店甲23作"猷"。（6）省略字形一部分與不省略的不同。如北大漢簡《老子》簡211"猶小谷之與江海"，"與"郭店《老子》甲簡20作"异"，帛書甲本161、乙本74／248下、傳世本作"與"，"异"爲"與"之省，省去"臼"形。又如北大漢簡《老子》簡189"人灋地，地灋天，天灋道，道灋自然"，"灋"帛書甲本142行、乙本66／240下行皆寫作"法"，省略"廌"形。（7）寫法略有出入或因訛變而造成不同。北大漢簡《老子》簡37"物刑之"，"刑"帛書甲本27行、乙本13／187上行皆作"荆"。又如北大漢簡《老子》簡55"民多利器而固家茲昏"，"昏"郭店甲簡30及傳世本皆作"昏"，帛書甲本41行、乙本19／193下行字形同北大本。

與通假字異文相同的是，各本都有一些習慣的用字。其中以郭店楚簡本使用異體字比較特別，有其他三個漢代簡帛本的用字差異比較大。爲便於說明問題，我們將簡帛《老子》各本慣用的异體字情況製成下表。

[①] 裘錫圭：《文字學概要（修訂本）》，商務印書館，2013年，第198頁。

表2　簡帛《老子》各本慣用异體字情況①

郭店本	帛書甲本	帛書乙本	北大本
衍 3	道 3	道 3	道 3
旻 11	得 10	得 10	得 11
惪 4	——	德 3	德 4
坔 4	地 4	地 4	地 4
鏊 5	法 1	法 4	灋 5
——	父 2	仪 2	父 2
返（甲2、丙1）	復 2	復 2	復 2
敢 2	敢 2	敢 2	敢 2
——	貴 2	寶 2	貴 2
逡 2	後 2	後 2	後 2
——	虖 7	乎 3	乎 6
岂 1、散 3、敓 1	美 5	美 5	美 5
明 2	明 2	明 2	明 2
弜 2	強 2	強 1	強 2
桑 3	喪 2	喪 3	喪 3
聖 1	耶 5¹	耶 17	聖 18
——	勇 1	**男** 4	**男** 4
猷 4	猶 1	猷 5	猶 5
	争 2	争 4	争 4
圶 3	止 2	止 2	止 3
無 4	无 41	無 41、无 1	無 35
亓 23、丌 11	其 27、亓 61、丌 4	其 1、亓 105、丌 3	其 130

　　從上表可以看出，簡帛《老子》异體字异文與通假字异文類似，各本都有一些慣用字。然而上文已説明各本使用通假字時雖有慣例，但不嚴格，相比之下，异體字的使用相對嚴格。整體上來説，北大漢簡《老子》在字形上更接近後世的通行文字。

---

① 表中的數字代表該字出現在异文中的次數。
② 帛書甲本常用"聲"表示"聖人"之"聖"。

(三) 訛字

簡帛《老子》異文中有少量的訛誤，共三十六組，三十九例。大多數是偶然的形近致訛。如北大漢簡《老子》簡25、帛書乙本9／183上行"戎馬"，帛書甲本19行"戎"訛作"式"。又如北大漢簡《老子》簡129"夫唯弗居"，郭店甲簡17"夫"訛作"天"。北大漢簡《老子》簡195"恒德不離"，"離"帛書乙本69／243上行作"离"，帛書甲本148行作"雞"，即"離"之誤字，或涉上文"溪"而誤。

(四) 衍文或脱文

簡帛古本在抄寫過程中還存在衍文和脱文的情況，造成各本間的不同。如北大漢簡《老子》簡129、帛書乙本46／220上行"夫唯弗居"，郭店《老子》甲簡17-18作"天唯弗居也"，帛書甲本97作"夫唯居"，誤脱"弗"字。又北大漢簡《老子》簡174-175作"而我獨抏以鄙"，帛書乙本62／236上作"我獨門阮以鄙"，誤衍一"門"字，他本皆無。脱文、衍文的情況出現得較少，共二十五例。

此外，還有個別的用字異文情況比較複雜。如北大漢簡《老子》簡193"是謂欲明"，"欲"帛書甲本146作"怈"，帛書乙本68／242上作"曳"，"怈"可能是"愧"之訛誤，"欲""曳"雙聲，但是韻部相隔較遠，傳世本作"襲"。《集成》以爲秦漢文字中，"曳""奭"二形極易相混，而"奭"與"欲"之音極近，疑"曳"先以形近訛作"奭"，又以音近訛作"欲"。①

以上的用字異文絕大多數都是用音同音近的通假字和音義相同的異體字來代替本字，或是在傳抄過程中無意地訛誤和錯漏所致，對意義的表達不產生影響。故此，用字異文只是單純的文字學現象，并不造成各本之間思想的不同。

二、用詞异文

用字異文主要側重從字音、字形的角度分析異文，用詞異文主要側重從詞義方面分析異文，指那些不涉及字音、字形的單音詞或多音詞異文。簡帛《老子》用詞異文主要包括同義、近義詞，增删詞語和其他三類。

---

① 湖南省博物館、復旦大學出土文獻與古文字研究中心編纂，裘錫圭主編：《長沙馬王堆漢墓簡帛集成·第七册》，中華書局，2014年，第53頁。本文凡引此書，皆稱"《集成》"。

（一）同義、近義詞异文

同義、近義詞异文是指在詞義上相同或相近的异文，也包含那些用法相同或相近的虚詞。

1. 單音詞

其中同義近義單音詞异文共八十五組，一百二十三例。如帛書《老子》甲本36行"攫鳥猛獸弗搏"，"搏"郭店《老子》甲簡33作"扣"，搏、扣皆有擊義。又如北大漢簡《老子》簡111"損有餘而奉不足"，"奉"帛書乙本41／215上行作"益"，帛書甲本殘，傳世本皆作"奉"。《廣韻·腫韻》："奉，與也。"《左傳·僖公三十三年》："天奉我也"，杜預注："奉，與也"，意即給與，與"益"義近。又如北大漢簡《老子》簡194"此謂眇嬰"，"此"帛書甲本147行、乙本68／242下行作"是"，皆爲指示代詞，傳世諸本或作"此"，或作"是"。再如北大漢簡《老子》簡92、帛書甲本73行"則哀者勝矣"，帛書乙本35／209上"則"作"而"。王本句首無連詞，傅奕、景龍等本句首有"則"字。而、則皆連詞，放在句間，表順承關係。

其中也有個別比較習慣的用例，如"邦／國"异文共十七例，其中郭店本、帛書甲本皆作"邦"，而北大漢簡和帛書乙本爲避諱改爲"國"，這也是判斷文本年代的重要綫索。"虖／呵"异文有四例，北大本簡138、166、172、173作"虖"，帛書甲103、130行、乙本48／222下、59／233上、60／234下、61／235上行皆作"呵"。"虖／與、輿（與）"异文共四例，皆用爲句末語氣詞，其中北大漢簡《老子》簡70、137、140皆作"虖"，郭店《老子》甲簡23、帛書甲本102、105行、乙本25／199上、48／222上、49／223上行皆作"與"或"輿（與）"。

2. 非單音詞

共有十五組，二十一例。如北大漢簡《老子》簡56"故聖人之言云"，"故"郭店《老子》甲簡31、帛書乙本19／193下行作"是以"，傳世本中王弼本作"故"，吳澄本作"是以"，嚴遵本無。在這一類异文中有種常見的現象，即郭店簡本用單音詞，而對應的漢簡和帛書本用雙音節詞。如郭店《老子》甲簡30"民多利器而邦慈昏"，帛書甲本41行"邦"作"邦家"，傳世本皆作"國家"。又如北大漢簡《老子》簡78"而復衆人之所過"，"衆人"郭店《老子》甲簡12、丙簡13皆作"衆"，傳世本皆作"衆人"；北大漢簡《老子》簡129"成功而弗居"，郭店《老子》甲簡17"成功"作"成"，傳世本作"成功"或"功成"；北大漢簡《老子》簡163"各復歸其根","復歸"郭店《老子》甲簡24作"復",帛書甲本122行、乙本58/232上行作"復歸",王弼本亦作"復歸"。以上幾例郭店本皆爲單音節詞,而漢代簡帛本及傳世本對應爲雙音節同義複合詞,這一點也反映了古代漢語詞彙由以單音節詞爲主,向雙音節此爲主的這一變化趨勢。

在非單音節詞中還有一類比較特殊的情況是異文皆爲雙音節複合詞,其中兩個詞素是同義或反義,詞素的位置發生互換。如北大漢簡《老子》簡71"小大",帛書甲本53行作"大小",傳世本與北大本簡相同;帛書甲本64行"車周(舟)",帛書乙本30/204下行作"周(舟)車";北大漢簡《老子》簡128"短長之相刑(形)","短長"郭店《老子》甲簡16作"長耑(短)",帛書甲本96行、乙本45/219上行及傳世本作"長短";北大漢簡《老子》簡143"富貴而驕","富貴"郭店《老子》甲簡38作"貴福(富)",帛書甲107行、乙本50/224下行作"貴富",傳世本作"富貴";北大漢簡《老子》簡207"悲哀"、帛書甲本158行"悲依(哀)",郭店《老子》丙簡10作"忢(哀)悲",王弼、范應元等本作"哀悲",河上公、傅奕等本作"悲哀"。

(二)增删詞語

指某個簡帛本有某些詞,而其他本没有的現象,可能是有意增删,也可能是無意抄錯,總之這些增删基本上不會造成各本間意義表達的較大不同。

所增删的實詞有代詞、動詞和副詞。代詞中有"此"(三例)、"是"(一例)、"其"(七例)、"之"(七例)。如北大漢簡《老子》簡125"此兩者同出",帛書甲本94行、乙本44/218下行皆作"兩者同出",没有指示代詞"此"。又如北大漢簡《老子》簡176"其中有象掎",帛書甲本133行、乙本62/236上行皆無"其"。增删的動詞有"爲"(二例)、"欲"(一例)、"能"(一例)、"可"(一例)、"可以"(一例)、"有"(二例),大部分是能願動詞。如北大漢簡《老子》201"不以兵强於天下",郭店甲簡6"不"後有"谷(欲)"。北大漢簡《老子》簡180"弗矜故長",帛書甲本137行、乙本64/238上行"長"前有"能",作"弗矝(矜)故能長"。增删的副詞有"亦"(二例)、"唯"(一例)、"必"(一例)、"甚"(二例)、"且"(一例)。如北大漢簡《老子》簡171–172"不可以不畏人",郭店《老子》乙簡5、帛書乙60/234下行"不可以"前有"亦",傳世本皆無。又如北大漢簡《老子》簡43"而民好衔(懈)",帛書甲本32行、乙本15/189上行"民"後皆有"甚"字。以上表程度、範圍的副詞的有無皆不影響意義的表達。

所增删的虚詞有助詞、連詞、介詞和語氣詞，數量上遠多於實詞。助詞中有"之"（六例）、"者"（十三例）、"胃（謂）"（三例）、"曰"（六例）、"其"（三例），如北大漢簡《老子》簡73"多易者必多難"，郭店甲簡14、帛書乙本261／200上行皆無"者"。帛書《老子》乙本61／235下"竪呵若无所止"，北大漢簡本簡174、帛書甲本131"無／无"前皆有"其"。連詞中有"則"（五例）、"而"（三十例）、"是以"（八例）、"是故"（四例）、"故""故曰"（十九例）、"若"（二例）、"若此"（一例）。如北大漢簡《老子》簡5"故去被取此"，帛書乙本2／176下"取此"前皆有連詞"而"，帛書甲本無"而"。北大漢簡《老子》簡21"是故甚愛必大費"，郭店甲簡36、帛書甲本16句首皆無"是故"。介詞有"於"（四例），如北大漢簡《老子》簡195"復歸於嬰兒"，帛書甲本148無"於"，作"復歸嬰兒"。語氣詞中有"夫"（八例）、"矣而"（一例）、"也"（八十例）、"者也"（一例）、"矣"（七例）、"焉"（二例）、"哉"（一例）、"呵"（二例）、"乎"（一例）、"而已"（一例）。如帛書乙本35／209下"夫言又宗，事又君"，北大漢簡《老子》簡93、帛書甲本74行句首無句首語氣詞"夫"。北大漢簡《老子》簡35"以其姓生也"，帛書乙本12／186上行皆無句末語氣詞"也"，帛書甲本25行有"也"字。

（三）造成意義不同的用詞異文

簡帛古本《老子》用詞異文除了以上兩類不改變意義的用詞異文，還有一類用詞異文造成了各本間表達意義的不同，共有二十一組。但是各組異文對意義表達的影響程度不同。有些用詞異文的詞義有相同的感情色彩或趨向，如北大漢簡《老子》簡59"人之廢"，"廢"帛書乙本20／194下作"祧（迷）"，傳世本作"迷"。迷、廢詞義雖較遠，但是都表示消極的意義。北大漢簡《老子》簡53—54"夫天多忌諱而民彌貧"，"貧"郭店甲簡30作"畔（叛）"，帛書甲41、乙本19／193上及傳世本皆作"貧"。貧、畔（叛）感情色彩亦相近。也有少數用詞異文詞義完全不同，如北大漢簡《老子》簡168"絕聖弃智"，郭店甲簡1作"𢇍（絕）智（智）弃叏（辯）"，而帛書甲、乙本及傳世諸本皆與北大簡本相同。又如北大漢簡《老子》簡168"絕仁弃義"，郭店甲簡1作"𢇍（絕）惷（偽）弃慮（慮）"，帛書甲本126作"絕仁弃義"，帛書乙本59／233下作"絕仁弃義"。造成了文義上的很大差別。又如北大漢簡《老子》163"天物云云"，郭店《老子》甲簡24"物"作"道"，帛書甲本122行、乙本57／231下行作"物"，傳世本作"物"。

有一些異文關係尚有爭議，仍有待進一步考察。如諸傳世本"有物混成"，郭店《老子》甲簡21"物"作"䊷"，北大漢簡《老子》簡187、帛書甲本140行、帛書乙本65／239下行皆與傳世本同。"䊷"即"狀"異體，有學者將其讀爲"象"，象、物義近，如廖名春、趙建偉先生。① 也有學者認爲當讀如字，如丁四新先生認爲"狀"乃感覺所構造之物，認爲"狀""物"二詞雖然關係密切，但不等同。② 又如北大漢簡《老子》簡169"民復孝兹（慈）"，郭店《老子》甲簡1作"民复季子"，帛書甲本126-127行"民復畜（孝）兹（慈）"，帛書乙本59／233下-60／234上行作"而民復孝兹（慈）"，帛書甲、乙本用字不同，皆讀爲"孝慈"，傳世本亦作"孝慈"。關於"季子"讀法，裘錫圭先生等認爲當讀如字，主張"季子"與"赤子"義同。③ 也有一些學者反對這種説法，如丁四新先生認爲當從帛書本及諸傳世本讀爲"孝慈"。④

三、語句異文

四個簡帛古本的語句異文有增删相同句子成分、增删其他句子成分、并列成分位置互换、上下句位置互换、多句少句和其他六類。

第一，增删相同成分。是指各本在抄寫過程中，有意避免重複或强調，而增删句子或句子中的某些成分，共六例。如北大漢簡《老子》簡25"天下無道，戎馬產於䣈（郊）"，帛書甲本19行作"天下无道，式＜戎＞馬生於郊"，帛書乙本9／183上行作"无道，戎馬生於郊"。北大漢簡"天下無道"，帛書乙本無"天下"二字，甲本及傳世本皆有"天下"二字。帛書乙本蓋因前文"天下有道"句亦有"天下"，爲避免重複而省略之。當然，也不排除脱漏的可能。又北大漢簡《老子》簡108"柔弱者生之徒也"，帛書甲本85行"柔弱"後有"徵（微）細"，作"柔弱徵（微）細生之徒也"，帛書乙本40／214上行及傳世本皆無"微細"，"柔弱""微細"義近，在句中成分地位相同，這種增删相同句子成分的異文，不會造成各本間意義的不同。

---

① 參見廖名春《郭店楚簡老子校釋》，清華大學出版社，2002年，第207頁；趙建偉《郭店竹簡〈老子〉校釋》，《道家文化研究》第17輯，生活·讀書·新知三聯書店，1999年，第271—272頁。
② 參見丁四新《郭店楚竹書〈老子〉校注》，武漢大學出版社，2010年，第176頁。
③ 參見裘錫圭《糾正我在郭店〈老子〉簡釋讀中的一個錯誤》，武漢大學中國文化研究院編《郭店楚簡國際學術研討會論文集》，湖北人民出版社，2000年，第29頁。
④ 參見丁四新《郭店楚墓竹簡思想研究》，東方出版社，2000年，第60頁。

第二，增刪其他句子成分，共有十九例。如北大漢簡《老子》簡6-7"侯王得一以爲正"，帛書乙本3／177上行作"侯王得一以爲天下正"，傳世本皆有"天下"。"正"即君長、官長，"天下"是其定語，有無"天下"對意義表達影響不大。又如北大漢簡《老子》簡12"堇能行"，郭店《老子》乙簡9"行"後多出"於亓（其）中"三字，在句中作狀語。帛書甲本此處殘損，帛書乙本4／178下行作"堇能行之"，"之"爲代詞，代指"道"。郭店《老子》乙與帛書乙本意義有一定的不同，郭店本謂能"行於道中"，而帛書乙本謂"行道"。再如北大漢簡《老子》簡91"不敢進寸而退尺"，帛書甲本72行句首有"吾"，作"吾不進寸而芮（退）尺"帛書乙本34／208下無"吾"。從所有這類十九處異文來看，增刪句子成分雖造成各本間表達上詳略或指向的稍異，但基本上并不能引起各本之間思想內涵的不同。

第三，并列成分位置互換，是指在一個句子或相鄰的兩個句子中，相同的句子成分位置互換，共六例。如北大漢簡《老子》簡21"身與名孰親"，郭店《老子》甲簡35、帛書甲本16行"身與名"皆作"名與身"。又如北大漢簡《老子》簡181"不自見故明，不自視故章"，帛書甲本136-137行作"不【自】視故明，不自見故章"，帛書乙本64／238上行作"不自視故章，不自見也故明"。句中的"見""視"意義相近，"明""章"意義亦近，三個古本這四個字的位置有所不同，表達的意義相同。

第四，上下句位置互換，是指并列的兩句或三句思想內容和句式基本相同，但是次序位置不同，共十一例。如北大漢簡《老子》簡199-200"是以聖人去甚，去奢，去泰"，帛書甲本152行作"是以聲（聖）人去甚，去大（泰），去楮（奢）"，帛書乙本70／244下行作"是以耶（聖）人去甚，去大（泰），去諸（奢）"，北大漢簡與帛書甲、乙本二三句順序倒置。又如北大漢簡《老子》簡56"我無爲而民自化（1），我無事而民自富（2），我好静（靜）而民自正（3）"，郭店《老子》甲簡31-32作"我無事而民自寴（富），我無爲而民自蟲（化），我好青（靜）而民自正"，帛書甲本42行作"我（無）无爲也而民自化，我孜（好）靜而民自正，【我】无（無）事民……"帛書乙本19／193下-20／194上行作"我无（無）爲而下民自化，我好靜（靜）而民自正，我无事而民自富"。北大漢簡三句順序爲（1）（2）（3），郭店甲順序爲（2）（1）（3），帛書甲、乙本順序爲（1）（3）（2），王本同帛書本，嚴遵本同北大本。這類語句上的異文，也不造成思想內涵上的不同。

第五，多句或少句，指某一本有某句話，而其他本沒有，共九例。大多數是并列句或排比句，多或少其中一个分句。① 如北大漢簡《老子》簡 187 "獨立而不㧊（改），偏（遍）行而不殆，可以爲天地母"，帛書甲本 140-141 行作 "獨立【□□□】，可以爲天地母"，帛書乙本 65／239 下 -66／240 上行作 "獨立而不玹（改），可下以爲天地母"，北大漢簡本 "偏（遍）行而不殆"，郭店甲、帛書甲乙本皆無，傳世本有，作 "周行不殆" 或 "周行而不殆"。也有誤脱或誤衍的情况，如帛書乙本 49／223 上行 "是以耶（聖）人㧋（退）亓（其）身而身先，外亓（其）身而身先，外亓（其）身而身存，北大漢簡《老子》簡 139-140、帛書甲 104 行皆無 "外亓（其）身而身先"，帛書乙本多出一句有可能是涉上下文而誤抄。

第六，其他。除上述五種常見情况之外，還有一些語句异文規律不太明顯，不能歸入上述類别，我們將其歸入 "其他" 類，共有三十一例。其中有些語句异文對意義表達影響不大，如北大漢簡《老子》簡 81-82 "是【□□】人之欲高民也，必以其言下之；其欲先民也，必以其身後之"，帛書甲本 62-63 行作 "是以〖聖〗人之欲上民也，必以亓（其）言下之；亓（其）欲先【□□】，必以亓（其）身後之"，帛書乙本 29／203 下 -30／204 上行作 "是以耶（聖）人之欲上民也，必以亓（其）言下之；亓（其）欲先民下也，必以亓（其）身後之"，郭店《老子》甲簡 3-4 作 "聖人之才（在）民㦿（前）也，以身逡（後）之；亓（其）才（在）民上也，以言下之"。北大漢簡本、帛書甲乙本除用字以外，其餘全同，王本作 "是以欲上民，必以言下之；欲先民，必以身後之"，景龍碑作 "是以聖人欲上人，必以言下之；欲先人，必以身後之"，磻溪、樓正等本作 "是以聖人欲上人，以其言下之；欲先人，以其身後之"，嚴遵本作 "是以聖人其欲上民，以其言下之；其欲先民，以其身後之"，傅、范二本作 "是以聖人欲上民，必以其言下之；欲先民，必以其身後之"，他本有爲避諱 "民" 作 "人" 者。郭店甲與北大漢簡、帛書及傳世本區别較大，首先前後兩個分句倒置，句首無 "是以"，句中 "欲" 皆作 "才（在）"，他本 "必以""以其" 或 "必以其"，郭店甲皆作 "以"。也有一些語句异文會造成意義表達上的不同。如北大漢簡《老子》簡 213 "萬物作而生弗辝（辭），成功而弗名有，爰（愛）利萬物而弗爲主"，帛書乙本 75／249 上—75／249 下行作 "成功遂事【□】弗名有也，萬物歸焉而弗爲主"，郭店簡本無

---

① 郭店簡《老子》與帛書本及北大簡本相比少了許多，此處統計的 "多句和少句" 只包含四本皆有的段落。

此段，帛書甲本殘，王弼本作"萬物恃之而生不辭，功成不名有，衣養萬物而不爲主"，其他傳世本"萬物""衣養"句與王本稍有不同。還有一些情況更爲複雜的，如北大漢簡《老子》簡161"孰能濁以靜（靜）之，徐清；孰能安以勤（動）之，徐生"，郭店《老子》甲簡9-10作"竺（孰）能濁以朿者，牀（將）舍（徐）清。竺（孰）能庀以迬者，牀（將）舍（徐）生"，其中"朿""庀""迬"的釋讀存在爭議。帛書甲本121行作"濁而情（靜）之，余（徐）清；女（安）以重（動）之，余（徐）生"，帛書乙本57／231上行作"濁而靖（靜）之，徐清；女（安）以重（動）之，徐生"。北大簡本與郭店簡本句首都有"孰能"，帛書甲乙本皆無，句中也有一定區別，這一段話在各傳世本中也有不少出入，高明先生《帛書老子校注》列舉了十種不同寫法。①

四、篇章异文

簡帛四古本《老子》之間的異文也應該包括分章和章次方面的差異。然而郭店楚簡《老子》内容不足今本的五分之二，難以對於章次比較。北大漢簡本《老子》與帛書甲、乙本的内容相當，章次上比較相似。以王弼本爲參照，王弼本分爲八十一章，而北大簡本分爲七十七章，這其中有王弼本爲一章，而簡本分爲兩章的情況，如王弼本第六十四章，在簡本中分爲兩章。也有王弼本爲兩章或三章，而簡本合爲一章的情況，如王弼本十七、十八、十九章，簡本中爲一章，王弼本三十二章、三十三章在簡本中亦爲一章等。因北大簡每章前有墨點作爲分章的標識，章末後留空，分章情況清晰，但帛書甲本雖也有分章標識，然而殘損嚴重，且各章之間連寫，而帛書乙本没有章節標識，各章直接也没有留空，故各本之間的分章的情況難以比較。

不過在章次上北大漢簡本與帛書甲乙本有些不同。首先，三個漢代簡帛本在《道經》《德經》的順序上一致，傳世諸本皆《道經》在前《德經》在後，而三個漢代簡帛本與之相反。帛書乙本將兩部分稱爲《道》《德》，而北大簡本稱爲《老子上經》《老子下經》。帛書甲本與帛書乙本各章的順序一致，而北大簡本與二者有三處不同。第一處，簡本第三章、第四章與帛書本順序相反，與王本相同。第二處簡本第四十三章、第四十四章，即《老子上經》《德經》的最後兩章，在

---

① 參見高明《帛書老子校注》，中華書局，2020年，第417—418頁。

帛書甲乙本中位於"江河所以能爲百谷王"一章，即簡本第三十章之後。第三處，簡本第六十五章，帛書甲乙本位於"孔德之容，惟道是從"章，即簡本第六十二章之後。北大簡本與王弼本順序相同，高明先生認爲這三處的不同帛書本順序是正確的，而今本皆爲錯簡，但并未説明理由。①《集成》也持這樣的觀點，書中説："帛書本的章序似較合理。"②《集成》在第一處的注釋中説："第四十章的内容與第四十二章開頭一段的關係很密切"，③除此之外也未見關於相關章序優劣的論證。現在看來，并無可靠的證據能够證明北大簡本和帛書本章序上孰優孰劣。

五、結語

經過對簡帛四古本《老子》异文的綜合整理和分類，我們發現有以下規律。

第一，在用字异文中，最普遍的是通假字，其次是异體字，二者數量加起來占用字异文總數的九成以上，訛字和衍文、脱文較少。在使用通假字和异體字時，各本都有一些慣用字，尤其是郭店楚簡本，用字往往與其他三本不同。其中异體字使用比通假字的規律性强，即各本使用异體字更加固定。時期越晚的版本，使用通假字、异體字的頻率越小，用字的固定性和規律性越强。這些用字异文絶大部分不造成各本間意義表達的不同，大多是抄寫時造成的。各類用字异文的數量見表三。

表3　用字异文總體情況表

類型	例數	占比
通假字	633	60.7%
异體字	346	33.2%
訛字	39	3.7%
衍文、脱文	25	2.4%
總計	1043	100%

第二，在用詞异文中主要有同義或近義詞异文、增删詞語和其他三類。其中增删詞語中的增删虛詞占用詞异文總數的一半左右。同義或近義詞异文、增删詞

---

① 參見高明《帛書老子校注》，中華書局，2020年，第38、219、224、478頁。
② 湖南省博物館、復旦大學出土文獻與古文字研究中心編纂，裘錫圭主編：《長沙馬王堆漢墓帛書集成》第四册，中華書局，2014年，第2頁。
③ 湖南省博物館、復旦大學出土文獻與古文字研究中心編纂，裘錫圭主編：《長沙馬王堆漢墓帛書集成》第四册，中華書局，2014年，第198頁。

語皆不造成不同版本間意義表達的不同。其他一類中，少數用詞异文對意義表達有不同程度的影響。各類用詞异文的數量見表四。

表 4　用詞异文總體情况表

類型	例數	占比
同義、近義詞	144	35.8%
增删詞語	237	59.0%
其他	21	5.2%
總計	402	100%

第三，語句异文有增删相同句子成分、增删其他句子成分、并列成分位置互换、上下句位置互换、多句或少句和其他六類。前五類語句异文不造成各本間意義表達上的差别，有一些語句异文比較複雜，不太有規律，難以歸類，但大部分也不影響意義的表達。各類用詞异文的數量見表五。

表 5　語句异文總體情况表

類型	例數	占比
增删相同句子成分	6	7.3%
增删其他句子成分	19	23.2%
并列成分位置互换	6	7.3%
上下句位置互换	11	13.4%
多句或少句	9	11.0%
其他	31	37.8%
總計	82	100%%

第四，從總體來看，除篇章异文之外，用字异文的比例占總數的 66.3%，用詞异文占總數 25.6%，語句异文占比 5.1%。可見，四古本《老子》的差异主要在用字和用詞，這些微觀的差异上，大的不同較少。[①]另外在用字、用詞以及語句异文中，造成意義表達不同的比例較少。除了郭店簡"𢇍(絶)智(智)弃𢇍(辨)""𢇍(絶)𢡆(僞)弃慮(慮)""民復季子"幾處明顯的差异外，四古本《老子》在文本和思想上同大於异。從章次來看，漢簡和帛書本差异只有三處。

第五，若將四個簡帛本作爲整體與以王弼、河上公、嚴遵和傅弈等傳世本相

[①] 當然郭店楚簡《老子》篇幅較短，與漢代簡帛本的差异較大，此處統計的是郭店《老子》與簡帛本重合部分的异文。

比較，可以發現《老子》文本基本在西漢時期已經定型。從字數來看，北大簡本和帛書乙本篇末都題有全文統計字數，北大簡本爲5245字，帛書乙本爲5467字，傳世本的字數也多在5200到5400左右。從章序來看，北大簡本的章序已與王本爲代表的傳世本完全相同，只是在分章上略有不同，這一點在上文第四部分已經説明。從其他的文本細節來看，除了常見的對意義表達影響不大的通假、異體、同義詞替換、虛詞的增删，不改變意義的上下句位置替換，以及明顯的錯訛脱衍以外，漢代簡帛本與傳本較大的差異主要有字詞和句子兩方面，共五十六處，字詞差異三十二處，句子差異二十三處。限於篇幅，不再於正文中列舉，統計結果見下表。

表6 簡帛古本與傳世本主要差异統計表

大類	小類	例數	比例
字詞差异	1.造成意義理解不同的通假字	6	10.7%
	2.造成意義不同的訛字	2	3.6%
	3.造成意義不同的用詞	16	28.6%
	4.今本多詞	7	12.5%
	5.今本少詞	2	3.6%
語句差异	6.今本多句	13	23.2%
	7.今本少句	7	12.5%
	8.影響意義表達的上下句位置不同	1	1.8%
	9.句子内容不同	2	3.6%

五千多字的《老子》，簡帛本與傳世本二者有五十六處大的不同，從數字來看貌似不算少，但需要説明的是將傳世本和簡帛本看作整體來比較是一種理想的狀態，事實上簡帛本和傳世本内部也存在一些不同，如王弼本《德經》第五十七章"吾何以知其然哉"一句後有"以此"一句，四個簡帛本皆無此句，雖然大部分傳世本有"以此"一句，也有一些版本如嚴遵、司馬等一些版本没有這一句。又如帛書甲本80-81行"若民【恒且】必畏死，則恒有司殺之"，帛書乙本38／212下行亦有這兩句，"有"作"又"。傳本皆無此二句，北大本亦無。嚴格來講，這類簡帛本和傳世本内部及之間互有异同的情況也不能算作簡帛本與傳世本間的重要不同。這種情況共有二十七例，約占總數的一半，如果除去這些情況，簡帛本和傳世本的重要不同可能僅有不到三十例。可見，簡帛本與後世傳本的重大差別并不多。當然我們必須考慮郭店簡本的特殊性，其與三個西漢

簡帛本存在較大差异，郭店簡本的體量不到西漢簡帛和傳本的五分之二，它到底是有意删改的節錄本，還是處於《老子》形成初期的文本，學界仍有争論。不過郭店本與西漢簡帛本的主要的差异仍在章序上，除此之外，主要有九處完成不同的用詞，五處多句或少句。其中用詞最大的不同就是郭店甲簡 1 "𢍰（絶）智（智）乏（辯）"，其他簡帛本和傳世本皆作"絶聖弃智"；"𢍰（絶）愚（偽）弃慮（慮）"，其他簡帛本和傳世本皆作"絶仁弃義"，這一點也被用來證明郭店《老子》與後世《老子》思想上的重大不同，尤其是對於"仁義"的看法，但事實上有學者已經指出這種觀點的問題。[①] 所以，不論郭店簡本到底是節錄還是《老子》的原始狀態，從已有的内容來看，其與後世版本的差别并不太大。説明了《老子》一書在戰國漢初流傳的過程中，其思想是一直比較穩定的，其文本至遲在西漢基本定型，後世變化不大。

附記：

本文寫作受到 2022—2023 年度河北省社科基金青年自選項目"簡帛《詩經》類文獻與毛詩詩義解説比較研究（HB22ZW020）"資助。

作者簡介：陳晨，男，1990 年生，河北師範大學文學院，博士，講師，從事戰國秦漢簡帛文獻整理與研究。

趙建業，男，1998 年生，河北師範大學文學院碩士研究生，研究方向為先秦兩漢文化與文學。

---

① 參見丁四新《郭店楚竹書〈老子〉校注》，武漢大學出版社，2010 年，第 13—14 頁。

簡牘所見秦代公文書保密制度研究

張　崗
（河北師範大學歷史文化學院，石家莊 050024）

內容摘要：通過分析《嶽麓書院藏秦簡（柒）》所收錄的一組和秦代上書保密、以及治獄文書保密處理有關的令文可知，自卒史以上、爵位在公大夫以上、以及曾爲六百石以上的官吏，如曾向皇帝上書以及接收到制書，他們之中若有人不幸死去，所遺留的文書及副本，要由和這些官吏同舍或同居之人，將相關文書進行封緘處理，然後上呈至公車司馬；另外，凡是已論決的獄案文書都要妥善封藏，當遇到相關人員申請乞鞫等情況時，纔能打開封藏的案卷。除了上述文書需要保密外，和出入校計金錢相關的中辨券，在一段時間內亦需要封藏。還書、記錄"發徵"和"傳送"事項的文書、以及上計文書，在流轉傳遞的過程中均要進行相應地保密處理。爲了降低這些保密文書在傳遞過程中被泄漏的風險，秦令中還規定了文書傳遞時的保密要求。

關鍵詞：上書保密；保密文書類別；保密措施；出土秦簡

一、引言

關於秦漢時期公文書保密及相關制度的研究，學界已取得了較爲豐碩的成果，但既有研究明顯偏重於漢代公文書保密問題的討論，主要涉及漢代保密文書的具體類別、對文書進行封緘保密的具體措施、文書保密制度的特點以及密奏上書機制等方面。[1]由於相關的秦史材料較爲缺乏，關於秦代公文書保密制度的研究顯得較爲薄弱。可喜的是，隨着嶽麓秦簡以及里耶秦簡等簡牘資料的陸續刊布，就爲研究秦代的公文書保密問題提供了寶貴材料。目前，學界主要利用嶽麓秦簡與里耶秦簡中的部分簡文資料，來討論秦代文書傳遞過程中的封緘保密問題。[2]最近伴隨着《嶽麓書院藏秦簡（柒）》的刊布，其中亦包含了一些和秦代文書保密相關的令文，尤其是收錄了官吏向皇帝上書的保密規定，爲我們進一步系統討論秦代文書保密制度的具體細節問題提供了可能。有基於此，本文擬在全面梳理嶽麓秦簡以及里耶秦簡等相關材料的基礎上，嘗試討論秦代的上書保密機制、秦代保密文書的具體類別及相關的保密措施等問題。不當之處，敬請方家指正。

二、新出秦簡所見官吏上書及治獄文書的保密規定

我們知道漢代朝臣上呈給皇帝重要或機密的章奏文書，都是需要密封處理的，也就是所謂的"上封事"機制，即如《漢官六種》有載："凡章表皆啓封，其言密事得皁囊。"[3]實際上，秦代官吏向皇帝的上書，也有着嚴格的保密規定。最新刊布的《嶽麓書院藏秦簡（柒）》中就收錄了一組和秦代上書保密、治獄案卷封藏處理相關的令文，現將材料迻錄於下。即如 225/1624-226/1633-227/1631-228/0340-229/1078-230/1052-231/1059-232/1972-233/1064-234/1062-235/2079 簡載：

　　廿四年四月丁卯　以來，吏卒史、丞、尉以上，爲吏者公大夫以上
　　及故吏六百石以上，嘗上書及受制書而非縣官書殹（也），其人節（即）
　　不幸死，其書及副而尚存者，令其吏若舍人若室人一人完其書封，其不

---

[1] 代表性的研究成果有：劉太祥《秦漢文書管理制度》，《南都學壇（社會科學版）》1992 年第 3 期；汪桂海《漢代官文書制度》，廣西教育出版社，1999 年，第 198—200 頁；余華青《略論秦漢王朝的保密制度》，《中國史研究》2002 年第 3 期；馬怡《皁囊與漢簡所見皁緯書》，《文史》2004 年第 4 輯；袁禮華《試析漢代的上封事制》，《江西社會科學》2009 年第 10 期；王云慶、趙麗《漢代封事的內容及其運作》，《唐都學刊》2011 年第 4 期；田甜《漢代行政保密制度研究》，吉林大學碩士學位論文，2016 年；王錦城《西北漢簡所見郵書的類別及相關問題考略》，《古代文明》2017 年第 3 期；黃浩波《蒲封：秦漢時期簡牘文書的一種封緘方式》，《考古》2019 年第 10 期；汪桂海《秦漢官文書裝具》，《出土文獻》2022 年第 3 期。

[2] 代表性的研究成果有：吴方基《里耶秦簡"檢"與"署"》，中國社會科學院考古研究所主辦《考古學集刊》第 22 集，社會科學文獻出版社，2019 年，第 158—165 頁；吴方基《里耶秦簡"遷陵以郵行洞庭"新解》，武漢大學簡帛研究中心主辦《簡帛》第 19 輯，上海古籍出版社，2019 年，第 125—134 頁；李超《秦封泥與封檢制度》，《考古與文物》2019 年第 4 期。

[3] 〔清〕孫星衍等輯，周天游點校：《漢官六種》，中華書局，1990 年，第 190 頁。

封者，謹封印，勿敢令扉〈漏〉詍（泄），上公車司馬。不在咸陽中者上其縣，【縣】官重封上公車司馬，公【車司馬】皆以聞。已葬，盈卅日而弗上，贖耐。令其事扉〈漏〉詍（泄）者，耐之。吏治爲論，以枲纏其書言律，以令丞印封，如封□書，書論者名吏（事），上廷，郡上守府，廷、守府謹臧（藏），勿敢發，節（即）有辭訟气（乞）鞫，若後有復治殹（也），乃發以案之。□有而得所上書，書不封者，勿敢扉〈漏〉曳（泄）。其封書殹（也），勿敢發□封印，以爲恒。□□□之，與其傳書編，乃并封以傳罪人。其有行死亡者，□□封臧（藏）如令。不如令及挾其副者，以得復請者，且下其書異治者。敢有弗上及令其事扉〈漏〉曳（泄）者，耐之。①

　　細察簡文可知，這組令文可明顯分爲兩部分內容。第一部分內容是關於秦代官吏上書保密的具體規定及要求。首先，令文規定了哪些秩級的官吏向皇帝上書，需要進行保密。我們知道，丞、尉是縣中的長吏，根據《漢書·百官公卿表》的記載即："皆有丞、尉，秩四百石至二百石。"②可知其秩級在四百石至二百石之間。卒史的秩級則低於丞、尉，因爲張家山336號漢墓出土《功令》中的17號簡，就有明確的記載："屬尉佐通課補卒史，卒【史】補丞尉。"③整理者亦明確提出，卒史，秩級百石或二百石。④由此可見，自百石的卒史以上、爵位在公大夫以上以及曾爲六百石以上的官吏，曾經向皇帝上書以及接收皇帝所下發的制書，如果他們之中有人不幸死去，仍然存留的相關文書及副本，都要進行保密處理。需要注意的是，令文中專門強調有關官吏接收的是制書，而并非一般官府所下發的縣官書，亦凸顯了皇帝下發給特定官吏的制書應具有較高的機密性。⑤

　　令文中還規定了對這些相關文書進行保密的具體措施。細察簡文可知，和相

---

① 陳松長主編：《嶽麓書院藏秦簡（柒）》，上海辭書出版社，2022年，第157—160頁。
② 《漢書》卷一九上《百官公卿表上》，中華書局，1962年，第742頁。
③ 彭浩主編：《張家山漢墓竹簡（三三六號墓）》，文物出版社，2022年，第98頁。
④ 彭浩主編：《張家山漢墓竹簡（三三六號墓）》，文物出版社，2022年，第99頁。
⑤ 還需注意的是，如果皇帝下發的制書中包含有問議的內容，那麼有關官吏在收到制書後，需要把對問議內容的回復文書連同記錄接收制書具體時間的簿書，一同上報，即如《嶽麓書院藏秦簡（陸）》215/1675—216/1681 簡載："●制書下及受制有問議者，皆爲薄（簿），署初到受所及上年日月、官別留日數，傳對狀，與對（對）皆上，不從令，貲一甲。"參見陳松長主編《嶽麓書院藏秦簡（陸）》，上海辭書出版社，2020年，第167頁。另外，如果治獄文書中混入了制書，則需要用專門的竹笥來單獨盛放制書，而且要妥善地進行封藏，即如《嶽麓書院藏秦簡（陸）》067/1614 簡載："·獄有制書者，以它笥异盛制書，謹封臧（藏）之。勿令與其獄同笥。"參見陳松長主編《嶽麓書院藏秦簡（陸）》，上海辭書出版社，2020年，第69頁。由此可進一步說明，秦代的制書保密性較高，即不僅要單獨存放在竹笥中，還要進行封藏處理。

關官吏同舍或同居之人中的任意一人，要將文書完整地進行封緘，如果不進行封緘，則要妥善地進行封印，不能讓文書的內容泄漏，還需要把相關文書呈送至公車司馬處。如果死去的官吏不在咸陽所屬的中縣道，則把相關文書上呈至縣廷，經過縣廷重封後上呈至公車司馬。爲何要將這些文書呈送給公車司馬呢？這實際上與公車司馬負責統管臣下上書的職責有關，傳世文獻中就有明確的記載，即如《漢書·百官公卿表》中師古注引《漢官儀》云："公車司馬掌殿司馬門，夜徼宮中，天下上事及闕下凡所徵召皆總領之。"[①] 與此同時，若官吏已葬，超過三十天還沒有將相關文書進行呈送，就要受到贖耐的懲罰，讓文書內容泄露者則被處以耐刑。

該則令文的另一部分內容，是關於治獄文書的保密規定。由簡文可知，獄案如果已經論決，則將相關的獄案文書以及論罪所依據的律令，進行封緘并用枲即麻繩捆扎封檢，[②] 同時加蓋縣令和縣丞的印章。另外，還需要把被論罪者的姓名、身份等信息，上報縣廷，郡則上報給郡守府，縣廷和郡守府都要妥善地封藏這些文書，而不能擅自拆封文書。[③] 由此可見，凡是已論決的獄案卷宗，以及記錄被論罪者姓名、身份等內容的文書，都要進行保密處理。只有當有關人員書寫辭訟申請乞鞫，或者上級官署而後派遣相關官吏對獄案進行覆治時，纔能打開封藏的案卷文書進行核驗。實際上，這一點在張家山漢簡《奏讞書》中的"城旦講乞鞫案"中亦能得到體現。我們知道在這則案例中就明確出現了"覆視其故獄"的簡

[①]《漢書》卷一九上《百官公卿表上》，中華書局，1962年，第729頁。另外，到了漢代，地方所上呈的一些機密性較高的文書，亦要先呈送至公車司馬處，即如懸泉漢簡Ⅱ0114②:206號簡載："出綠緯書一封，西域都護上，詣行在所公車司馬以聞，綠緯孤與緼檢皆完，緯長丈一尺。元始五年三月丁卯日入時，遽亭馬醫王竟、奴鐵柱付縣（懸）泉佐馬賞。"參見胡平生、張德芳《敦煌懸泉漢簡釋粹》，上海古籍出版社，2001年，第111頁。所謂"綠緯書"即是用緑囊來封裝文書，對此馬怡提出，用"綠緯"包裝文書可能與其重要性或機密度有關，參見馬怡《皁囊與漢簡所見皁緯書》，《文史》2004年第4輯。

[②] 黃浩波曾對秦漢時期所存在的"枲纏蒲封"的封緘方式進行了討論，詳見黃浩波《蒲封：秦漢時期簡牘文書的一種封緘方式》，《考古》2019年第10期。

[③] 前引《嶽麓書院藏秦簡（柒）》令文中出現了"書論者名吏（事），上廷，郡上守府"一句，這似乎説明秦代的郡一級官署中可能也設置有負責治獄的職官。而且張家山336號漢墓出土的《功令》部分中的91號簡，就明確記錄了西漢初年時郡級官署中有治獄卒史的設置，其員額爲三人，如果出現了缺額，則由丞相、御史根據功次以及治獄時間等標準進行選任，具體簡文參見彭浩主編《張家山漢墓竹簡（三三六號墓）》，文物出版社，2022年，第112頁。在此基礎上或可推測秦代的郡級官署中可能亦有治獄卒史的設置。

文,①也就是説當城旦講申請乞鞫時,有關官吏就會查核原審的案卷文書,②而實際上這些已論決的獄案文書原本是被保密地進行了封藏。③

三、秦代其他的保密文書類別及相關的保密措施

上文我們所探討的秦代上書保密等事項規定,僅是秦代文書保密制度的一部分内容,從出土秦簡中的其他簡文資料來看,還有幾種重要的公文書需要進行保密處理,現分别進行討論。

從里耶秦簡所見資料來看,和治獄活動密切相關的遷書在流轉傳遞的過程中,需要進行保密處理,現舉相關實例以説明。

或遷。廿六年三月甲午,遷陵司空得、尉乘城☒Ⅰ 卒真薄(簿)☒
Ⅱ廿七年八月甲戌朔壬辰,酉陽貰獄獄史啓敢言☒Ⅲ啓治所獄留須,敢言之。•封遷陵丞☒Ⅳ 8-133 八月癸巳,遷陵守丞陘告司空主,聽書從事☒Ⅰ起行司空☒Ⅱ八月癸巳水下四刻走賢以來。／行半。☒

　　　　　　　　　　　　　　　　　　　　　　Ⅲ 8-133 背④

8-133號簡的形制爲木牘,其性質應屬於遷書,⑤由簡文可知,在遷陵縣處理獄案

---

① 張家山二四七號墓竹簡整理小組編著:《張家山漢墓竹簡〔二四七號墓〕》(釋文修訂本),文物出版社,2006年,第100頁。
② 參見彭浩、陳偉、〔日〕工藤元男主編《二年律令與奏讞書》,上海古籍出版社,2007年,第360頁。
③ 前引《嶽麓書院藏秦簡(柒)》令文中的232—235簡,由於簡文殘缺部分較多,文意較難理解,推測其前後文意可能是如果因獄案裁決問題而再次上書,即便相關的文書不進行封緘,也不能泄露其内容,如果密封,則不能擅自打開,在大多數情況下,都要加蓋印信。將相關文書進行密封後把罪人轉往他處,如果在這個過程中出現死亡者,就要按照律令的要求對相關文書進行封藏。筆者懷疑此處出現的"傳罪人",或可理解爲所謂的"傳囚",張家山336號漢墓出土的《漢律十六章·囚律》162—166號簡記録有關於"移獄傳囚"的律文,詳見彭浩主編《張家山漢墓竹簡(三三六號墓)》,文物出版社,2022年,第186頁。此處之所以出現"傳罪人",其可能與覆獄時將獄案移交給旁近郡有關,即如張家山336號漢墓出土的《漢律十六章·具律》中的124號簡有載:"都吏所覆治,廷及郡各移旁近郡。"參見彭浩主編《張家山漢墓竹簡(三三六號墓)》,文物出版社,2022年,第181頁。
④ 陳偉主編:《里耶秦簡牘校釋(第一卷)》,武漢大學出版社,2012年,第70—71頁。現釋文中的"城"字以及該簡正面第三列"敢"字後的"言"字,均由《里耶秦簡博物館藏秦簡》一書所補釋,參見里耶秦簡博物館、出土文獻與中國古代文明研究協同創新中心中國人民大學中心主編《里耶秦簡博物館藏秦簡》,中西書局,2016年,第78頁。
⑤ 劉自穩對8-133號簡的性質及功能進行了分析,提出8-133應爲"遷書",其功能是申請傳送文書材料,詳見劉自穩《遷書新論——基於湖南益陽兔子山遺址J7⑥:6木牘的考察》,《文物》2021年第6期。

的西陽具獄獄史啓，要求遷陵縣方面移送乘城卒簿籍原件至其在遷陵縣的治所，[①]但由於遷陵縣方面未能及時移送"卒真簿"，所以導致了獄案滯留未決。該件文書由西陽具獄獄史啓製作後，發送給了遷陵縣廷，守丞在給出批復意見後又發送給了遷陵司空。值得注意的是，簡文中出現了"·封遷陵丞"，也就是説西陽具獄獄史啓明確要求遷陵縣方面在轉發該件文書時，要用遷陵丞印進行封緘處理。[②]與之類似，里耶秦簡中還有一個文書實例，簡文中亦出現了"·封遷陵丞"，現將簡文移録於下。

☐覆獄遷陵陽里士五(伍)慶、圂☐Ⅰ廿九年十一月辛酉，洞庭叚(假)
卒史悍☐Ⅱ從事，毋令慶有所遠之。☐Ⅲ·封遷陵丞有傳☐Ⅳ十一月壬戌，
遷陵☐Ⅴ 8-78 ☐☐Ⅰ☐辛酉水下盡，隸臣唯以☐　　　Ⅱ 8-78背[③]

該簡的形制同樣爲木牘，而從文書結構來看，該簡與 8-133 號簡較爲相似，該件文書應由在遷陵縣覆治獄案的洞庭假卒史悍製作，主要内容可能是獄案由於涉及到了陽里士伍慶和圂，因而要求慶不能遠離現在的居所便於被隨時傳唤。與此同時，洞庭假卒史悍亦要求在轉發文書時要用遷陵丞印進行封緘。由此可見，如果治獄之吏發送遝書等司法文書，要求有關方面移送涉案文書或協助傳唤涉案人員，多數情况下，這類文書在轉發傳遞過程中應是處於封緘保密的狀態。

實際上，懸泉漢簡中也出現了一例遝書，與之類似，簡文中亦明確要求所移送的文書要進行保密，不能出現泄漏的情况，現舉實例以説明。

　　獄所遝一牒河平四年四月癸未朔甲辰效穀長增謂縣泉嗇夫吏書到捕
此牒人毋令漏泄先聞知得遣吏送　　　　　　Ⅰ 90DXT0210①:54A

[①] 所謂的"啓治所"，即是指西陽具獄獄史啓在遷陵縣處理獄案的臨時辦公地點，里耶秦簡中有很多與之相關的材料，比如 9-1704 號簡載："西陽具獄史治所"，校釋小組提出，"獄"字下似有重文符，詳見陳偉主編《里耶秦簡牘校釋（第二卷）》，武漢大學出版社，2018 年，第 350 頁。細察圖版可知，校釋小組的觀點可從。該簡形制爲平板尖形檢，簡文可説明文書應是寄給在遷陵縣辦理獄案的西陽具獄獄史。此外，8-133 號簡中出現了"卒真簿"一詞，筆者認爲，更確切來説，其可能是指乘城卒簿籍的原件。因爲乘城卒在里耶秦簡中較爲常見，且由 9-2283 號簡可知，乘城卒即是由縣尉所統轄，具體簡文參見陳偉主編《里耶秦簡牘校釋（第二卷）》，武漢大學出版社，2018 年，第 447—448 頁。

[②] 劉自穩詳細解讀了"封遷陵丞"的具體含義，參見劉自穩《里耶秦簡所見秦徭使吏員的文書運作》，《出土文獻》2023 年第 2 期。

[③] 陳偉主編：《里耶秦簡牘校釋（第一卷）》，武漢大學出版社，2012 年，第 57 頁。現簡文中的"覆獄""傳"以及"辛"字，由劉自穩增補，參見劉自穩《里耶秦簡所見秦徭使吏員的文書運作》，《出土文獻》2023 年第 2 期。

/□掾賞獄史慶　　　　　　　　　　　Ⅰ 90DXT0210①:54B[①]

由簡文可知，該文書應是由效穀縣下發給懸泉置的，要求協助抓捕牒書上所記錄的相關人員，[②]同時明確要求不能泄露文書的內容，以避免被捕人員提前得知。由此可見，到了西漢時期，遷書仍被作爲一種保密性較高的文書，而不能被泄漏。[③]

除此之外，和秦代基層官署對金錢的出入計校密切相關的中辨券，亦需要進行封藏處理。《嶽麓書院藏秦簡（肆）》中就有與之相關的簡文，即如111/1284-112/1285-113/1281簡載：

●田律曰：吏歸休，有縣官吏乘乘馬及縣官乘馬過縣，欲貿芻槀、禾、粟、米及買菽者，縣以朔日平賈（價）受錢，先爲錢及券，缿以令、丞印封，令、令史、賦主各挾一辨，月盡發缿令、丞前，以中辨券案雠（讎）錢，錢輒輸少内，皆相與靡（磨）除封印，中辨臧（藏）縣廷。[④]

細察簡文可知，如果縣廷方面接受了買者所付的錢，就要在券書上進行記錄，同時還要把證明雙方之間存在出付入受關係的憑證即中辨券，[⑤]連同錢物均放入到缿中，上面還要加蓋令、丞的印章密封起來。由令史、付錢者所持三辨券中的剩餘兩辨，到月底時在令、丞面前打開封缿，取出中辨券來核校錢物的數目。由此可見，按照秦律的規定，在地方基層出入錢物的過程中所產生的中辨券，要同錢物一同放入缿中，并加蓋縣廷長吏的官印進行封藏處理。中辨券之所以要封藏起來，則顯然是爲了保證月末核驗錢物時的準確性。

與此同時，還有兩種行政文書在傳遞過程中亦需要保密處理，其中一種是記

---

① 甘肅簡牘博物館等編：《懸泉漢簡（貳）》，中西書局，2020年，第335頁。在最新刊布的《懸泉漢簡（叁）》中也出現了一例與之性質相似的簡文，即如Ⅱ 90DXT0114②:170號簡載："毋令漏泄先聞知得定名懸爵里年姓宅坐遣吏送致還所人不在勝書人在所 在所亦 夾捕 謂姓如書死亡物故自報須決獄毋留如律令。"參見甘肅簡牘博物館等編《懸泉漢簡（叁）》，中西書局，2023年，第370頁。

② 劉自穩認爲，到西漢中後期時，遷書的形態變爲了編聯的簡册，參見劉自穩《遷書新論——基於湖南益陽兔子山遺址J7⑥:6木牘的考察》，《文物》2021年第6期。也就是說，完整的遷書形態應是由Ⅰ 90DXT0210①:54號簡和具體記錄被捕人員詳細信息的牒書相編聯而成。

③ 值得注意的是，西漢時期遷書在傳遞過程中亦需要通過加蓋長吏之印的方式來對文書進行封緘，即如肩水金關漢簡73EJC:311號簡載："□書六封其一封遷居延丞印詣觻得破印頗可知蠧食。"參見甘肅簡牘博物館等編《肩水金關漢簡（伍）》中册，中西書局，2016年，第210頁。

④ 陳松長主編：《嶽麓書院藏秦簡（肆）》，上海辭書出版社，2015年，第104—105頁。

⑤ 曹天江依據里耶秦簡中的相關簡文，重點討論了三辨券在縣廷物資出入過程中所發揮的作用，提出中辨券要上交縣廷，入笥統計，詳見曹天江《秦遷陵縣的物資出入與計校——以三辨券爲綫索》，武漢大學簡帛研究中心主辦《簡帛》第20輯，上海古籍出版社，2020年，第192—198頁。

錄"發徵"以及"傳送"事項的文書，①現將相關簡文移錄於下。《嶽麓書院藏秦簡（伍）》102/1877 簡載：

●令曰：御史、丞相、執灋以下有發徵及爲它事，皆封其書，毋以檄。不從令，貲一甲。·辛令乙八②

關於該則令文的理解，齊繼偉認爲，秦漢發徵的對象頗爲廣泛，御史、丞相、執法以下皆可發徵；還提出"吏繇"亦屬於發徵的內容之一。③在此基礎上就可知該則秦令的大意，即傳遞御史、丞相、執法以下被徵調進行繇使等內容的文書時，都要進行密封處理，不能用"檄"進行傳送。此處出現的"檄"應如何理解呢？整理小組認爲，其是一種文書，應指不封之檄。④所謂的不封之檄，可能是指以露布的形態進行傳遞。⑤而且結合這則令文的文意來看，"封其書"顯然和以檄傳遞是兩種截然相反的文書傳遞方式，即前者是封緘文書進行傳遞，而後者則是以公開文書的形式傳遞。⑥

與之相似，與"傳送"事項相關的文書，同樣需要進行保密處理。即如《嶽麓書院藏秦簡（柒）》0107-0119-0059 簡載：

均之。興不更以下車牛，各比爵縣（繇）員橾（衰），以二尺牒牒書不更以下當使者車牛，人一牒，上，到縣廷，節（即）興車牛傳送，以爵橾（衰）次均發之。輒署所傳送及日數于牒，善封印，且令都吏更

---

① 在秦漢時期的出土簡牘資料中，"發徵"與"傳送"常常一同出現，比如《嶽麓書院藏秦簡（肆）》所見《興律》中的 238/0992-239/0792 簡，就記錄了如果耽誤了發徵及傳送事務相關人員所受到的處罰規定，具體簡文參見陳松長主編《嶽麓書院藏秦簡（肆）》，上海辭書出版社，2015 年，第 147 頁。另外，張家山 336 號漢墓出土的《漢律十六章·興律》部分，亦有與之類似的簡文，整理者認爲，"發徵"即指徵發人員，"傳送"指轉送，參見彭浩主編《張家山漢墓竹簡（三三六號墓）》，文物出版社，2022 年，第 203 頁。
② 陳松長主編：《嶽麓書院藏秦簡（伍）》，上海辭書出版社，2017 年，第 101 頁。
③ 參見齊繼偉《秦漢賦役制度叢考》，湖南大學博士學位論文，2019 年。
④ 陳松長主編：《嶽麓書院藏秦簡（伍）》，上海辭書出版社，2017 年，第 152 頁。
⑤ 冨谷至結合西北漢簡中所見的檄書資料，提出檄是以露布的形態進行傳送、旨在公諸於衆的木簡，還認爲檄的形制特點是一種長形多面體的簡，參見〔日〕冨谷至著，劉恒武、孔李波譯《文書行政的漢帝國》，江蘇人民出版社，2013 年，第 87—88 頁。實際上，從西北漢簡所見觚的形制來看，具有長形多面體形制的檄，即是觚檄。此外，板檄也屬於不封之檄，王錦城曾提出，板檄即是寫在木板上，不加封檢的檄，參見王錦城《西北漢簡所見郵書的類別及相關問題考略》，《古代文明》2017 年第 3 期。
⑥ 武大讀簡會曾對此處所見"檄"的理解提出了兩種可能，一種是指"送檄"，即用封書傳遞，不再另外附加記錄其行書情況的"檄"，另一種則是指用"封其書"的形式傳遞，不要用"檄"傳遞，參見武漢大學簡帛研究中心秦漢簡牘書會《〈嶽麓書院藏秦簡（伍）〉讀札（三）》，"簡帛"網 2018 年 4 月 3 日，http: //www.bsm.org.cn/?qinjian/7777.html。筆者同意武大讀簡會所提出的第二種可能的觀點，並認爲其很可能是一種露布的文書形態。

（事）。不如令者，鄉嗇夫、吏主者貲各一甲，丞、令、令史各一盾。①
這則令文應是關於秦代徭役徵發的具體規定，屬於《徭律》的部分內容。②關於該令文的解讀，周海鋒提出，由 0107 簡可知，不更以下當服徭役者，可用車牛代替服役，車牛徭員比照主人爵員之數。③與此同時，令文還規定要用二尺牒來書寫不更以下車牛代替主人服徭的數量，每人一牒上呈到縣廷。用車牛來進行轉送時，則要按照主人爵位的等次來調配徵發，以實現"均徭"的目的。④另外，在徵發時還要在牒書上記錄所傳送車牛的基本信息以及服役的天數，而且要使用官印將牒書進行密封。

除了記錄"發徵"以及"傳送"內容的文書需要進行封緘外，秦代的年度上計文書在呈送過程中亦需要保密，即如《嶽麓書院藏秦簡（肆）》346/0561 簡載：

　　●縣官上計執灋，執灋上計冣（最）皇帝所，皆用筭橐□，告䳍（䳍）已。復環（還）筭橐，令報訌縣官。⑤

這則令文是關於秦代地方向中央進行上計的具體規定，由簡文可知，秦縣在年終上計時，要把"計最"等上計文書呈送給執法，而後由執法上呈給皇帝，而"計最"等上計文書在呈送時都要使用筭橐進行盛放。何爲筭橐呢？整理小組提出，其疑爲專門用來裝計最簿籍的袋子。⑥但實際上，從嶽麓秦簡 350/2148 簡所載的內容來看，即："上計冣（最）、志、郡〈群〉課、徒隸員簿，會十月望。"⑦可知秦縣歲末所呈送的上計文書類別是較爲多樣的，即除了"計最"文書外，還包括"志"文書以及群課等，那麼筭橐很可能亦會被用來盛放"志"文書、群課以及徒隸員簿。在此基礎上就可知，秦代的上計文書應皆是使用密封的筭橐進行傳遞，而到了漢

---

① 陳松長主編：《嶽麓書院藏秦簡（柒）》，上海辭書出版社，2022 年，第 182 頁。
② 整理小組認爲，這則令文應歸屬於《嶽麓書院藏秦簡（肆）》的第二組，參見陳松長主編《嶽麓書院藏秦簡（柒）》，上海辭書出版社，2022 年，第 224 頁。實際上更確切來說，這則令文應屬於《嶽麓書院藏秦簡（肆）》中的《徭律》部分。因爲《徭律》律文中的 147/1232–148/1257 簡，就明確規定了在發徭過程中，如果擅自徵發車牛，鄉嗇夫及吏主者就要各自受到貲二甲的處罰，具體簡文參見陳松長主編《嶽麓書院藏秦簡（肆）》，上海辭書出版社，2015 年，第 116—117 頁。
③ 周海鋒：《秦律令研究——以〈嶽麓書院藏秦簡〉（肆）爲重點》，湖南大學博士學位論文，2016 年。
④ 王萍通過分析嶽麓秦簡中的《徭律》簡文，提出"均徭"，即指對勞力資源進行具體規劃，對徭徒的服徭時間進行調配，確保各徭徒服徭量的均衡，參見王萍《簡牘所見秦代徭戍程序考論》，《中國社會經濟史研究》2022 年第 2 期。從《嶽麓書院藏秦簡（柒）》中的這則《徭律》令文的規定來看，"均徭"的原則不僅體現在徭徒的徵發上，而且亦表現在車牛的傳送服徭方面。
⑤ 陳松長主編：《嶽麓書院藏秦簡（肆）》，上海辭書出版社，2015 年，第 209 頁。
⑥ 陳松長主編：《嶽麓書院藏秦簡（肆）》，上海辭書出版社，2015 年，第 228 頁。
⑦ 陳松長主編：《嶽麓書院藏秦簡（肆）》，上海辭書出版社，2015 年，第 211 頁。

代則主要是使用篋或匣匱進行封緘呈送。① 秦代筭橐的具體形制是什麽呢？汪桂海提出，囊和橐都是口袋，但有所區別，橐無底，兩端開口。② 實際上，此說仍有繼續補充的空間。因爲里耶秦簡中還有一例和橐的具體材質及其尺寸大小相關的簡文，9-2027號簡載："☐☐☐Ⅰ☐青綌小橐一，袤四尺。笞【筒】☐Ⅱ。"③ 簡文中橐與笞、筒等文書裝具并列，那麽其顯然與筭橐一樣也是一種盛放文書的袋子。依據簡文可知，此處出現的橐是用青色的織物製作而成，而其長度則爲四尺。④ 與此同時，筭橐作爲盛放上計文書的袋子，筆者推測，其封緘方式可能與漢代的書囊大致相似，即可能是把檢覆蓋在囊的外邊，將繫繩緊密纏繞在檢的印窠處，然後填以封泥，并在泥上加蓋官印。⑤

四、嶽麓秦簡所見秦代文書傳遞的保密要求

前文我們討論了秦代具有保密性質的幾種文書類別，那麽這些文書在呈送傳遞的過程中都有哪些防止泄露的措施要求呢？實際上，《嶽麓書院藏秦簡（陸）》中就有明確的相關規定，即如223/1160簡載：

●封書毋勒其事於署，書以郵行及以縣次傳送行者，皆勒書郡名于署，不從令，貲一甲。·辛令丙四重⑥

由簡文可知，凡是已密封的文書，且采用以郵行或縣次傳方式來傳遞的，不要把

---

① 汪桂海依據張家山漢簡《二年律令·户律》中的331號簡文，提出上計文書在逐級上呈時，應該使用篋或者匣匱封緘、傳遞，詳見汪桂海《秦漢官文書裝具》，《出土文獻》2022年第3期。還需注意的是，漢代使用篋來傳遞文書也較爲普遍，篋除了用於傳遞上計文書外，普通文書也會使用篋進行傳送，比如《懸泉漢簡（叁）》Ⅱ90DXT0114②:216A號簡有載："革篋書一封敦煌長史詣涼州牧治所，"參見甘肅簡牘博物館等編《懸泉漢簡（叁）》，中西書局，2023年，第379頁。使用篋來傳遞文書時，應當用繩索進行封緘，如居延新簡EPT52:668號簡載："戍卒篋繖☐，"集釋者認爲，此處出現的"繖"，即是繩索的含義，參見張德芳主編《居延新簡集釋（三）》，甘肅文化出版社，2016年，762—763頁。由此筆者認爲，"革篋書"應是指裝入用蘆葦編成的小箱子且用繩索加以封緘的文書。

② 汪桂海：《秦漢官文書裝具》，《出土文獻》2022年第3期。

③ 陳偉主編：《里耶秦簡牘校釋（第二卷）》，武漢大學出版社，2018年，第406頁。

④ 校釋小組認爲，綌應是指某種織物，參見陳偉主編《里耶秦簡牘校釋（第二卷）》，武漢大學出版社，2018年，第407頁。值得注意的是，懸泉漢簡中所見的"緑緯書"，其所用書囊的長度亦很長，即如Ⅰ90DXT0112②:79號簡載："入西緑緯書一封，敦煌玉門關都尉臣寶上，緑緯，緣滿署，皆完，緯兩㒷各長二尺。元始二年三月庚辰，縣泉嗇夫長受遮要御牛康。"簡文參見甘肅簡牘博物館等編《懸泉漢簡（壹）》，中西書局，2019年，第446頁。簡文的斷讀爲筆者所加。

⑤ 馬怡對漢代書囊的封緘方式進行了詳細討論，參見馬怡《皂囊與漢簡所見皂緯書》，《文史》2004年第4輯。

⑥ 陳松長主編：《嶽麓書院藏秦簡（陸）》，上海辭書出版社，2020年，第170頁。

文書所記事項書寫在"署"上，而應在"署"上書寫郡名。此處的"署"應如何理解呢？吳方基認爲，"署"應是指里耶秦簡中所見的平板簡，①其說可從。令文中規定之所以不把文書所記事項書寫在"署"上，其顯然也是爲了避免泄露文書內容而采取的相應保密措施之一。與此同時，對於使用以郵行的方式來傳遞已密封的文書時，還有其他方面的保密要求，即如《嶽麓書院藏秦簡（陸）》222/1175簡載：

  書當以郵行，爲檢令高可以旁見印章；堅約之，書檢上癃（應）署，令幷負以疾走，不從令，貲一甲。·卒令丙三②

細察簡文可知，在將已密封的文書捆扎好後，再用緘繩把帶有封泥槽的檢拴繫起來，然後填充封泥加蓋印章，③使用這種方式進行封緘可實現簡文中所言"旁見印章"的效果。另外，令文中還明確規定帶有封泥槽的檢上還需要書寫和平板狀的"署"所對應的内容。④那麼具體要書寫何種内容呢？我們知道里耶秦簡所見平板檢所載的主要是"遷陵以郵行洞庭"的題署內容，再結合所引"卒令丙四"中規定要在"署"上題寫郡名，由此可知，在帶有封泥槽的檢上所書寫的内容即應是和"遷陵以郵行洞庭"或是"遷陵洞庭"類似的郵傳信息，而且現有已公布的資料中亦可證明此點，詳見文末附圖。

我們知道相關文書在被保密傳遞的過程中，除了檢之外，封泥和封緘時所使用的緘繩亦起到了較爲重要的作用，而如果在文書傳遞的過程中封泥毀壞或是緘繩脱落，則顯然不利於文書的保密傳送，甚至可能會導致文書內容的泄露，爲了避免這種問題的出現，實際上秦令中還專門規定有相關的補救措施，即如《嶽麓

---

 ①吳方基：《里耶秦簡"檢"與"署"》，中國社會科學院考古研究所主辦《考古學集刊》第22集，社會科學文獻出版社，2019年，第160—162頁。還需注意的是，所謂的平板簡實際上就是指平板檢，從現有材料來看，其形制可大致分爲兩大類，一類是形如平板狀的檢，比如8-305、8-451、8-878等，參見湖南省文物考古研究所編著《里耶秦簡（壹）》，文物出版社，2012年，第57、66、125頁。另一類則是平板狀檢的下端被削尖，可稱爲平板尖形檢，比如8-52、8-65、8-188、8-230等，參見湖南省文物考古研究所編著《里耶秦簡（壹）》，文物出版社，2012年，第19、22、45、51頁。
 ②陳松長主編：《嶽麓書院藏秦簡（陸）》，上海辭書出版社，2020年，第169頁。
 ③參見陳偉：《秦簡牘校讀及所見制度考察》，武漢大學出版社，2017年，第54頁。
 ④參見陳偉：《秦簡牘校讀及所見制度考察》，武漢大學出版社，2017年，第58頁。還需注意的是，李超曾撰文提出，里耶秦簡中大量出現的下端削尖的"檢"，也可配合封泥及檢繩等材料進行使用，并具體討論了使用方法，詳見李超《秦封泥與封檢制度》，《考古與文物》2019年第4期。另外，最新刊布的西安相家巷遺址出土的部分秦封泥背面的圖版材料，亦可證明里耶秦簡中所見的平板尖形檢確實可以配合封泥進行使用，具體的封泥圖版參見鄭州大學歷史學院、西安市文物保護考古研究院《西安相家巷遺址H4出土秦封泥整理簡報》，《文物》2022年第10期。

書院藏秦簡（陸）》218/1610–219/1770（2）簡載：

●諸傳書，其封毀，所過縣官輒復封以令、丞印。封纏解輒纏
□而封其上，毋去故封，不從令，貲丞、令、令【史一甲】。卒令乙
十一①

關於該令文的釋讀，陳偉提出簡文中的"復"字應改爲"更"字，其主要依據是圖版上的殘存字迹以及漢簡中的相關資料。②筆者同意此説，并略作相關材料的進一步補充，即如 9-2345 號簡載："恒書三封。□署……遷陵，以郵行。☑Ⅰ卅三年十月丙子夜水下三刻，□封□，以洞庭候丞印更封□Ⅱ。"③校釋小組認爲，簡文第二欄中出現的第一個"封"字後應爲"毀"字。④由此就可知，"卒令乙十一"中所見的"復"字確實應改釋爲"更"字。令文的大意即爲，凡是所傳遞的文書如果其封泥毀壞，經過縣廷時要重新加蓋縣令、縣丞的印章，而如果緘繩鬆開，則直接增加緘繩，不去除原有的封緘。還需注意的是，由前引里耶秦簡中的 9-2345 號簡亦可知，當所傳遞的文書遇到"封毀"問題時，除了令、丞等縣廷長吏擁有"更封"的職責外，還應包括郡候丞等郡級職官。⑤

我們知道，漢代時同樣對文書傳遞過程中出現的封泥毀壞等問題，規定有專門的補救舉措，除了張家山漢簡《二年律令·行書律》中所見的"更封"外，西北漢簡中還出現了"旁封"，即如懸泉漢簡 92DXH12：7 號簡載：

☑府告縣：郵亭行書而毀封，若亡其檄，過所縣輒劾更封爲檄署。

有律，·案書，檄到府，蒲繩多解隨，封破敝，毋封，檄署□

☑受乾齊書，檄明券書其有破，毋封檄署，輒旁封……☑⑥

細察簡文可知，這則材料可大致分爲兩部分內容，一部分內容是説當使用"以郵行"或"以亭行"的方式來傳遞文書時，如果遇到了"封毀"等問題，文書傳行所經

---

① 陳松長主編：《嶽麓書院藏秦簡（陸）》，上海辭書出版社，2020 年，第 168 頁。值得注意的是，在張家山漢簡《二年律令·行書律》中亦有與"卒令乙十一"頗爲相似的簡文，即如 275 號簡載："書以縣次傳，及以郵行，而封毀，過縣□劾印，更封而署其送徽（檄）曰：封毀，更以某縣令若丞印封。"參見張家山二四七號墓竹簡整理小組編著《張家山漢墓竹簡〔二四七號墓〕》（釋文修訂本），文物出版社，2006 年，第 46—47 頁。
② 陳偉：《〈嶽麓書院藏秦簡（陸）〉校讀》，中國文化遺産研究院編《出土文獻研究》第 20 輯，中西書局，2021 年，第 167 頁。
③ 陳偉主編：《里耶秦簡牘校釋（第二卷）》，武漢大學出版社，2018 年，第 478 頁。
④ 陳偉主編：《里耶秦簡牘校釋（第二卷）》，武漢大學出版社，2018 年，第 478 頁。
⑤ 秦代郡級職官中還設有郡候一職，其具體性質爲專司伺望、偵察任務的郡級武官，參見陳松長等《秦代官制考論》，中西書局，2018 年，第 84 頁。里耶秦簡中所見的"洞庭候丞"應是洞庭候的副手。
⑥ 該條簡文引自張俊民《敦煌懸泉置出土文書研究》，甘肅教育出版社，2015 年，第 472 頁。

過的縣級官署要進行"更封"，這與張家山漢簡《二年律令·行書律》中的律文是高度一致的，後文中的"有律"也證明了這一點。簡文的另一部分則是説當遇到"蒲繩解隨"或"檄明券書其有破"等問題時，①相關官署還會直接進行"旁封"處理，其具體方式可能是在對封泥以及緘繩驗核後進行補封，并用文書加以注明。②西北漢簡所見郵書傳遞的文書中，多見和"旁封"相關的材料。

北書五封　　一封運杜陵左尉印詣居延封破倉内旁封十月丙寅記

卒順　　　　　　　　　　　　　　　　　　　　　　　　　　　　505.39③

丁丑到留遲封破毋旁封記到各推辟☐　　　　　　　EPT59:504④

505.39號簡明顯屬於郵書刺，由簡文可知，一封發往居延都尉府的遞書在傳遞過程中遇到了"封破"的問題，而後由倉内及時進行了補封。EPT59:504號簡的性質可能爲推辟驗問書，該簡即説明如果相關文書在傳遞過程中出現了封泥毀壞等問題，而過所官署没有及時進行"旁封"，則就要受到上級官署的問責處罰。這種舉措的目的顯然也是爲了促使相關官署認真履行"旁封"的職責，以最大限度地確保文書在傳遞過程中不會洩露。

除此之外，如果故意弃去文書上的封泥，然後上呈，則要受到耐刑的處罰，即如《嶽麓書院藏秦簡（陸）》263/1773簡有載："盜書、弃書丞、令印以上，耐。"⑤由上述可知，秦代從封檢題署的内容、對毀壞的封泥進行補救等方面，提高了文書在傳遞過程中的保密程度。

五、結語

《嶽麓書院藏秦簡（柒）》中完整收録了一組和秦代上書保密機制相關的令文，通過分析簡文内容可知，自百石的卒史以上，爵位在公大夫以上的官吏等，如曾向皇帝上書以及接收皇帝下發的制書，他們之中若有人不幸死去，所遺留的這些

---

① 筆者認爲，"蒲繩解隨"現象應類近於嶽麓秦簡中所見的"封纏解"，均應是表示緘繩鬆開脱落的含義；西北漢簡所見郵書刺中多見"蒲繩解隨"的實例，比如懸泉漢簡Ⅱ 90DXT0114③: 111A號簡載："武威大尹章繩蒲解隋　天陜長印毋蒲繩詣效穀。"參見甘肅簡牘博物館等編《懸泉漢簡（叁）》，中西書局，2023年，第406頁。

② 參見張俊民《敦煌懸泉置出土文書研究》，甘肅教育出版社，2015年，第473頁。

③ 簡牘整理小組編：《居延漢簡（肆）》，"中研院"歷史語言研究所，2017年，第152頁。

④ 張德芳主編：《居延新簡集釋（五）》，甘肅文化出版社，2016年，第374頁。

⑤ 陳松長主編：《嶽麓書院藏秦簡（陸）》，上海辭書出版社，2020年，第191頁。

文書及副本，都要進行保密處理。具體來説，即是由和這些官吏同舍或同居之人，將這些文書進行完整封緘或加蓋印信，然後上呈至公車司馬。如果死去的官吏不在咸陽所屬的中縣道，則需把相關文書呈送至縣廷，經過縣廷重封後上呈至公車司馬。與此同時，令文中還記録了關於治獄文書保密處理的規定，即凡是已論决的獄案文書都要妥善地進行封藏，只有當相關人員申請乞鞫，或者上級官署派遣相關官吏對獄案進行覆治時，纔能打開封藏的案卷文書。此外，通過分析出土秦簡中的其他有關簡文，可知秦代保密文書的類别較爲多樣。具體而言，和基層官署對金錢進行出入校計事務密切相關的中辨券，在一段時間内需要進行封藏。和基層治獄活動有關的遝書、記録"發徵"和"傳送"事項的文書以及年度的上計文書，在流轉傳遞的過程中都要進行相應地保密處理。爲了防止和降低這些保密文書在傳遞過程中被泄漏的風險，秦令中還專門規定了文書傳遞時的保密要求，比如其中就明確規定不能把文書所記事項書寫在"署"上。

　　由上述可知，秦代已初步建立起了一套較爲規範的文書保密制度，其中的某些内容仍爲漢代所繼承。比如秦代自卒史以上官吏的上書經保密處理後，通過公車司馬進行呈送的制度，就爲漢代所沿用。因爲已有學者提出，漢代所實行的上封事即密封奏章的上呈，其傳遞途徑之一就是通過公車司馬令丞進行呈送。[①] 再比如漢代遝書被要求在傳遞過程中進行保密，而不能泄露相關内容，這實際上乃是繼承的秦代舊制。另外，漢代所實行的遇到封泥毀壞而用令、丞之印進行"更封"的做法，亦承襲的是秦令的規定。但與此同時，和秦代相比，漢代的文書保密制度也發生了一些變化。比如漢代的上計文書在傳遞過程中主要使用計篋進行封緘呈送，這顯然與秦代使用筭橐呈送存在差別。漢代還進一步完善了關於泄露文書内容的處罰規定，比如對泄露文書的官吏定有"坐寫秘書""察府書甚毋狀"等罪名。[②] 由此可見，秦漢時期在公文書保密制度方面所展現出的淵源關係與發展流變。

[①] 參見王云慶、趙麗《漢代封事的内容及其運作》，《唐都學刊》2011年第4期。
[②] 西漢時期霍山因"坐寫秘書"而被問罪，參見《漢書》卷六八《霍光傳》，中華書局，1962年，第2956頁。居延漢簡中的145.8號簡則記録有某官吏因私自察看府書而被問責的實例，具體簡文參見簡牘整理小組編《居延漢簡（貳）》，"中研院"歷史語言研究所，2015年，第109頁。

附圖：

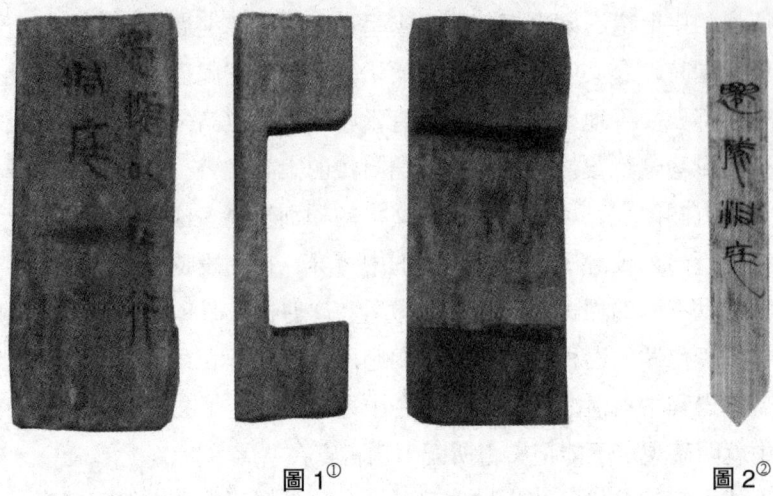

圖1① 　　　　　　　　圖2②

附記：

本文是國家社科基金重大項目"中韓日出土簡牘公文書資料分類整理與研究"（項目批准號：20&ZD217）的階段性成果。

作者簡介：張崗，男，1998年生，河北師範大學歷史文化學院中國史博士研究生，主要研究方向爲秦漢史、簡牘學。

---

① 圖1爲帶封泥槽的檢，其題署內容爲"遷陵以郵行洞庭"，圖版和簡文參見孫之常、張春龍《里耶一號井的封檢和束》，湖南省文物考古研究所編《湖南考古輯刊》第8集，岳麓书社，2009年，第66、68頁。

② 圖2爲常見的平板尖形檢，簡文內容爲"遷陵洞庭"，圖版和簡文參見湖南省文物考古研究所編著《里耶秦簡（壹）》，文物出版社，2012年，第45、22頁。

秦簡"自爵"罪蠡測

李兵飛

（首都師範大學歷史學院，北京 100048）

內容摘要：秦時法律體系中存有"自爵"罪，但由於存世資料較少，故只能通過部分簡牘內容來推測與其相關的內容。從"自爵"二字的字面意思和其所具有的內涵可推測，"自爵"罪表面上有對造反者自封爵位及對擁有爵位者的限制，其核心內涵是對"逾制"觀念及其行爲的打擊，如田宅不得逾制等，幷借此維護統治秩序。因此，對犯有"自爵"罪行的量刑標準應是依據其對國家是否産生較大的危害，危害大者量刑重，危害小者量刑輕。

關鍵詞：自爵律；自爵罪；軍功爵制；田宅逾制

新出里耶秦簡中有"自爵"一詞，其後岳麓秦簡秦律令中又出現"自爵"律和"縱自爵罪"等法律用語，但由於有關"自爵"的資料極少，故學界對此關注的幷不多。[①] 筆者以爲"自爵律"幷非確指擁有"自爵"二字名稱的律令，而是指與之相關的廣泛意義上的自爵行爲或者罪行，作爲秦法律條文的一部分，對其進行研究或有助於深化秦漢史相關問題的認識，故不揣譾陋，擬就秦簡"自爵"罪的內涵、實質及其相關問題內容試作分析和探討，所論有不當之處，敬請方家指正。

一

在里耶秦簡中存有兩條關於"自爵"簡文，這兩條簡文相似度極高。其內容爲：

　　廿七年八月丙戌，遷陵拔訊歐。辭（辤）曰：上造，居成固畜園，爲遷陵丞。故爲啓☐

　　視獄，歐坐男子毋害詐（詐）僞自爵弗得。獄史角曹。·六月丙子

---

① 《里耶秦簡牘校釋（第二卷）》的整理者關注到這个問題，這在下文中會提到。

論☐正

　　・鞫：歐失捧（拜）大男子賞橫爵。有它論，訾二甲。與此同事相遝。審。☐背 9-2318①

　　廿七年【八月丙戌，遷陵挓】訊歐。辭（辤）曰：上造，居成固畜☐☐☐Ⅰ

　　☐獄，歐坐男子毋害詐（訞）僞自☐Ⅱ 8-209 正

　　・鞫：歐失捧（拜）大男子騶奇爵。有它論，訾二甲☐☐☐☐ 8-209 背②

這兩條簡文是關於遷陵縣丞"歐"的，"歐"受到牽連被"訾二甲"。從表面上看簡文內容似乎較爲完整，但實際上存有問題需要考慮。其一，文中出現的"有它論"三字應如何解釋的問題。《里耶秦簡牘校釋（第二卷）》認爲："這里的'它論'蓋是指正面所記'歐坐男子毋害詐（訞）僞自爵弗得'一事。"③但這里存在一個矛盾，結合第二支簡來看，男子"毋害"既與"大男子賞橫"案有牽連，又和"大男子騶奇"案存在關係，且在各自的案件中"毋害"都屬於"它論"。如此分析，簡文似乎很難說通。那麽，兩條簡文中出現的"毋害"一詞就不能將之釋讀爲人名。筆者以爲，兩則簡文中的"毋害"一詞，非指人名，而是指與之關聯的描述對象沒有過犯罪記錄或者犯罪行爲，是對嫌疑人是否有過前科的介紹。"毋害"一詞釋義較多，檢索學者的研究成果，筆者較爲認可的解釋爲"'毋害'於吏員層面指的是在既往處理事務中沒有造成嚴重的損失，於黔首層面指的是不曾作奸犯科"。④ 即此處的"毋害"一詞在兩份公文中分別用來指"賞橫""騶奇"二人在此之前未犯有罪行之語。如此一來，兩條簡文中的"它論"就可以說通。同時，後面有"與此同事相遝"⑤一語，我們不必糾結此處是案件處罰的疊加還是同類案件只處罰一次的規定，但可知者爲"歐"所"坐"的"詐僞自爵"一事絕非個案。里耶秦簡"☐庚寅，告詐（訞）僞自☐ 9-881"與 8-209

---

① 陳偉主編：《里耶秦簡牘校釋（第二卷）》，武漢大學出版社，2018年，第471頁。
② 陳偉主編：《里耶秦簡牘校釋（第一卷）》，武漢大學出版社，2012年，第114頁。
③ 陳偉主編：《里耶秦簡牘校釋（第二卷）》，武漢大學出版社，2018年，第472頁。
④ 董飛：《出土簡牘所見"毋害"小考》，鄔文玲、戴衛紅主編《簡帛研究二〇二〇・秋冬卷》，廣西師範出版社，2020年，第139頁。在傳世文獻中，"毋害"一詞多用來指某人"毋害"，如蕭何的"文毋害"，趙禹"極知禹毋害"，嶽麓秦簡1765號有"毋害吏"之說。故"毋害"一語當指男子之前并無作奸犯科之舉。
⑤ 关于"与此同事相遝"的解釋在《里耶秦簡牘校釋（第二卷）》第184頁中亦有解釋，不予贅述。

號簡文極度相似，我們有理由懷疑其與"自爵案"有關。

其二，結合第一條簡文，可以推測兩則案例遷陵丞"歐"都存在失誤。兩則案件訊問歐的時間也極爲相似。第一則案例結果是"弗得"，結合實際情況，"詐僞獲爵"實質進行到爵位獲得三步驟"勞、論、賜"中的"論"，屬於爵位評定的内容，并未給予爵位以及爵位所帶來的田宅等優待，其自然没有造成嚴重後果。①上文所引9-2318號簡文有"六月丙子論"一語，其後内容雖有缺失，但結合兩條簡文都存在的"失拜"一詞，亦可印證此時的頒賜爵位實質上只進行到第二步。這兩條文書的存在，正是"自爵罪"明確存在的最直接的證據。兩條簡文中的"歐"是"坐"，其行爲是"失拜"所引起的，故"歐"當是"詐僞自爵"罪行所需追查的主要責任人之一。

時間轉至漢初，在《二年律令·爵律》之中有一條與"自爵"相關程度更高的法律規定，即

  諸詐(詐)僞自爵免者、爵免人者，皆黥爲城旦舂。吏智(知)而行者，與同罪。　　　　　　　　　　　　　　　　　　　　　　　　　394②

在這條簡文中主要規定的是，由"詐僞自爵"行爲所引起的之後的"免者"和"爵免人"的行爲，都要判處"黥城旦舂"的處罰，原因爲這裏的"免者""爵免人"使得國家的奴隸減少，其造成後果如侵吞國家財産一樣。③而秦時有關"爵免""爵免人"的規定：

  欲歸爵二級，以免父母爲隸臣者一人，及隸臣斬首爲公士，謁歸公士而故妻隸臣一人者，許之，免以爲庶子。④

  138/1168+1192：●令曰：吏及黔首有貲贖萬錢以下而謁解爵一級以

---

① 詳見朱紹侯《軍功爵制研究（增訂本）》，商務印書館，2017年，第57-59頁。書中在《軍功爵製的頒賜程序和管理機構》一文中對於爵位頒賜程序有詳細的介紹。
② 彭浩、陳偉、〔日〕工藤元男主編：《二年律令與奏讞書：張家山二四七號漢墓出土法律文獻釋讀》，上海古籍出版社，2007年，第242頁。
③ 里耶秦簡中，"8-1287簡：大奴一人直（值）錢四千三百；小奴一人直（值）錢二千五百"等，此處價格遠超六百六十錢，符合"黥爲城旦舂"的法律規定。釋文詳見陳偉《里耶秦簡牘校釋》第1卷，武漢大學出版社，2012年，第306頁。在漢初《二年律令·盜律》中載，"盜臧直過六百六十錢，黥爲城旦舂"。在《奏讞書》第二個案例，大夫祿從士伍點的家中買來婢女，時年"四十歲"，其名爲"媚"，價格是"萬六千錢"。漢初沿襲秦時罰錢制度，常以十一的倍數錢作爲處罰標準。在秦時奴隸價格當超過六百六十錢，如此，即可視爲對國家造成較大的損失，可處以"黥爲城旦舂"的處罰。釋文詳見彭浩、陳偉、〔日〕工藤元男《二年律令與奏讞書：張家山二四七號漢墓出土法律文獻釋讀》，上海古籍出版社，2007年，第337頁。
④ 陳偉主編：《秦簡牘合集（壹）》，武漢大學出版社，2016年，第124頁。

除,【及】當爲疾死、死事者爲後,謁毋受爵└,以除賞賚,

139/1140:皆許之。其所除賞賚,【皆許之其所除賞賚】過萬錢而謁益【解】爵、【毋受爵者,亦許之。一級除賞賚毋過萬】

140/C8-1-12+2130:錢,其皆謁以除親及它人及并自爲除,毋過三人。賞賚不盈萬錢以下,亦皆【許之。其年過卅五以上者,不得解】

141/1692:爵、毋受爵,毋免以除它人。年睆老以上及罷癃(癃)不事從睆老事及有令終身不事、疇吏解爵而當復

142/1862:爵者,皆不得解爵以自除、除它人。鼎者勞盜<盈>及諸當捧(拜)爵而即其故爵如鼎及捧(拜)後爵者,皆不

143/1863:得解其故爵之當即者以除賞賚。爲人除賞賚者,内史及郡各得爲其界中人除,毋得爲它郡人除。└【中】縣、

144/1789+1804:它郡人爲吏它郡者,得令所爲吏郡黔首爲除賞賚。屬邦與内史通相爲除。爲解爵者,獨得除賞

145/1878:賚。令七牒。•尉郡卒令第乙七十六[①]

從上引簡文來看,嶽麓書院藏秦簡條文"尉郡卒令第乙七十六"其更是對睡虎地秦簡條文內容的補充和完善,是對如何"免者""爵免人"的具體規定。從實際執行層面來說,岳簡內容更具執行力。從上引簡文來看,嶽簡中的"秦令"當是由中央頒布執行的,而非是某一郡指定的地方性法令。

上引《爵律》中,引起"黥城旦舂"判決的起因則是"詐僞自爵"。"詐僞"一詞可視爲"欺詐,僞造"。"自爵"者,自封爵位。也就是説通過欺詐他人、僞造文書的手段,使自己擁有爵位及其相應的待遇。在這裏用到了"詐僞"一詞,在這裏應爲"欺詐和僞造"。所謂欺詐,想要"自爵",需要現有想法及實施過程均可視爲欺詐。"僞造"則是僞造文書,秦是以法治國,以文書作爲行政的主要載體的朝代,要想"自爵"必然要有專門的僞造的官府文書。

結合以上幾則簡牘,《里耶秦簡牘校釋(第二卷)》的整理者在"前言"中說到"雖然目前刊布的秦律中,未見'自爵'之罪,由里耶9-2318與《二年律令》394號簡合看,秦當有'自爵'之罪"。[②]而"自爵"之罪在現在已刊布的秦簡中同樣可以找到相關內容。在《嶽麓書院藏秦簡(伍)》中有:

[①] 陳松長主編:《嶽麓書院藏秦簡(伍)》,上海辭書出版社,2017年,第113—116頁。
[②] 陳偉主編:《里耶秦簡牘校釋(第二卷)·前言》,武漢大學出版社,2018年,第12頁。

220/1922：諸當衣赤衣冒擅（氈），枸櫝杖及當鉗及當盜戒（械）而擅解衣物以上弗服者，皆以自爵律論之，其皋鬼

221/1764：薪白粲以上，有（又）駕（加）皋一等。以作暑故初及卧、沐浴而解其赤衣擅（氈）者，不用此令，敢爲人解去此一物，及吏徒

222/1671：主將者擅弗令傅衣服，及智（知）其弗傅衣服而弗告劾論，皆以縱自爵皋論之，弗智（知），貲二甲。告劾，除。徒出囗[1]

在這裏我們需要對此進行詳細的分析。首先是"衣赤衣冒擅（氈）"。據《秦律十八種·司空》載："城旦舂衣赤衣，冒赤氈，枸櫝欙杖""群下吏毋耐者，人奴妾居贖貲責（債）於城旦，皆赤其衣，枸櫝欙杖，將司之"，[2]則"衣赤衣冒擅（氈）"是指對特定人群刑徒的穿戴的專門規定。"至秦，赭衣半道"，《漢書·賈山傳》顏注：犯罪者則衣赭衣。按赤衣、赭衣，一也，犯罪者穿之，以表明其身份；[3]"'赭'……是赭之本義为赤土也。引申为凡赤。"[4]故，"赤"即"赭"，赤衣也就是赭衣。

這些人在勞作時，需要穿紅色的衣服，戴紅色的帽子。這些特殊的穿戴表明這些人囚徒的身份。很明顯，這是一種專門顯示與他正常人不同身份的規定，是一種侮辱刑徒的做法，應主要是在社會地位上的侮辱及貶低。這些刑徒按規定需要在勞作時，穿上特定的衣服和帽子，同時，還有需要戴上械具及鐵鉗。如果不按照相應的規定擅自將刑具或者象徵刑徒身份的紅色衣帽脱掉，則按照"自爵律"來處罰；如果刑徒本身的刑罰是在鬼薪白粲以上（又犯有這種過錯），則會加重罪一等。但是，當刑徒在夏天天熱時，晚上睡覺時以及洗浴時脱掉身上的衣帽及相關刑具則不會受到處罰。這裏體現了秦時法律規定的人性化的一面。同時，還規定，如果有人敢爲刑徒脱掉其中一件或者主管的官吏擅自下令不讓刑徒穿戴相應衣物，抑或知道刑徒没有穿戴衣物而没有告劾，那麼官吏將被按照放縱"自爵"罪的規定被處罰；如果不知道（上述行爲），則貲二甲；如果官吏知道且告劾，那麼，將會免除官吏的罪行。

在解讀"自爵"之前，我們需要理清一個問題，即"以……律論之"中的律是律名還是律文。"以……律論之"，是秦漢簡牘中常用的法律術語，目前可見

---

[1] 陳松長主編：《嶽麓書院藏秦簡（伍）》，上海辭書出版社，2017年，第141—142頁。
[2] 陳偉主編：《秦簡牘合集（壹）》，武漢大學出版社，2016年，第122頁。
[3] 〔清〕孫楷著：楊善群校補：《秦會要》卷二三《刑法四》，上海古籍出版社，2004年，第507頁。
[4] 〔清〕段玉裁撰：《說文解字注》，中華書局，2013年，第496頁下。

的較多，有"以亡律論之""以行訴律論之""以論獄失罪人律論之""以彼（被）陳（陣）去敵律論之""以送道亡故徼外律論之""以請寄人法論之""以發征律論之""以不直律論之""以強與人奸律論之""以盜律論之""以留乏發征律論坐者""以矯制不害律論之""以縱罪人律論之""以矯制不害律論之""以失罪人律論之""以弃制書律論之""以將陽闌亡律論之"等[①]，這些語句的出現，通常是在具體的實踐中，沒有明確的法律條文來處理，參考與之相近的法律條文來處罰。可分爲兩種情况，一種是其文中有可參考的具體條文，如"以矯制不害律論之"，該條文在《二年律令》中屬於《賊律》，其應當解釋爲"按照《賊律》中的'矯制不害'條來處罰"；另一種屬於直接引用律名，如"以亡律論之"，即按照《亡律》中的條文來處罰。亡律之中内容較多，則需要官吏具體内容具體分析。從總體而言，"以……律論之"是秦漢法律中爲使用者在處理疑難案件中提供的一種法律參考，更方便使用者判案的便捷和準確，其所使用的"律"之一詞，既可指某項法律，也可以指某項法律中的某個條文，并無確定性。

在上引嶽簡簡文中出現了"自爵律"和"縱自爵罪"兩種規定。從字面意義來理解，"自爵律"本身既可以視爲秦法律體系中的一種律，即"自爵律"，又可以視爲與"自爵"行爲相關的法律條文。從現在的情况來看，由於現出土簡牘中并無明確有"自爵律"的律名，且上引《二年律令》中的相關條文屬於《爵律》，《睡虎地秦簡》所引律文屬於《軍爵律》，故此處的"自爵律"可暫定爲"《爵律》中的'自爵'條款"。故，上引岳簡簡文"以自爵律論之"應指"按照《爵律》或《軍爵律》中的'自爵'條文來處理"。需要指出的是，從現有的法律條文來看，現在并沒有自爵罪行的具體内容，故無法得知該簡文中應如何處罰"弗服"的囚犯。

"縱自爵罪"可以分爲不同的理解。其一爲"縱自爵"罪；其二爲縱"自爵罪"。第一種理解是將"縱自爵"視爲一種罪行；第二種理解是將"自爵"視爲一種罪行。筆者以爲如果從上述簡牘的規定來看，第一種解釋或許更加合理，蓋因其是針對官吏而非犯有自爵罪行犯人的規定，具體可參照《睡虎地秦簡·法律答問》中"可（何）謂'縱囚'？當論而端弗論，及傷其獄，端令不致論出之，是謂'縱囚'[②]"條文。

同時，在《嶽麓書院藏秦簡（陸）》中即第 59—61 頁簡牘號 0615+（j29+j64-3）

[①] 此處所舉條文散見於睡虎地秦簡、嶽麓書院藏秦簡、里耶秦簡及張家山漢簡等，若全文列舉，則篇幅過大，且易使全文拖遝，故簡略其文。

[②] 陳偉主編：《秦簡牘合集（壹）》，武漢大學出版社，2016 年，第 217 頁。

+1477+1444+1451+1435 等簡文有與上述簡文相似度極高的內容，其後部分有存在差异之處，但與涉及的"自爵"關聯性不大，故不在此贅述。

綜上，我們可以確認秦時確實存在與"自爵"行爲相關的法律條文。但是，同樣可以看到，由於現刊布的簡牘關於此方面的相關內容極少，使得我們無法窺其全貌。若根據岳麓簡和里耶簡的相關內容及其展露出的自爵罪的立法思想，我們或許可以對自爵罪可能包含內容的推測。

二

"自爵"罪行本身是對爵律或軍爵律的挑戰，其違背的是秦時推行爵制的核心思想，即"有功者顯榮，無功者雖富無所芬華"。由此，秦法中所給予受爵者的種種優待措施，當是"自爵"罪行認定的主要參考。懲罰自爵罪行本質上是對秦爵位系統的維護，是對有爵階層權益的保護，是對封建等級制度的維護。或者説，自爵律就是爲了限制有爵者在社會上的"淫佚逾制"。當有爵者超過了其本應由的優待，如"田宅逾制"等，那麼，其自然就觸犯了自爵律文。從傳世文獻來看，戰國時代的法律條文就有與"逾制"相關的思想及相應律文的出現。按《晉書·刑法志》：

> 是時承用秦漢舊律，其文起自魏文侯師李悝。悝撰次諸國法，著《法經》。以爲王者之政，莫急於盜賊，故其律始于《盜賊》。盜賊須劾捕，故著《網》《捕》二篇。其輕狡、越城、博戲、借假不廉、淫佚、逾制以爲《雜律》一篇，又以《具律》具其加減。是故所著六篇而已，然皆罪名之制也。商君受之以相秦。①

按其所言，"淫佚逾制"應當屬於《雜律》，然由戰國至唐，時移世異。同時，雖據今日所見之出土秦律律名與《晉書》記載相差甚大，但彼時秦律中有淫佚逾制的相關內容則是可以確定的。從秦時政治上考量，秦行變法，爲富國強兵，以爵位來獎勵耕戰，只有突出爵位所帶來的各種優待，打壓不正當受爵者（詐僞自爵者等），才能真正達到效果。同時，也要指出，據《晉書·刑法志》所引《魏律·序》可知，相關法律條文未必歸屬於同一篇律。對秦漢簡牘法律文書的研究也可得出相似的結論。故，我們可知,在與自爵罪相關的法律條文應當不僅僅包括存在於《爵

---

① 〔唐〕房玄齡等撰：《晋书》卷三〇《刑法志》，中華書局，1974年，第922頁。

律》或《軍爵律》之中。

我們分析有爵者所擁有的權力,可從政治、經濟和社會地位等方面來考察。故筆者認爲需要從兩個方面來推測自爵罪所包含的内容。其一,從政治上及"自爵"二字表面意思入手,推測其所應包括的内容。其二,據嶽麓簡所展現的"自爵律"立法思想入手,推測自爵律所展現的爵位在社會上會受到的優待。有鑒於此,筆者將盡可能的將與軍功爵制有關的内容收集,而這將不可避免的使用到漢時史料。

(一)自爵行爲的本義

所謂"自爵"者,按照嶽簡整理者的注解,其爲"自封爵位"。據《白虎通義·爵》中所表述的"明爵者天子之所有,臣子無自爵之義"。案先秦之時,爵位由天子來分封,至戰國之時,爵位由各國國君分封,但本質上,仍然是天子賦予諸國國君的分封之權。彼時,天子衰微,在秦國境内實行自爵律,本質上是維護國君權力,在秦朝時,皇帝分封爵位的權力自然屬於皇帝,即天子。故,自封爵位這一行爲本身就是對天子或者最高統治者權威的挑戰。

對於挑戰天子權威應該如何處罰呢?《二年律令》中有可參考對象,即"撟(矯)制害者,弃市。不害,罰金四兩11"①的規定,該規定對同一行爲的處罰相差巨大,是對其行爲產生後果的不同認定,這是對過分限制相關人員主觀能動性的矯正。②《嶽麓書院藏秦簡(六)》中亦有"矯制不害"的相關說法,即"271/1703:從令者,及書不當薄(簿)留日而署曰薄(簿)留日,皆以撟(矯)制不害律論之"。在《雲夢龍崗秦簡》中有:

田及爲詐僞【宅】【田】籍,皆坐贓入盜☐(182)③

從簡文可以看出,這里的"田"以及"宅田籍"都不是能夠用正常手段擁有的,否則就談不上要用到"詐僞"的手段。田宅擁有的多寡常與爵位相關,故這種非法行爲極有可能正是"自爵罪"所禁止的,因其僅僅牽扯到財產及户籍等,造成的危害較小,故而按照所涉及田宅的錢財多少來處罰。故,對"自爵罪"中較輕的相關罪行應該就是這種標準,即根據"自爵"行爲所產生的危害程度來決定判

---

① 彭浩、陳偉、〔日〕工藤元男主編:《二年律令與奏讞書:張家山二四七號漢墓出土法律文獻釋讀》,上海古籍出版社,2007年,第94頁。

② 孫家洲先生曾在《西漢矯製考論》和《漢代矯製研究》兩篇文章論述過此問題,并將矯制的處罰分爲三等,即"大害""害"和"不害"。參看孫家洲、李宜春《西漢矯製考論》,《中國史研究》1998年第1期;孫家洲《漢代矯製研究》,曾憲義主編《法律文化研究》第4輯,中國人民大學出版社,2008年,第22—34頁。

③ 劉新芳、樑柱編:《雲夢龍崗秦簡》,科學出版社,1997年,第37頁。

罰的輕重。

自爵行爲的危害最大的莫過於造反。秦時造反之事在二世皇帝時展現得尤爲明顯，彼時天下大亂，六國後裔紛紛複國。如陳勝自立爲王，國號"張楚"；張耳、陳余立武信君爲趙王；韓廣自立爲燕王；田儋自立爲齊王等，這些從當時的情況來看都屬於"自爵"者。因爲從當時的情況來看，統一後的秦中央政府是天下共主，爵位的分封應當是屬於中央的。而"天子者，爵稱也。爵所以稱天子何？王者父天母地，爲天之子也"，①天子之稱尚且是爵位，更不用論下面的諸王了。諸王的王號亦屬於爵位之稱號。故，這些造反者稱王的行爲都應是屬於"自爵"，至於其他稱公、稱侯者更是不勝枚舉。這種"自爵"行爲，鑒於其本身的特殊，不可能向秦政府備案。而根據爵位優待以達到某種目的"自爵"行爲則不然，其爲了獲得不屬於自己的優待，需要采取欺詐和僞造的方法向政府備案。

（二）爵位的優待

從第一部分所引的《二年律令·爵律》中的内容可看出，在"自爵"行爲產生的動機當爲"爵免""爵免人"。而從這方面來說的話，享受相應爵位帶來的國家政策方面的優待應當是諸多"自爵"行爲產生的主因。故，筆者以爲，從爵位帶來的優待方面來推測出的自爵律文所包含的内容應當是可信的。爵位帶來的優待應當從實物優待和社會優待及其他三個方面來考慮。

1. 實物優待

所謂實物優待，指的是爵位給個人帶來的能夠看得見，摸得着的優惠待遇。秦時軍功爵制的優待極多。第一，獲得田宅。《境内篇》："能得甲首一者，賞爵一級，益田一頃，益宅九畝。"②第二，爵至五大夫以上有"食邑"特權，即"就爲五大夫，則稅邑三百家，故爵五大夫，皆有賜邑三百家，有賜稅三百家。"③受爵者可以從食邑中獲得錢糧等實物收益。第三，爵高一級，可在墓上多種一棵樹。即"小夫死。以上至大夫，其官級一等，其墓樹級一樹"。④第四，賜棺椁。據《二年律令·賜律》：

賜棺享（椁）而欲受齎者，卿以上予棺錢級千、享（椁）級六百；

---

① 〔清〕陳立撰，吳則虞點校：《白虎通疏證》，中華書局，1994年，第1—2頁。
② 蔣禮鴻：《商君書錐指》，中華書局，1986年，第119頁。
③ 蔣禮鴻：《商君書錐指》，中華書局，986年，第117頁。
④ 蔣禮鴻：《商君書錐指》，中華書局，1986年，第120頁。

五大夫以下棺錢級六百、享（椁）級三百；毋爵者棺錢三百。①

據以上諸多優待，筆者以爲，尤爲人所重視者就是田宅。"自爵罪"在此處的目的可能就是爲了打擊"田宅逾制"現象，即限制擁有超越自身爵位等級的田宅。

2. 社會優待

第一，士兵得爵即可取得在軍隊或政府中作爲官吏的資格及田宅。《境內篇》："能得甲首一者，賞爵一級，益田一頃，益宅九畝，乃得人兵官之吏。"② 第二，爵至"不更"以上，可以免徭役。《漢書·百官公卿表》序師古注"（不更）謂不豫更卒之事"。第三，可以以爵抵罪。《境內篇》："爵自二級以上，有刑罪則貶；爵自一級以下，有刑罪則已。"③ 第四，能驅使"庶子"。《境內篇》："其有爵者乞無無爵者以爲庶子，級乞一人。其無役事也，其庶子役其大夫，月六日；其役事也，隨而養之。"④ 第五，可以贖奴隸。《秦律十八種·軍爵律》："欲歸爵二級，以免父母爲隸臣者一人，及隸臣斬首爲公士，謁歸公士而故妻隸臣一人者，許之，免以爲庶子。"⑤ 第六，有罪服勞役時給予一定的優待，即"公士以下居贖刑辠（罪）、死辠（罪）者，居於城旦舂，毋赤其衣，勿枸櫝欙杕"⑥。第七，可以收留"客"。《境內篇》："爵五大夫，有稅邑六百家者，受客。"⑦ 第八，有較高的"傳食"優待。⑧

3. 其他

同時，根據漢初《二年律令》還可做一定程度的補充。即其一爲，設置姬妾的問題。"徹侯得置孺子、良人"⑨，該條簡文似乎規定，只有高爵位的人才能置官方身份的妾室，且是有等級的妾室，蓋因其將之放於《置吏律》中，在某些

---

① 彭浩、陳偉、〔日〕工藤元男主編：《二年律令與奏讞書：張家山二四七號漢墓出土法律文獻釋讀》，上海古籍出版社，2007年，第211頁。
② 蔣禮鴻：《商君書錐指》，中華書局，1986年，第119頁。
③ 蔣禮鴻：《商君書錐指》，中華書局，1986年，第120頁。
④ 蔣禮鴻：《商君書錐指》，中華書局，1986年，第114頁。
⑤ 陳偉主編：《秦簡牘合集（壹）》，武漢大學出版社，2016年，第124頁。
⑥ 陳偉主編：《秦簡牘合集（壹）》，武漢大學出版社，2016年，第122頁。
⑦ 蔣禮鴻：《商君書錐指》，中華書局，1986年，第117頁。
⑧《睡虎地秦簡·秦律十八種·傳食律》：其有爵者，自官士大夫以上，爵食之。不更以下到謀人，粺米一斗，醬半升，采（菜）羹，芻稾各半石。・宦奄如不更。上造以上到官佐、史毋（無）爵者，及卜、史、司御、寺、府，糲米一斗，有采（菜）羹，鹽廿分升二。釋文參見陳偉主編：《秦簡牘合集（壹）》，武漢大學出版社，2016年，第131—133頁。
⑨ 彭浩、陳偉、〔日〕工藤元男主編：《二年律令與奏讞書：張家山二四七號漢墓出土法律文獻釋讀》，上海古籍出版社，2007年，第180頁。

特殊情況下，孺子子、良人子是可以繼承爵位的，且地位越高，繼承順序越靠前。其二，高齡老人領取國家糧食的年齡根據爵位不同而略有不同。①其三，免老時間。②其四，睆老時間。③其五，受杖時間。④據武威《王杖十簡》建始二年（前31）九月詔令：

  （制詔御史曰：年七十受王杖者，比六百石，入宫廷不趨。犯罪耐以上，毋二尺告劾，有敢徵召、侵辱者，比大逆不道。）（高皇帝以來至本始二年，勝（朕）甚哀憐者老，高年賜王杖，上有鳩，使百姓望見之，比於節。吏民有敢罵、詈毆辱者，逆不道。得出入官府、節弟，行馳道中。⑤）

根據不同的爵位，受杖者的年齡不同，而據該簡文所提供的内容，受杖者享有諸多的優待，故亦可視之爲爵位的優待。其六，子嗣傅籍年齡⑥。對於高爵者來說，子嗣的傅籍年齡可依據自身爵位的高低，來提高傅籍年齡，同時，相應的就可以減少服役的時間，未嘗不是一種優待。

  上述優待内容不見得均屬於"自爵罪"的内容，蓋因法律條文的制訂有早晚之分，又有朝代政治變更的影響。但這些相應爵位不同的優待措施，目的是爲了鼓勵黔首努力耕戰，對"自爵"行爲的打壓是爲了對這些優待措施的強化，又是對這些優待措施的限制。但凡是有自爵行爲的，都有其主要目的，而爵位優待的諸多内容是對此有所渴望之人實行"自爵"的主要動力。

  從某些角度上來說，突破這些限制實質上就是"自爵"，更大範圍說是"逾

---

① 《二年律令·傅律》：大夫以上【年】九十，不更九十一，簪裊九十二，上造九十三，公士九十四，公卒、士五（伍）以上者，稟鬻米月一石。釋文參見彭浩、陳偉、〔日〕工藤元男主編《二年律令與奏讞書：張家山二四七號漢墓出土法律文獻釋讀》，上海古籍出版社，2007年，第230頁。

② 《二年律令·傅律》：大夫以上年五十八，不更六十二，簪裊六十三，上造六十四，公士六十五，公卒以下六十六，皆爲免老。釋文參見彭浩、陳偉、〔日〕工藤元男主編《二年律令與奏讞書：張家山二四七號漢墓出土法律文獻釋讀》，上海古籍出版社，2007年，第231頁。

③ 《二年律令·傅律》：不更年五十八，簪裊五十九，上造六十，公士六十一，公卒、士五（伍）六十二，皆爲睆老。釋文參見彭浩、陳偉、〔日〕工藤元男主編《二年律令與奏讞書：張家山二四七號漢墓出土法律文獻釋讀》，上海古籍出版社，2007年，第232頁。

④ 《二年律令·傅律》：大夫以上年七十，不更七十一，簪裊七十二，上造七十三，公士七十四，公卒、士五（伍）七十五，皆受仗（杖）。釋文參見彭浩、陳偉、〔日〕工藤元男主編《二年律令與奏讞書：張家山二四七號漢墓出土法律文獻釋讀》，上海古籍出版社，2007年，第231頁。

⑤ 李均明、何雙全編：《散見簡牘合輯》，文物出版社，1990年，第16頁。

⑥ 《二年律令與奏讞書·傅律》：不更以下子年廿歲，大夫以上至五大夫子及小爵不更以下至上造年廿二歲，卿以上子及小爵大夫以上年廿四歲，皆傅之。釋文參見彭浩、陳偉、〔日〕工藤元男主編《二年律令與奏讞書：張家山二四七號漢墓出土法律文獻釋讀》，上海古籍出版社，2007年，第234頁。

制”。“自爵”之罪如前文所説應當根據對國家的“害或不害”從而判定或輕或重，這也就決定了自爵行爲導致的後果不同。如上文所舉里耶秦簡中自爵案例的判决，受牽連的官吏被判爲貲二甲，而在《二年律令》中的相關規定中，却是親自參與者却要“黥爲城旦舂”，這種判罰屬於在當時的刑罰體系中已屬於較重的判罰。

小結

據嶽麓秦簡、里耶秦簡和張家山漢簡的相關內容，我們可以認定，在秦時的法律體系中應當是存在有與自爵有關的律文，根據犯罪者的目的或可將之分爲造反者實行的自爵行爲和爲了得到更好待遇而實行的自爵行爲。同時，根據犯罪者實施"自爵"的犯罪行爲所造成的後果來判定其所犯罪行的輕重。輕者以錢財多寡來論處，重者以造反等政治處罰來决斷。制定"自爵"條文的目的在於對軍功爵制中所獲得收益的確保，又是對相應收益的嚴格限制，從而保證了軍功爵制能够對民衆産生長久的吸引力，進而延長了軍功爵制的使用壽命。

附記：

小文在寫作、修改過程中曾受到導師蔡萬進先生及其他師友的指正，謹致謝忱！

作者簡介：李兵飛，男，1992年生，首都師範大學歷史學院2020級秦漢史方向在讀博士研究生，主要研究方向爲簡牘學、秦漢史。

《二年律令·賊律》"亡印"條考略

謝曉燕　皮雙銘
（青海師範大學歷史學院，西寧 810008）

內容摘要：張家山漢簡《二年律令·賊律》第51號簡是關於漢代官員亡印的法律規定。學界對該簡雖早有研究，但解讀較爲簡單且未引起足夠重視。在前賢研究的基礎上，通過史料分析認爲，該簡對官員亡印後的處罰與官吏等級無關，而與亡印後是否伴有危害有關，簡文中的"罰金四兩"是發現亡印的同時還未有危害情況下的處罰。此外，亡印者還要對所亡之印進行平價賠償。"而布告縣官，勿聽亡印"，說明一旦發現亡印的情況，須第一時間內宣告亡印無效，此時并不考慮限期內亡印復得和不得的緩衝情形。漢代對亡印的處罰，與當時社會的政治環境和社會發展水平等密不可分。漢以後亡印律也在不斷的發展沿革，至唐已逐步發展完備和成熟。

關鍵字：官印；亡印；賊律；金布律；二年律令

引言

秦漢時期是我國璽印發展的關鍵時期，我國古代璽印特別是官印的各項規定在此期間逐步定型，并爲後世所沿用。隨着考古資料的不斷豐富，秦漢官印的相關規定也逐步成爲學界關注的主要內容之一。張家山漢簡《二年律令》的整理出版更爲秦漢時期官印的相關研究提供了第一手資料。《二年律令·賊律》第五一簡：

"亡印，罰金四兩，而布告縣官，毋聽亡印。"[1]該簡對於官員亡印後的處罰和措施都做了規定。但因僅寥寥數語，不僅對漢代各級官吏亡印後的處罰和措施的具體情形難以全面反映，且令學者們對該簡的解讀也没有引起足够重視。徐世虹把該簡中的亡印歸納爲損害公物，[2]張伯元已關注到漢代對列侯亡印的處理與一般下級官吏的亡印有所不同，[3]朱紅林認爲該簡中亡印的規定較之秦《法律答問》中"亡公璽"的規定較爲籠統。[4]以上雖各有其據，但均點到即止未進行進一步的深入探討。本文試在各家研究的基礎上，對亡印的相關問題做一簡單考略，以求教於方家。

一、秦漢官印概説

《説文》釋印曰"執政所持信也"，[5]《釋名》卷三《釋書契第十九》曰："印，信也，所以封物爲信驗也"。從上可知，印乃是一種憑證。秦漢時期官員大都有官印，除官印外還有私印。私印刻其名，又曰名印。陶宗儀曰："凡名印，不可妄寫，或姓名相合，或加印章等字，或兼用印章字，不若只用印字最爲正也"。[6]印也稱章，《漢官舊儀》中記"其斷獄者印爲章"，[7]"皇太子黄金印，龜鈕，印文曰章"。[8]印又稱璽，《釋名》之釋書契云："璽，徙也。封物使可轉徙，而不可發也。"[9]是説璽最初的功用乃是對信函、物品密封之後的"封印"。《國語·魯語》中記："襄

---

[1] 張家山二四七號漢墓竹簡整理小組：《張家山漢墓竹簡[二四七號墓]（釋文修訂本）》，文物出版社，2006年，第15頁。2022年《張家山漢簡[三三六號墓]》公布，其中"亡印"律則出現在《漢律十六章》之《雜律》二九九簡中，并認爲"《二年律令》整理者將本條律文（簡五一、五二）歸入《賊律》"。（彭浩主編：《張家山漢簡[三三六號墓]上册》，文物出版社，2022年，第205頁。）

[2] 徐世虹：《張家山漢簡二年律令簡中的損害賠償之規定》，饒宗頤《華學》第6輯，紫禁城出版社，2003年，第135頁。

[3] 張伯元：《〈漢律摭疑〉與〈二年律令〉比勘記》，"沈家本與中國法律文化國際學術研討會"組委會《沈家本與中國法律文化國際學術研討會論文集（下册）》，中國法制出版社，2003年，第718頁。

[4] 朱紅林：《張家山漢簡〈二年律令〉集釋》，社會科學文獻出版社，2005年，第51頁。

[5] 〔漢〕許慎撰，〔清〕段玉裁注《説文解字注》，上海古籍出版社，1981年，第431頁。

[6] 〔元〕陶宗儀撰，王雪玲校：《南村輟耕録》，遼寧教育出版社，1998年，第352頁。

[7] 衛宏《漢官舊儀》卷上，王雲五主編：《叢書集成初編——漢禮器制度及其他五種》，商務印書館，1939年，第5頁。

[8] 衛宏《漢官舊儀》卷下，王雲五主編：《叢書集成初編——漢禮器制度及其他五種》，《漢官舊儀》卷下，商務印書館，1939年，第12頁。

[9] 〔漢〕劉熙撰，〔清〕畢沅疏證，〔清〕王先謙補：《釋名疏證補》卷六《釋書契》第十九，中華書局，2008年，第204頁。

公在楚，季武子取卞，使季冶逆，追而予之璽書。"韋昭注："璽印也，古者大夫之印亦稱璽。璽書，璽封書也。"①

璽的使用原本不分高低貴賤，至遲在戰國時期，只有天子、諸侯之印方能稱璽。《玉篇》："璽，天子、諸侯印也。"《説文》曰："璽，王者之印也。"②蔡邕在《獨斷》中言："璽者，印也。印者，信也"，并説自秦以來，唯天子印稱璽，群臣不敢用，"然則秦以來，天子獨以印稱璽，又獨以玉，群臣莫敢用也"，③更無論布衣百姓。但據文獻來看，實則在西漢時期諸侯王印也稱璽，只是除天子外質地皆不得爲玉。

天子玉璽代表着他的王朝和王朝的統治權力。如秦王子嬰出降時，"素車白馬，系頸以組，封皇帝璽符節，降枳道旁"，④此時子嬰以這種方式獻出皇帝璽綬符節，代表秦王朝統治的結束。而文帝爲代王時，太尉周勃"乃跪上天子璽"，⑤丞相陳平"謹奉天子璽符再拜上"，⑥二人幾次將天子璽獻代王，以迎代王即天子位，行王朝統治之權。

百官公卿一般根據爵位、等級皆有相應官印。不同爵位、等級的官吏，其官印在質地、印綬等方面有着嚴格的區別。印製最高者爲諸侯王，據《漢書·百官公卿表》載："諸侯王，高帝初置，金璽盭綬，掌治其國。"顏師古注曰："璽之言信也。古者印璽通名，今則尊卑有别。"《漢舊儀》云："諸侯王黃金璽，橐佗鈕，文曰璽，謂刻云某王之璽。"⑦據此可知，漢初諸侯王印可稱璽，黃金質，橐佗鈕，綠綬。另據記載，"相國、丞相，皆秦官，金印紫綬，掌丞天子助理萬機。"⑧"凡吏秩比二千石以上，皆銀印青綬，光禄大夫無。秩比六百石以上，皆銅印黑綬，大夫、博士、御史、謁者、郎無。其僕射、御史治書尚符璽者，有印綬。比二百石以上，皆銅印黃綬。"⑨據此可知，漢代官方之印質地有四，分别爲玉、金、銀、銅；綬有五色，綠、紫、青、黑、黄。漢中央官大體承襲秦三公九卿制，三公丞相、

---

① 〔春秋〕左丘明撰，徐元浩點校：《國語集解》，中華書局，2002年，第186頁。
② 〔漢〕許慎撰，〔清〕段玉裁注：《説文解字注》，上海古籍出版社，1981年，第688頁。
③ 王雲五主編：《叢書集成初編——漢禮器制度及其他五種》，《獨斷》卷上，商務印書館，1939年，第3頁。
④ 《漢書》卷一《高帝紀》，中華書局，1962年，第22頁。
⑤ 《漢書》卷四《文帝紀》，中華書局，1962年，第107頁。
⑥ 《漢書》卷四《文帝紀》，中華書局，1962年，第108頁。
⑦ 《漢書》卷一九《百官公卿表》，中華書局，1962年，第741頁。
⑧ 《漢書》卷一九《百官公卿表》，中華書局，1962年，第724頁。
⑨ 《漢書》卷一九《百官公卿表》，中華書局，1962年，第743頁。

太尉、御史大夫等持金印紫綬[①]，九卿等爲銀印青綬；地方官最要者爲太守，乃銀印青綬，其次縣令、長則據户數，萬户以上爲令持銅印黑綬，減萬户爲長持銅印黄綬。

二、漢代諸侯、使節亡印的特殊處罰

漢代官印一般由官吏隨身佩戴，佩戴、使用官印是官吏身份地位、級別高低的象徵和行使權力的憑證。看所佩戴的印、綬就知道此官的等級、爵位，身兼數職則佩戴多印綬。印綬不可借與他人，只能由本人來行使國家賦予的權力。《後漢書》卷七《孝桓帝紀》載："若有擅相假印綬者，與殺人同弃市論。"[②]可知國家對官吏將印綬假借他人的情形科以死罪。

官印一旦丟失，便會引發一系列的法律後果。亡印簡中對亡印的處罰結果是罰金四兩，但結合《漢書》等文獻記載來看，這顯然不是對所有職官亡印後的處罰。

諸侯亡印，免爵除國。《漢書·王子侯表》載："祝兹侯延年，膠東康王子，五月丙午封，五年，坐弃印綬出國，免。"[③]同樣的事在《史記》卷二十一《建元以來王子侯者年表》也有記："祝兹，膠東康王子。五年，延坐弃印綬出國，不敬，國除。"[④]《東觀漢記》卷十九《傳十四》記："夕陽侯邢崇孫之爲賊所盜，亡印綬，國除。"[⑤]

使節亡印，辱命當死。《漢書·常惠傳》記："惠從吏卒十餘人隨昆彌還，未至烏孫，烏孫人盜惠印綬節。惠還，自以當誅。師古曰：'謂失印綬及節爲辱命'。"[⑥]此中使節亡印爲辱命，罪當死。

同樣的亡印，處罰結果却截然不同。此非漢代律法處罰不一，而是特殊情况特殊對待所致。具體分析之，首先與政治環境密切相關。漢代對諸侯亡印的重懲，和漢初的政治形勢有關。劉邦在稱帝前後，分封了大批功臣爲异姓王和劉氏子弟爲同姓王，然而隨着諸侯國勢力的不斷發展壯大，逐步對王朝政權形成了威脅。

---

① 參見《漢書·百官公卿表》中御史大夫爲銀印青綬，成帝綏和元年更名大司空，始持金印紫綬，禄比丞相，官職如故。後哀帝建平二年復爲御史大夫，元壽二年復爲大司空。
②《後漢書》卷七《桓帝紀》，中華書局，1965年，第290頁。
③《漢書》卷一五《王子侯表》，中華書局，1962年，第476頁。
④《史記》卷廿一《建元以來王子侯者年表》，中華書局，1982年，第1116頁。
⑤〔東漢〕劉珍撰，吳樹平校：《東觀漢記校注》，中華書局，2008年，第881頁。
⑥《漢書》卷七〇《傅常鄭甘陳段傳》，中華書局，1962年，第3004頁。

爲了進一步維護和鞏固中央集權，抑制諸侯勢力的發展，漢朝針對諸侯王、列侯等陸續制定和頒布了一系列削弱和打擊地方諸侯割據勢力的法律，如左官律、推恩令以及酎金律等，除此之外，皇帝還不時以其他法律措施，或找尋各種藉口給諸侯以免爵除國甚至弃市、腰斬等嚴厲處罰。這種情況下，亡印自然成爲了皇帝給諸侯除國免爵的一個絕好由頭。事實上諸侯們關於印綬，除亡印原因被免爵外，還有一些情況也會被免爵，如厘鄉侯固"鴻嘉四年，坐上書歸印綬，免"，[1]昌鄉侯憲"元壽二年，坐使家丞封上印綬，免"。[2]説明印綬既是諸侯王身份、地位的象徵，同時印綬的保管情況也是一個隨時可被朝廷抓住把柄的燙手山芋。而外交使節代表着一國形象和尊嚴，使節亡印，則令國家形象和威嚴盡失，因此對諸侯、外交使節亡印行爲進行重懲實屬於加重處罰，除削弱諸侯勢力和懲治辱命使節之外，更重要的原因乃是爲了維護中央集權和國家的形象及尊嚴。

三、亡印的處罰是否與職官等級有關

前述張伯元已關注到漢代對列侯亡印的處理與一般下級官吏亡印有所不同。張此説應是認爲亡印的處罰與官吏等級有關。但據史料，筆者以爲亡印的處罰與除列侯和外交使節以外的職官等級并沒有太大關係。從金印紫綬的三公，到比二百石以上的銅印黃綬的官吏來看，其級別雖有高低之分，但其職能對於國家和地方權力機構的運轉來説同樣不可忽視。在《漢書·劉屈氂傳》中記載了這樣一件事：

> 庚太子爲江充所譖，殺充，發兵入丞相府，屈氂挺身逃，亡其印綬。是時上避暑在甘泉宮，丞相長史乘疾置以聞。上問："丞相何爲？"對曰："丞相祕之，未敢發兵。"上怒曰："事籍籍如此，何謂祕也。丞相無周公之風矣。周公不誅管、蔡乎？"乃賜丞相璽書曰："捕斬反者，自有賞罰。以牛車爲櫓，毋接短兵多殺傷士衆。堅閉城門，毋令反者得出。"[3]

我們在這段史料中要討論的是劉屈氂在慌亂中亡其印綬之事。劉此時爲左丞相，位列三公，佩金印紫綬，在太子發兵入丞相府時，他應該馬上派兵平息動亂，但因慌忙中亡其印綬而無法派兵，於是派長史急奏武帝。從武帝與長史的對話中，

---

[1]《漢書》卷一五《王子侯表》，中華書局，1962年，第504頁。
[2]《漢書》卷一五《王子侯表》，中華書局，1962年，第505頁。
[3]《漢書》卷六六《公孫劉田王楊蔡陳鄭傳》，中華書局，1962年，第2880頁。

我們得知長史并没有告知武帝丞相亡印綬，而是把丞相未發兵的原因説成"祕之"，這顯然是爲丞相亡印綬脱罪。而武帝聞言"祕之"果然大怒，并立即采取措施處置事態。因爲武帝的果斷處置，及時彌補了因丞相亡印而未及時發兵之事，也就等於此時丞相亡印綬并没有造成危害。

《二年律令》中還有關於僞寫璽印的法律規定，僞寫璽印的處罰與所僞寫璽印的等級息息相關。《二年律令·賊律》第9號簡："僞寫皇帝信璽、皇帝行璽，要（腰）斬以匀（徇）"①，第10號簡："僞寫徹侯印，弃市；小官印，完爲城旦舂"②。該兩枚簡主要是針對僞寫璽印犯罪行爲的處罰。在張家山漢簡336號墓出土漢簡中亦有與此大致相同之規定：

> 僞寫皇帝行璽，要（腰）斬以徇（徇）。僞寫諸侯王、徹侯及二千石以上印，弃市；千石以下、徹官印，黥爲城旦舂；小官印，耐爲隸臣妾。③

另在張家界古人堤漢代簡牘第十四牘中也有關於僞寫璽、印的規定，與以上基本相同：

> "賊律曰僞寫皇帝信璽（第一欄）
> 皇帝行璽要（腰）斬以□僞
> 寫漢使節皇大子諸侯
> 三列侯及通官印弃市
> 小官印完爲城旦舂敢盜
> 之及私假人者若盜充
> 重以封及用僞印皆
> 各以僞寫論僞皇（第二欄）
> 太后璽印寫行
> 璽法……
> 賊律僞
> 　　　充
> 賊律曰詐僞券書（第三欄）

---

① 張家山二四七號漢墓竹簡整理小組：《張家山漢墓竹簡[二四七號墓]（釋文修訂本）》，文物出版社，2006年，第9頁。

② 張家山二四七號漢墓竹簡整理小組：《張家山漢墓竹簡[二四七號墓]（釋文修訂本）》，文物出版社，2006年，第9頁。

③ 荆州博物館編，彭浩主編：《張家山漢簡[三三六號墓]》上册，文物出版社，2022年，第162—163頁。

……　　（第四欄）
……　充木　小史何子回符
　　　（14 正面）"①

　　張家山 336 號墓中漢簡對於僞寫璽印的級別規定較爲細緻；古人堤簡牘中除規定僞寫皇帝和諸侯璽印的處罰外，還包括僞寫使節、皇太子及通官印的處罰，這裏也側面反映了使節之印的特殊。僞寫璽、印者必有其目的，具有極強的主觀惡意，除損害皇權威嚴外，最主要的原因是造成了國家機構的不良運轉和運行的混亂，因而針對所僞寫璽印的級別而有不同的處罰規定，從腰斬到耐爲隸臣妾，可謂處罰力度極大。而亡印則屬於亡印者的客觀意外事件，大部分亡印如果及時發現，及時宣布無效，造成危害的可能性不大，但終究還是有造成危害的可能性存在的。

四、亡印出現危害後果的處罰

　　在已經發現亡印但還未造成危害的情況下，處以罰金四兩，并立即宣布亡印無效。但如果發現亡印的同時，也發現了所產生的危害，或者證明某種危害是由亡印所導致，那麽此時就不再適用罰金四兩的處罰，而是根據危害程度來進行科罪量刑，此可參照矯制的處罰。

　　《二年律令·賊律》第 11 號簡矯制條："撟（矯）制，害者，弃市；不害，罰金四兩"②。《漢書·景武昭宣元成功臣表》顏師古注引如淳曰："律，矯詔大害，腰斬。有矯詔害，矯詔不害。"③ 據此可知，矯制後果有三，分別是大害、害和不害；處罰亦有三，分別是腰斬、弃市和罰金四兩。其中矯制不害的處罰與亡印的處罰結果相同。律雖如此，但對於諸侯來説，矯制不害事實上也要免爵。《漢書·外戚恩澤侯表》中記，宜春侯衛伉"元鼎元年，坐矯制不害，免"④。衛伉是衛青之子，因父功封宜春侯，其矯制不害之罪原本是罰金四兩，而此處免其侯爵，這其實和諸侯亡印的處罰在目的上是完全一致的。

---

① 湖南省文物考古研究所、中國文物研究所：《湖南張家界古人堤簡牘釋文與簡注》，《中國歷史文物》2003 年第 2 期。
② 張家山二四七號漢墓竹簡整理小組：《張家山漢墓竹簡［二四七號墓］（釋文修訂本）》，文物出版社，2006 年，第 9 頁。
③ 《漢書》卷一七《景武昭宣元成功臣表》，中華書局，1962 年，第 660 頁。
④ 《漢書》卷一八《外戚恩澤侯表》，中華書局，1962 年，第 686 頁。

矯制者與偽寫璽印者出現危害後果，均是矯制者、偽寫璽印者本人受刑；而亡印出現了危害後果，是因印綬丢失而由他人所造成的危害。此時的危害，是對亡印者本人科罪，還是對危害後果的製造者科罪呢？這要看危害的程度，達到害與大害，亡印者因保管不善而應與危害後果的製造者同罪，即亡印行為如果出現了某種程度的危害，重者可處死刑弃市乃至腰斬。《漢書》中没有記載劉屈氂在戾太子事件中亡印綬是否受到處罰，想來是因為没有造成危害。

五、亡印後的補救措施

睡虎地秦簡《法律答問》中記："亡久書、符券、公璽、衡贏（纍），已坐以論，後自得所亡，論當除不當？不當。"① 對此朱紅林認爲："秦律所謂'亡公璽'當即漢律之'亡印'，但《法律答問》提到'後自得所亡'，也可能暗含這樣一層意思，如果在規定的限期内找到所失璽印，則免於處罰；過了期限，即'已坐以論'，再找到失物也没用，結合漢律來看，很可能是在規定的時間内找不到丢失的璽印，官府將宣布該璽印失效。"② 説甚是。然朱説對《二年律令》中亡印的解釋值得商榷，"但《二年律令》的規定相比之下，則過於籠統。我們不能排除，在規定期限内找回丢失的璽印，該璽印仍然有效的可能性"。③

首先朱紅林所言之"過於籠統"很不確切。《二年律令》亡印簡字數雖少，但意思表述却清晰明白。"亡印"乃罪名，"罰金四兩"乃對該罪的處罰，"而布告縣官，毋聽亡印"乃該罪發生後所采取的及時阻止不良影響擴大的積極措施。包含了完整的立法語言技術規範，并無籠統之感。其次朱所言的與秦律相比，即秦律中可能存在的限期内亡印複得和不得的緩衝情形，漢律則并不考慮。"而布告縣官，毋聽亡印"，説明一旦發現亡印的情形，即馬上宣布亡印無效，而不考慮亡印復得和不得的緩衝時間。筆者以爲漢律關注的重點在於即時宣布亡印無效，將所亡之印的效力止於發現丢失之時，從而及時避免亡印帶來的其他損害，即發現、即宣布失效才是這條漢律的初衷。

據日本專修大學《二年律令》研究會推測，《居延新簡》EPT56:56 "亡印以

---

① 睡虎地秦墓竹簡整理小組：《睡虎地秦墓竹簡》，文物出版社，1990年，第127頁。
② 朱紅林：《張家山漢簡〈二年律令〉集釋》，社會科學文獻出版社，2005年，第51頁。
③ 朱紅林：《張家山漢簡〈二年律令〉集釋》，社會科學文獻出版社，2005年，第51頁。

私名姓封",乃是亡印後的處理方法。① 竊以爲此説未免以偏概全。在居延漢簡和敦煌漢簡中以私印行公事者并不鮮見,如:

二月丙子肩水候房以私印行事敢言之郭掾　　　　　　　　　　　10.4②

四月丙子肩水騂北亭長敏以私印兼行候事謂關嗇夫吏寫移言□
它如律令／令史憙∟光∟博尉史賢　　　　　　　　　　　　　29.7③

十二月戊辰甲渠候長湯以私印行候事告塞尉謂士吏輔候長耿賢等
　　　　　　　　　　　　　　　　　　　　　　　　　　　　82.38④

七月丁未敦煌中部士吏福以私印行都尉事謂平望破胡吞胡萬歲候官
寫移檄到　　　　　　　　　　　　　　　　　　　　（一三六七）⑤

漢簡中私印行公事者一般是漢規制中原本無官印的官吏,其以私印行事必需上報注明。如上引居延和敦煌簡中的"肩水候""肩水騂北亭長""甲渠候長""敦煌中部士吏"等他們原本屬於漢帝國基層的低級官吏,在公務場合中有事向上級稟報,一般實行誰主導誰負責,因没有官印而行以私印,表示該事由其主導擔責。專修大學《二年律令》研究會所據的居延簡 EPT56:56 是郵封簡,郵封簡一般都有印封之。據王國維《簡牘檢署考》:"書函之上,既施以檢,而複以繩約之,以泥填之,以印按之,而後題所予之人,其事始畢。"⑥ 但如没有加印封,或者封印破損則要予以注明。這裏的"亡印以私名姓封"的"亡",根據上下文來看并非"丢失"之意,也不讀亡,而是讀無,是指無印或没有加蓋印,僅以姓名封裝,因此這裏的"亡"是"没有"的意思。因爲對"亡"字理解的錯誤,導致日本專修大學《二年律令》研究會得出的結論也是錯誤的。

另《二年律令·金布律》第434號簡記:"亡、毀、傷縣官器財物,令以平賈（價）償。入毀傷縣官,賈（價）以減償。"⑦ 參照《唐律疏議·雜律》"弃毀亡失官私器物"條:"諸弃毀、亡失及誤毀官私器物者,各備償",⑧ 但其中"其

---

① 〔日〕專修大學《二年律令》研究會：《張家山漢簡〈二年律令〉訳注（一）—賊律—》,《專修史學》第35號,2003年11月。
② 簡牘整理小組：《居延漢簡（壹）》,"中研院"歷史語言研究所,2014年,第32頁。
③ 簡牘整理小組：《居延漢簡（壹）》,"中研院"歷史語言研究所,2014年,第92頁。
④ 簡牘整理小組：《居延漢簡（壹）》,"中研院"歷史語言研究所,2014年,第248頁。
⑤ 甘肅省文物考古研究所編：《敦煌漢簡》下,中華書局,1991年,第271頁。
⑥ 王國維著,胡平生等校注：《簡牘檢署考校注》,上海古籍出版社,2004年,第80頁。
⑦ 張家山二四七號漢墓竹簡整理小組：《張家山漢墓竹簡[二四七號墓]（釋文修訂本）》,文物出版社,2006年,第68頁。
⑧ 〔唐〕長孫無忌：《唐律疏議》卷廿七《雜律》,中華書局,1983年,第519頁。

非可償者,坐而不備。謂符、印、門鑰、官文書之類",①即唐律中亡失官私器物,要予以賠償,不可賠償的則止坐其罪、不合征償,其中注明亡印便屬於非可償者。在《二年律令·金布律》第四三四簡中,只規定了亡、毀、傷縣官器財物要平價賠償,并沒有規定可償和不可償的情形。因此後世相關律法中所謂的可償或不可償在此時是都要予以賠償的,這也是漢律在律法初期條文規定不成熟的一個表現。徐世虹把亡印歸納爲損害公物,所說不誤;但徐認爲漢、唐律在亡印是否可償方面都屬於只坐罪而不賠償,清楚地反映了其承襲關係,②這點值得商榷。

在《里耶秦簡》中有記:"衡山守章言:衡山發弩丞印亡,謁更爲刻印。命。"③從該簡中可知,秦代官員發現亡印後,要報告上級,由上級命人爲其重新刻印。另據《史記索隱》引闞駰"永平五年,失印更刻"事,④可知漢代官員發現亡印後,也要上報、重刻。另,睡虎地秦簡《法律答問》云:"亡久書、符券、公璽、衡贏,已坐以論,後自得所亡,論當除不當?不當"。可知秦律中亡印尚未單獨列出,而是和亡久書、符券、衡贏等共列。而漢律已將亡印單獨列出,將亡書、符券、入門衛木久、塞門城門之鑰綜合列爲一條放在亡印之後,且亡印的處罰也比亡書等高了一倍。見《二年律令·賊律》第52號簡曰:"亡書,符券,入門衛木久,塞門、城門之鑰,罰金各二兩。"⑤說明漢代亡印的情形較之秦代要較爲常見,國家也更爲重視,從而不得不將亡印單列并相應提高處罰,這也是隨着時代的發展變化對律法的有效補充和不斷完善。

漢律中,亡印比亡書、符券等處罰高一倍,和各自重新製作的成本也有關係。《後漢書》載:"蘭臺令史,六百石。"本注曰:"掌奏及印工文書。"⑥說明漢代有專門的職官來負責官印印文的製作,印文稿成,則交付專門的製作人員進行刻印,而該製作人員,則爲侍御史下屬的印曹。據《通典·職官》云:"又按二漢侍御史所掌凡有五曹:一曰令曹,掌律令。二曰印曹,掌刻印。三曰供曹,掌齋祀。四曰尉馬曹,掌廄馬。五曰乘曹,掌車駕。"⑦因此,漢代一枚官印的製作,

---

① 〔唐〕長孫無忌:《唐律疏議》卷廿七《雜律》,中華書局,1983年,第519頁。
② 徐世虹:《張家山漢簡二年律令中的損害賠償之規定》,饒宗頤主編《華學》第6輯,紫禁城出版社,2003年,第135頁。
③ 陳偉主編:《里耶秦簡牘校釋》第一卷,武漢大學出版社,2012年,第296頁。
④ 《史記》卷一八《高祖功臣侯者年表》,中華書局,1982年,第954頁。
⑤ 張家山二四七號漢墓竹簡整理小組:《張家山漢墓竹簡〔二四七號墓〕(釋文修訂本)》,文物出版社,2006年,第15頁。
⑥ 《續漢書》志第二十六《百官志》,中華書局,1965年,第3600頁。
⑦ 〔唐〕杜佑撰,王文錦等點校:《通典》卷廿四《職官六·侍御史》,中華書局,1988年,第669頁。

牽涉到多人、跨部門的密切配合與協作，成本耗費頗多。另《二年律令·賜律》第二九〇簡記："諸當賜，官毋其物者，以平賈（價）予錢"①，說明漢代在公物的處理方面，把公物折合成平價計算是常見的處理方式。

綜上可知，漢代不僅簡單承襲了秦代爲亡印者重新刻印的做法，且鑒於亡印較爲常見，製作成本耗費頗多，根據《二年律令·金布律》第四三四簡可知，漢代對於亡印者有賠償要求，即對刻印的成本進行平價賠償。

六、餘論

漢以後亡印律不斷的發展沿革。但因資料的缺失，我們對於唐代以前的亡印情形難窺其貌。到唐代，《唐律疏議》在賊盜律和詐偽律中明確規定了盜用官印及詐用、偽用官印的情形和處罰。《唐律疏議》卷第十九《賊盜》"盜官文書印"條記："諸盜諸官文書印者，徒二年。餘印，杖一百"，②"盜符節門鑰"條："諸盜宮殿門符、發兵符、傳符者，流二千里；使節及皇城、京城門符，徒三年；餘符，徒一年。門鑰，各減三等。盜州、鎮及倉廄、廐庫、關門等鑰，杖一百。縣、戍等門鑰，杖六十。"③但唐律將亡印的情形卻放在了雜律中。雜律所包含内容龐雜，涉及社會的方方面面，相對於賊盜律，雜律多是一些輕微危害社會秩序和經濟關係的律條。唐律此舉既是對張家山漢簡《漢律十六章》中的亡印律的沿承，又是唐代對亡印行爲的認識和界定已經越來越規範和嚴密的一個表現，對因賊盜而出現的亡印，則對賊盜予以重懲，且亡印者本人無罪；而亡印者本人，也根據限期内的求訪結果和亡印前後的主客觀表現分別承擔不同的法律後果。《唐律疏議》卷廿七《雜律》"亡失符印求訪"條中記："諸亡失器物、符、印、之類，應坐者，皆聽三十日求訪，不得，然後決罪。若限内能自訪得及他人得者，免其罪；限後得者，追減三等。疏議曰：若亡失器物、符、印之類，寶及門鑰亦同。爲亡失應合罪者，未得即決，皆聽三十日求訪，限滿不得，然後決罪。若三十日内自訪得及他人得者，免其亡失之罪。三十日限外得者，追減三等；若已經奏決，不合追減。"④

---

① 張家山二四七號漢墓竹簡整理小組：《張家山漢墓竹簡[二四七號墓]（釋文修訂本）》，文物出版社，2006年版，第49頁。
② 〔唐〕長孫無忌：《唐律疏議》卷一九《賊盜》，中華書局，1983年，第350頁。
③ 〔唐〕長孫無忌：《唐律疏議》卷一九《賊盜》，中華書局，1983年，第351頁。
④ 〔唐〕長孫無忌：《唐律疏議》卷二十七《雜律》，中華書局，1983年，第519頁。

另,《雜律》"弃毀亡失官私器物"條中規定:"諸弃毀、亡失及誤毀官私器物者,各備償。謂非在倉庫而别持守者。若被强盜者,各不坐、不償。即雖在倉庫,故毁弃者,征償如法。其非可償者,坐而不備。謂符、印、門鑰、官文書之類。疏議曰:官私器物,其有故弃、毀,或亡失及誤毀者,各備償。注云:'謂非在倉庫而别持守者',謂倉庫之外,别處持守,而有弃毀、亡失及誤毀官私器物,始合備償。若被强盜,各不坐、不償。雖在倉庫之内,若有故弃毀,征償如法。其非可償者,止坐其罪,不合征償。故注云:'謂符、印、門鑰、官文書',稱'之類'者,寶、節、木契、制敕并是。"[1] 據此,説明唐律中對亡印情形明確區分了主、客觀因素,其規定較之秦漢律已經更加細化,使執法者更易於執行,也使被執法者有機會在限期内彌補過失。

值得注意的是,唐律中明確了亡印爲"非可償者"。隨着生産力的發展和社會的進步,律法的制定也在與時俱進,這一方面反映出了唐代經濟發展水平之高和制印技術的提升以及成本的降低,更在很大程度上反映了封建法典由漢至唐已經逐步趨於完備和成熟的發展歷程。

作者簡介:謝曉燕,女,1985年生,安徽阜陽人,青海師範大學歷史學院在讀博士研究生,研究方向爲中國法制史。

皮雙銘,女,1999年生,重慶南川人,青海師范大學歷史學院在讀研究生,研究方向爲中國法制史。

---

[1] 〔唐〕長孫無忌:《唐律疏議》卷二十七《雜律》,中華書局,1983年,第519頁。

虎溪山漢簡《計簿》所見 "聚" 及其户口統計方式蠡測

魯家亮

(武漢大學簡帛研究中心、"古文字與中華文明傳承發展工程" 協同攻關創新平臺，武漢 430072)

內容摘要: 虎溪山漢簡《計簿》顯示西漢侯國在進行户、口統計時，其下的鄉、聚均需獨立統計，此外還有一個將聚合并到所在鄉的統計數據。前者説明鄉、聚相對獨立且同級；後者似又揭示出聚存在被鄉統屬的可能，西漢侯國所包含的鄉、聚具有雙重關係。此外，以往被用來討論西漢"聚"的重要史料，尹灣漢簡《集簿》中的所謂"聚"字或當改釋爲"丘"。

關鍵詞: 虎溪山漢簡；《計簿》；聚；户口統計

《史記·秦本紀》記載秦孝公十二年"并諸小鄉聚，集爲大縣，縣一令，四十一縣"，張守節《正義》云"聚猶村落之類也"。[①]《商君列傳》則言"而集小鄉邑聚爲縣，置令、丞，凡三十一縣"。[②] 兩者對比，《商君列傳》多有"邑"。[③] 這段文獻反映了秦商鞅變法時秦縣設置的情形，鄉、聚等作爲更小的聚落，被整合到縣之中。池田雄一先生指出"將鄉、邑、聚等各種聚落形態進行再編、統合，歸整爲縣一級的行政區劃，並建立了縣令等官僚體制"[④]，明顯是將"鄉、邑、聚"三者並列。王彦輝先生在解讀這段文獻的時候，則將"聚""邑"並列，認

---

① 《史記》卷五《秦本紀》(點校本二十四史修訂本)，中華書局，2014年，第257頁。
② 《史記》卷六八《商君列傳》(點校本二十四史修訂本)，中華書局，2014年，第2172頁。
③ 又按，"鄉"前原有"都"字，《校勘記》引王念孫《讀書雜志》等意見，認爲其爲衍文，刪之。池田雄一先生認爲"都應當與邑並列，《本紀》有省略"，見氏著、鄭威譯《中國古代的聚落與地方行政》，復旦大學出版社，2017年，第71頁注1。
④ 〔日〕池田雄一著、鄭威譯：《中國古代的聚落與地方行政》，復旦大學出版社，2017年，第71頁。

爲它們都是規模較小的聚落，"聚"一般指自然形成的聚居區，"邑"是經過人爲規劃的居住區，這些聚和邑是歷史形成的，是一種現實的存在。①

《漢書·平帝紀》云"郡國曰學，縣、道、邑、侯國曰校。校、學置經師一人。鄉曰庠，聚曰序。序、庠置《孝經》師一人。"張晏曰："聚，邑落名也。"顏師古曰："聚小於鄉。"②《平帝紀》中的描述將郡國列爲最高級，縣道侯國次之，鄉、聚又次之，等序清晰可見。宮崎市定先生曾對先秦秦漢時代聚落的演變有過總結性表述，他指出"上古時代被稱作萬國或一千八百國的無數個邑，到了漢代，和其他新興聚落一樣，根據其大小或重要程度，被分爲三級。上者爲縣，中者爲鄉、聚，下者爲亭"，③正是將"鄉""聚"視作一個級別。

《漢書·地理志》中關於西漢時期"聚"的記載主要分爲兩類，一類是散見在郡縣之下的，如下虒聚（上黨郡銅鞮縣）、劉聚（河南郡緱氏縣）、惡狐聚（河南郡梁縣）、陽人聚（河南郡梁縣）、南筮聚（南陽郡育陽縣）、臨騏聚（南陽郡宛縣，武帝時並入冠軍縣）、彭澤聚（丹揚郡宛陵縣）、梧中聚（天水郡冀縣），共計8個；另一類是王莽時期更名之後出現的稱謂，有14個。此外，《漢書·史丹傳》記有武彊聚（東海郡郯縣），《漢書·王莽傳》記有黃郵聚（南陽郡棘陽縣），也是西漢時期縣下設置有聚的證據。④王彥輝先生指出兩漢志中的"××聚"都不是一般性的聚落，而是鄉里編制下的行政單位。⑤我們關注的也主要是這部分的"聚"。

出土簡牘文獻中，涉及此類"聚"的記錄較少。張俊民先生曾梳理居延新簡中涉及"聚"的4條簡文，分別爲EPT40:46、EPT40:64、EPT50:3和EPT50:46，⑥其中EPT40:64難以確證與"聚"有直接關聯。其餘3枚簡的釋文如下：

  ☐書曰：郡、縣、鄉、聚移徒吏員户☐   EPT40:46
  亭長廿一人，受樂成侯國三人，凡廿四人。
  凡亭以下五十人，受樂成侯國四人，定。長吏以下五十四人。

---

① 王彥輝：《聚落與交通視閾下的秦漢亭制變遷》，《歷史研究》2017年第1期。
② 《漢書》卷一二《平帝紀》，中華書局，1962年，第355頁。
③〔日〕宮崎市定：《關於中國聚落形體的變遷》，《日本學者研究中國史論著選譯（第三卷）·上古秦漢》，中華書局1993年，第12頁。
④ 學界對傳世文獻中的這類"聚"多有梳理，如張俊民：《〈居延新簡〉中的"聚"》，《簡牘學論稿：聚沙篇》，甘肅教育出版社，2013年，第120頁；王永莉、何炳武：《漢代史籍之"聚"蠡測》，《歷史地理》第30輯，上海人民出版社，2014年，第161—162頁。
⑤ 王彥輝：《秦漢時期的鄉里控制與邑、聚變遷》，《史學月刊》2013年第5期。
⑥ 張俊民：《〈居延新簡〉中的"聚"》，《簡牘學論稿·聚沙篇》，甘肅教育出版社，第118頁。

  鄉八、聚卅四，户七千九百八十四，口萬五千七百卅五。 EPT50:3

  凡餘錢二百八十五。   EPT50:46A
  □北第十聚有……毋恙……   EPT50:46B①

  張先生指出漢代文獻中"聚"有村落、小鄉兩個含義，而居延新簡中的簡文適合用"小鄉"這個義項來解釋。②《居延新簡集釋（二）》的作者則采用了前一個義項，將 EPT40:46 中的"鄉聚"合觀，理解爲村落。③黃今言先生則認爲 EPT40:46 可以説明"聚"小於"鄉"，聚等同於鄉級以下的里；將 EPT50:3 中的"鄉八、聚卅四"理解爲 8 個鄉含有 44 個聚。④現結合 EPT50:3 的記載來看，鄉、聚明顯是並列的關係，"聚"恐不能看作"里"，而理解爲一般的村落，也稍顯寬泛。我們支持張先生理解爲"小鄉"的意見。《漢書·五行志》載"元帝永光五年夏及秋，大水。潁川、汝南、淮陽、廬江雨，壞鄉、聚民舍，及水流殺人"；《漢書·王莽傳》載"是時下江兵盛，新市朱鮪、平林陳牧等皆復聚衆，攻擊鄉、聚"。上述兩例中提及的"壞鄉、聚民舍""攻擊鄉、聚"，也是鄉與聚並稱的例子，説明西漢時期鄉、聚關係密切，不是一般村落的含義，而應是一種與鄉等級接近的具體的聚落名。

  尹灣 M6 出土的編號爲 YM6D1 的牘，其正面記録有東海郡《集簿》，其前三列的釋文如下：

    縣、邑、侯國卅八：縣十八，侯國十八，邑二。其廿四有堠（？），
  都官二。

     鄉百七十，□百六，里二千五百卅四，正二千五百卅二人。

      亭六百八十八，卒二千九百七十二人；郵卅四，人四百八。如前。⑤

其中"鄉百七十"之後的未釋字，學界頗多爭議。如高敏先生釋"亭"，⑥周振

---

  ①張德芳主編，楊眉著：《居延新簡集釋（二）》，甘肅文化出版社，2016 年，圖版見第 149、239、248 頁、釋文見第 296、484、496 頁。

  ②張俊民：《〈居延新簡〉中的"聚"》，《簡牘學論稿·聚沙篇》，甘肅教育出版社，2014 年，第 119–120 頁。

  ③張德芳主編，楊眉著：《居延新簡集釋（二）》，甘肅文化出版社，2016 年，第 296 頁。

  ④黃今言：《漢代聚落形態試説》，《史學月刊》2013 年第 9 期。

  ⑤參連雲港市博物館、東海縣博物館、中國社會科學院簡帛研究中心、中國文物研究所編：《尹灣漢墓簡牘》，中華書局，1997 年，第 77 頁；宋培超《尹灣漢墓簡牘集釋》，吉林大學碩士學位論文，2014 年，第 21 頁。

  ⑥高敏：《〈集簿〉的釋讀、質疑與意義探討——讀尹灣漢簡札記之二》，《史學月刊》1997 年第 5 期。

鶴先生釋"聚",①朱紹侯先生釋"全",②李均明先生釋"倉",③張顯成、周群麗二先生釋"長"。④宋培超先生從字形上對上述諸說加以否定後,將該字存疑。⑤該字的字形作:⑥

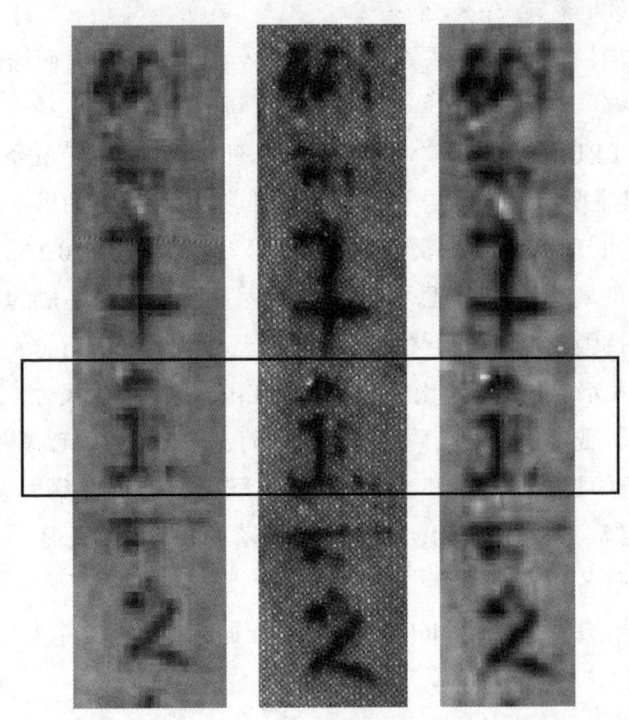

上揭周振鶴先生將該字釋爲"聚"並與鄉結合起來考察,頗具啓發意義。循這一思路,結合殘留字形來看,該字或可釋爲"丘",⑦同墓 YM6D2 正面記有"即丘""厚丘",其中"丘"字字形作:

---

① 周振鶴:《西漢地方行政制度的典型實例——讀尹灣六號漢墓出土木牘》,《學術月刊》1997 年第 5 期。
② 朱紹侯:《〈尹灣漢墓簡牘〉解決了漢代官制中幾個疑難問題》,《許昌師專學報》1999 年第 1 期。
③ 李均明:《讀〈尹灣漢墓簡牘〉雜記》,《簡帛研究二〇〇一》,廣西師範大學出版社,2001 年,第 392—393 頁。
④ 張顯成、周群麗:《尹灣漢墓簡牘校理》,天津古籍出版社,2011 年,第 3 頁。
⑤ 宋培超:《尹灣漢墓簡牘集釋》,吉林大學博士學位論文,2014 年,第 24 頁。
⑥ 下列圖版依次來自連雲港市博物館、東海縣博物館、中國社會科學院簡帛研究中心、中國文物研究所編《尹灣漢墓簡牘》,中華書局,1997 年,圖版第 13 頁;《連雲港市古代書法藝術集萃》,《書法叢刊》1997 年第 4 期;山東博物館、中華文化遺產研究院編:《書於竹帛:中國簡帛文化》,上海書畫出版社,2017 年,第 73 頁。
⑦ 初稿寫成後,與黄浩波先生就該字釋讀進行交流時,他告訴我他也有相同的釋讀意見。

虎溪山漢簡《計簿》所見"聚"及其户口統計方式蠡測 ·87·

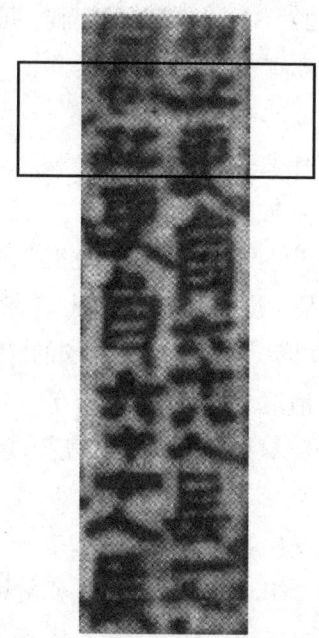

可參。"丘"也是一種聚落的名稱，在新蔡卜筮祭禱簡、北大秦簡《水陸里程册》、五一廣場東漢簡牘、長沙走馬樓三國吴簡中均有發現，[①]在此不贅述。如上改釋不誤，則尹灣漢簡《集簿》這條重要文獻可以排除在關於"聚"的討論之外。

虎溪山漢簡《計簿》提供了更多關於漢代"聚"的信息，且時代較早，約在高后、文帝期間。[②]如：

• 沅陵侯國，凡六鄉、四【聚】☒1[③]

沅陵侯國六鄉、四聚，户千六百一十二，口六千四百八十一人。

2+50+53

☒【鄉聚】邑縣道里。   15[④]

簡文此處將六鄉、四聚並稱，與前揭我們在居延新簡中所見情况相同。根據《計

---

① 參郭濤：《新出簡牘與江漢聚落景觀體系的重建》，《華中師範大學學報（人文社會科學版）》2018年第4期。
② 該墓墓主爲吴陽，是西漢長沙國第二代國王吴臣之子，其在位年代史書有載，見《史記》卷一九《惠景間侯者年表》（點校本二十四史修訂本），中華書局。2014年，第1177頁。
③ 湖南省文物考古研究所：《沅陵虎溪山一號漢墓》，文物出版社，2020年，第118頁。下同，不具引；"聚"字從楊文釋，見楊文《虎溪山漢簡〈計簿〉集釋及相關問題研究》，武漢大學碩士學位論文，2022年，第28頁。
④ "鄉聚"原釋文作"☐☐☐"，此從曹天江先生改釋，見曹天江《虎溪山漢簡〈計簿〉復原》，"中日韓戰國秦漢簡牘在綫研讀"，2022年6月14日，第4頁。

簿》22、34+60、33、25、26、29、32、44 等簡的記載，可知沅陵侯國下屬 "六鄉" 分别爲都鄉、廡鄉、武春鄉、鄝鄉、平阿鄉和黔梁鄉。

又簡 35+47、36+46 云：

  武春鄉到其下㤂粟聚卅里，去廷百六十五里。   36+46①

  武春鄉到其蘆曼聚七十里，去廷二百五里。   35+47

可知 "㤂粟聚" "蘆曼聚" 位于武春鄉。簡 33 有 "泣聚"，位于都鄉；② 簡 45 有 "泡聚"，楊先雲先生懷疑 "泡" 是 "泣" 字之誤，③ 此説在字形上難以解釋。④ 泡聚位于何鄉，目前缺少信息進行判斷。綜上，沅陵侯國的 "四聚" 當爲泣聚（都鄉）、㤂粟聚和蘆曼聚（武春鄉）、泡聚（地理位置不詳）。

《計簿》中還保留有一組記録都鄉户口統計信息的簡文，涉及鄉與聚的關係問題，其簡文如下：

  都鄉，凡一聚，户七百卅二，└口二千八百一十八人。 22

  都鄉户六百八，└口二千二百九十七人。·在都中。 34+60

  泣聚户百卅四，└口五百廿一人。   33

其中簡 34+60 記録的是都鄉的户數與口數，簡 33 記録的是泣聚的户數與口數，説明都鄉與泣聚的户數與口數都是需要單獨統計及記録，⑤ 鄉與聚之間呈現出一種並列關係。而簡 22 比較有趣，其户與口的數值，則是都鄉、泣聚各自所見户與口數值相加之和，且明確説明 "都鄉，凡一聚"，似乎顯示西漢初期的侯國之中，聚是可以被鄉統屬的。曹天江先生據簡 34+60 "在都中" 認爲該簡中的都鄉即都鄉的 "直轄區域"，其外的是泣聚。⑥ 前揭簡 36+46、35+47，在描述武春鄉與㤂粟聚、蘆曼聚距離時均用了 "其下" 二字，似乎也顯示出了這種統屬關係，揭示出兩者關係的不對等。

漢代簡牘文獻中，還出土有多種 "户口簿"，可與虎溪山漢簡《計簿》所見侯國的户口統計進行比較。如朝鮮平壤貞柏洞 364 號墓出土的《樂浪郡初元四年

---

① 簡 36 與 46 由楊先雲綴合，見氏著《虎溪山漢簡〈計簿〉所載沅陵侯國》，"簡帛" 網 2021 年 3 月 1 日。
② 今按，所在位置的判定可據簡 22、34+60、33 等簡的户、口數量關係推出。
③ 楊先雲：《虎溪山漢簡〈計簿〉所載沅陵侯國》"簡帛" 網 2021 年 3 月 1 日。
④ 參楊文：《虎溪山漢簡〈計簿〉集釋及相關問題研究》，武漢大學碩士學位論文，2022 年，第 34 頁。
⑤ 曹天江：《虎溪山漢簡〈計簿〉復原》，"中日韓戰國秦漢簡牘在綫研讀"，2022 年 6 月 14 日，第 8 頁。
⑥ 曹天江：《虎溪山漢簡〈計簿〉復原》，"中日韓戰國秦漢簡牘在綫研讀"，2022 年 6 月 14 日，第 8 頁。

縣別戶口集簿》，① 呈現出一種縣別郡集的特徵，各縣級單位分別統計之後，將數據上報到郡，由郡整合、匯總。安徽天長紀莊 19 號西漢墓所見《戶口簿》，則是鄉別縣集，各鄉分別統計之後，將數據上報到縣，由縣整合、匯總。其釋文如下：

  戶口簿
  ·戶凡九千一百六十九，少前；
  口四萬九百七十，少前。
  ·東鄉戶千七百八十三，口七千七百九十五；
  都鄉戶二千三百九十八，口萬八百一十九；
  楊池鄉戶千四百五十一，口六千三百廿八；
  鞠鄉戶八百八十，口四千五；
  垣雍北鄉戶千三百七十五，口六千三百五十四；
  垣雍南鄉戶千二百八十二，口五千六百六十九。
                卿 01 正 ②

虎溪山漢簡《計簿》所見沅陵侯國的戶口統計也具有類似的特徵，即按鄉（含"聚"）分別統計之後，將數據上報到侯國，由侯國整合、匯總，其結果如簡 2+50+53 所見。荊州松柏 1 號墓出土的《二年西鄉戶口簿》則是西漢鄉級戶口簿的代表，其釋文如下：

  ·二年西鄉戶口簿（簿）
  戶千一百九十六
  息戶七十
  耗戶三十五
  相除定息四十五戶
  大男九百九十一人小男千四十五人
  大女千六百九十五人
  小女六百四十二人（以上第一欄）
  息口八十六人
  耗口四十三人

---

① 楊振紅、〔韓〕尹在碩：《韓半島出土簡牘與韓國慶州、扶餘木簡釋文補正國》，《簡帛研究二〇〇七》，廣西師範大學出版社，2010 年，第 281—288 頁。
② 天長市文物管理所、天長市博物館：《安徽天長西漢墓發掘簡報》，《文物》2006 年第 11 期。

　　　　相除定息口四十三
　　　・凡口四千三百七十三人（以上第二欄）　　　　　　　　　　48①

其統計方式明顯與前揭郡、縣、侯國的"户口簿"所見存在差异。

綜上，西漢時期的侯國其下包含的鄉、聚關係較爲複雜，具有雙重關係。在户、口統計時，鄉、聚均獨立統計，此外還有一個將聚合并到所在鄉的統計數據，據此再上報到侯國。與一般情況下所見的鄉别縣集、縣别郡集稍有不同。兩個單獨統計的户、口數據，説明鄉、聚相對獨立且同級。而合并統計在鄉之下的數據，似又揭示出聚存在被鄉統屬的可能，這或許是由於聚必須位於某鄉之内造成。至少在侯國之下，它不是完全可以獨立存在的聚落組織。

附記：

本文爲 2019 年國家社會科學基金"冷門絶學和國别史等研究專項"項目"里耶秦簡所見秦代縣制研究"（19VJX007）階段性成果。

作者簡介：魯家亮，男，1980 年生，武漢大學簡帛研究中心、"古文字與中華文明傳承發展工程"協同攻關創新平台副教授，主要從事秦漢出土文獻與秦漢史研究。

---

① 朱江松：《罕見的松柏漢代木牘》，滕壬生主編《荆州重要考古發現》，文物出版社，2009 年，圖版第 211 頁；彭浩：《讀松柏出土的四枚西漢木牘》，《簡帛》第 4 輯，上海古籍出版社，2009 年，第 336—338 頁。

試析西漢時期寡婦支配財産權利的轉變

袁 證

(武漢大學簡帛研究中心、"古文字與中華文明傳承發展工程"
協同攻關創新平臺,武漢 430072)

內容摘要:從嶽麓秦簡和西漢早年《二年律令》中的規定可知,當時法律禁止寡婦再嫁時動用前夫家財,做出這樣的規定是爲了保障前夫的財產不外流。但到了西漢末期,觀《先令券書》內容,三老、親屬等人并不認爲寡婦招贅的行爲有何不妥。這似乎表明,到西漢後期,女性掌控家財的權利增大,且寡婦攜前夫之財招贅已屬平常之事。制度的改變可能與武帝時期頻繁的大規模、長途奔襲征戰有關。由於成年男性減員嚴重,如果堅持之前寡婦不得攜前夫之財再嫁或招婿入贅的規定,會影響人口恢復和社會穩定,造成大量孤寡生存艱難。而且由於大量家主死亡,家主之妻按傳統在家中獲得更大話語權,其掌控家財的權利也隨之增大。

關鍵詞:秦漢法規;先令券書;西漢人口;寡婦再嫁;財產權

關於漢代寡婦對前夫財產的處置權這一問題,學者已多有研究。[①] 目前所見的秦漢法律材料時代較早,而兩漢長達四百餘年,漢初的法規是否延續四百餘年,其間是否有修改,尚不甚明晰。本文將著眼於漢代寡婦是否享有財產支配權這一問題,引述秦漢時期一些相關的出土材料,并結合傳世文獻進行討論。

[①] 參看賈麗英《從長沙東牌樓簡牘看漢代出嫁女的財產繼承》,《光明日報》2007年7月13日;尹在碩《秦漢婦女的繼產承户》,《史學月刊》2008年第12期;李欣《秦漢時期"贅婿"和"女户"的綜合考察》,《文博》2010年第2期;曹驥《秦漢家庭繼承研究》,河南大學博士學位論文,2014年;高美美《漢代女性財產權研究》,曲阜師範大學碩士學位論文,2017年;薛洪波《戰國秦漢時代女性財產權問題再考察》,《中國經濟史研究》2018年第1期;張以靜《秦漢再婚家庭的財產權——以簡牘材料爲中心》,《河北學刊》2019年第4期;薛洪波《〈先令券書〉所見漢代家庭財產秩序的建構》,《古代文明》2023年第1期等。

一、秦及漢初對寡婦處置前夫財產行爲的法律限定

討論這一時期寡婦對前夫財產的處置權問題，首先需注意幾則秦漢律令：

  廿六年十二月戊寅以來，禁毋敢謂母之後夫叚（假）父，不同父者，毋敢相仁（認）爲兄、姊、弟。犯令者耐隸臣妾而毋得相爲夫妻，相爲夫妻及相與奸者，皆黥爲城旦舂。有子者，毋得以其前夫、前夫子之財嫁及入姨夫及予後夫、後夫子及予所與奸者，犯令及受者，皆與盜同灋。母更嫁，子敢以其財予母之後夫、後夫子者，弃市，其受者，與盜同灋。前令予及以嫁入姨夫而今有見存者環（還）之，及相與同居共作務錢財者亟相與會計分異相去。令到盈六月而弗環（還）及不分異相去者，皆與盜同灋。雖不身相予而以它巧詐（詐）相予者，以相受予論之。有後夫者不得告辠其前夫子。能捕耐辠一人購錢二千，完城旦舂辠一人購錢三千，刑城旦舂以上之辠一人購錢四千。女子寡，有子及毋子而欲毋稼（嫁）者，許之。謹布令，令黔首盡□【智（知）之，毋】巨（詎）辠。有□□除，毋用此令者，黥爲城旦。

——嶽麓秦簡①

  田宅當入縣官而詐（詐）代其户者，令贖城旦，没入田宅……孫死，其母而代爲户。令毋敢遂（逐）夫父母及入贅，及道外取其子財。

——張家山漢簡《二年律令·户律》②

  死毋子男代户，令父若母，毋父母令寡，毋寡令女，毋女令孫，毋孫令耳孫，毋耳孫令大父母，毋大父母令同産子代户。同産子代户，必同居數。弃妻子不得與後妻子爭後……女子爲户毋後而出嫁者，令夫以妻田宅盈其田宅。宅不比，弗得。其弃妻，及夫死，妻得復取以爲户。弃妻，畀之以財。□□□□長（？）次子，畀之其財，與中分。其共爲也，及息。婢御其主而有子，主死，免其婢爲庶人。寡爲户後，予田宅，比子爲後者爵。其不當爲户後，而欲爲户以受殺田宅，許以庶人予田宅。毋子，其夫；夫毋子，其夫而代爲户。夫同産及子有與同居數者，令毋

---

① 陳松長主編：《嶽麓書院藏秦簡（伍）》，上海辭書出版社，2017年，第219頁。
② 張家山二四七號漢墓竹簡整理小組：《張家山漢墓竹簡〔二四七號墓〕（釋文修訂本）》，文物出版社，2006年，第53、55頁。

賣賣田宅及入贅。其出爲人妻若死，令以次代戶。

——張家山漢簡《二年律令·置後律》①

律令對更嫁（寡婦外嫁或招贅）過程中可能出現的轉移前夫家財的各種情況作了明確限制。嶽麓秦簡法條中限制的是已與前夫育有子嗣者，《二年律令》則包含有對無子嗣寡婦轉移財產的限制。可見，在秦至漢初，寡婦再嫁時不允許轉移前夫家財產。具體可分爲4種情況：

1. 無論其是否有子嗣，公婆在世時不得招贅；

2. "令勿敢遂（逐）夫父母及入贅，及道外取其子財"表明家庭財產權屬前夫之子，若前夫之子離世，寡婦再嫁，不得索取前夫之子所持有的財產；

3. 前夫之子尚在人世，則寡婦再嫁之後，前夫家庭的其他成員遵循"死毋子男代戶，令父若母，毋父母令寡，毋寡令女，毋女令孫，毋孫令耳孫，毋耳孫令大父母，毋大父母令同產子代戶"的規定依序代戶承產；

4. 若是亡夫之家僅剩寡婦一人，按"田宅當入縣而以詐代其戶者，令贖城旦，沒入田宅"的規定，田宅將歸屬政府掌控，如此，則寡婦對前夫財產恐怕仍無任何支配權。

秦和西漢早年法律中規定寡婦再嫁時不允許轉移前夫家財，這是爲了保障前夫家財產不外流別家。前夫家產的流失，可能會影響到社會秩序的穩定，甚至再嫁後爲爭奪前夫家財而謀害前夫親人的這類極端事件也未必不會出現。此外，寡婦攜帶前夫財產再嫁，可能會損害前夫近親的生活質量，甚至會影響國家的穩定，觸發民間動亂。

二、西漢後期寡婦對前夫財產支配權擴大的可能性

嶽麓簡中的法律條文制定於秦代，《二年律令》則屬漢初。問題在於，這些法規是否一直延續下去。西漢末年的《先令券書》或許可以從側面解釋這一問題：

元始五年九月壬辰朔辛丑，與（輿）高都里朱凌，廬居新安里。甚疾其死，故請縣鄉三老、都鄉有秩、左（佐）、里師田譚等，爲先令券書：

凌自言：有三父，子男、女六人，皆不同父。欲令子各知其父家次：

---

① 張家山二四七號漢墓竹簡整理小組：《張家山漢墓竹簡〔二四七號墓〕（釋文修訂本）》，文物出版社，2006年，第60—61頁。

子女以君、子真、子方、儷君，父爲朱孫；弟公文，父吳衰近君；女弟弱君，父曲阿病長賓。

嫗言：公文年十五去家自出爲姓，遂居外，未嘗持一錢來歸。嫗予子真、子方自爲産業。子女儷君、弱君等貧毋（無）産業。五年四月十日，嫗以稻田一處、桑田二處分予弱君；波（陂）田一處分予儷君。於至十二月，公文傷人爲徒，貧無産業。於至十二月十一日，儷君、弱君各歸田於嫗，讓予公文，嫗即受田，以田分予公文：稻田二處，桑田二處，田界易如故；公文不得移賣田予他人。

時任、知者：里師、伍人譚等及親屬孔聚、田文、滿真。先令券書明白，可以從事。①

元始五年（5）屬西漢末年漢平帝在位時期，距王莽代漢自立僅餘四年。考察券書內容，寡母"嫗"有三任丈夫、六名子女，從"儷君、弱君各歸田於嫗，讓予公文，嫗即受田，以田分予公文……公文不得移賣田予他人"來看，這些子女不同父，但同户，則"嫗"的後兩任丈夫爲贅婿。值得注意的是，三老、親屬等人對於寡婦持前夫家財招贅之事，并未認爲有任何不妥，甚至還對相關財產的處置予以公證。此外，不同於嶽麓秦簡和《二年律令》中對寡婦支配前夫財產的嚴格禁止，《先令券書》中，寡母作爲家長，在財產、婚姻等重大事情上都起着決定性的作用。《先令券書》中雖未表明寡母"嫗"是户主，但却清晰顯示家中招贅和財產分配等事宜的處置皆由"嫗"獨斷專行。這似乎表明，在西漢晚期，年長寡婦支配家財的權利較漢初爲大。

有一點需要注意，《先令券書》中由"嫗"掌控家財的行爲應與未改嫁婦女支配財產的情況作區分。例如懸泉漢簡中一則女性占有財產的記錄：

驪軒武都裏户人大女高者君，自實占家當乘物□。□□年廿七
□□，次女□□□□□……②

該簡發掘於懸泉遺址第3層，年代屬西漢晚期。由"户人大女高者君"可知高者君是以户主的身份向官府申報財物。

再看東漢時期一份涉及女性享有財產支配權的材料：

---

① 釋文參考于麗微《高臺、關沮、胥浦漢墓簡牘集釋與文字編》，吉林大學碩士學位論文，2014年，第51—83頁；鄭金剛《胥浦漢墓〈先令券書〉釋讀問題補議》，《文獻》2014年第4期；鄔文玲《儀徵胥浦漢墓竹簡〈先令券書〉未釋縣名辨析》，《中州學刊》2023年第5期。
② 胡平生、張德芳：《敦煌懸泉漢簡釋粹》，上海古籍出版社，2001年，第61頁。

光和元年五月中旬，金廣延母自傷紀：考妣徐氏元初産，永壽元年出門托軀金橡季本，供……不幷，立朝爲縣端首。子男恭□字子肅，年十八……收從孫，即廣延，立以爲後。年十八，娶婦徐氏。弱冠仕……終歿，五内催碎。又少入金氏門，承清澂之後。營業□□□□步也，一……地耕殖陜少□脩産業，夫婦勤苦，積入成家，彊□□□止足不……萬，季本平生素以奴婢田地分與季子雍直，各有丘域。□□三……蓄積消滅，責（債）負奔亡□□□立，依附宗家得以蘓（蘇）……。及歸故主三分屋一，才得廿一萬六百供，竟……故文進升地一畝直五萬五千家，乃隤收責（債）地……雍直徑營叔駿勞來以□國故□，子叔地一畝直……令能胥不□□又所將□及所□如後可服事勤……子孫以其不祭祀督之不□，拘持入門，勤苦五十……二萬四千，其婦共衣食，去留之後，悉以歸雍直。大婦……冊八萬，小婦慈仁，供養周厚，奉順□煖，不離左右。自……曰□戀衛夫人之去婦之□□，孤無所歸，輙爲姪……之切……不……

——《金廣延母徐氏紀産碑》①

　　碑文記述了一位女性户主處分家産的情況。徐氏之夫金季本、子金恭皆離世，其夫有一子金雍直，與金恭爲同父异母的兄弟。金季本的財産在其生前便分給了金雍直。金季本、金恭去世之後，徐氏又收從孫金廣延爲後，18歲時娶婦徐氏。不想金廣延又早早離世，家中唯有"大婦"徐氏和金廣延之妻"小婦"徐氏。後來，金雍直"蓄積消滅，債負奔亡"，依附宗族生存，大婦徐氏爲防金雍直謀奪財産，便立碑寫財産關係，强調金雍直早已分家而去，金季本之財産皆屬大婦徐氏。

　　有改嫁行爲的婦女支配財産，這與未改嫁婦女支配財産的情況是不同的。這一區別涉及漢代的"女户"制度。"女户"一詞最早見於唐人李賢對《後漢書·肅宗孝章帝紀》中"加賜河南女子百户牛酒"的注解，②然"女户"制度實早已有之，《史記·貨殖列傳》中即有"巴寡婦清，其先得丹穴，而擅其利數世，家亦不訾"的記載，③到了漢代，"賜女子百户牛酒"的記錄自西漢文帝時至東漢章帝時，多達二十餘次。從相關記載來看，漢代女子可以擔任户主、繼承爵位、管理財産。設立"女户"，可以保證國家對於缺少男性勞動力的家庭也能够征收賦税徭役。

---

① 碑文據〔南宋〕洪適《隸釋》卷一五（中華書局，1986年，第162頁）所録加以整理。
②《後漢書》卷三《章帝紀》，中華書局，1965年，第152頁。
③《史記》卷一二九《貨殖列傳》，中華書局，2014年，第3957頁。

《史記》中可見女性服徭役的記錄："行十餘年，丁男被甲，丁女轉輸，苦不聊生，自經於道樹，死者相望";① "尉佗知中國勞極，止王不來，使人上書，求女無夫家者三萬人，以爲士卒衣補。"②

前引《二年律令》中規定："孫死，其母而代爲户；死毋子男代户，令父若母，毋父母令寡，毋女令孫，毋孫令耳孫，毋耳孫令大父母，毋大父母令同産子代户；女子爲父母後而出嫁者，令夫以妻田宅盈其田宅。宅不比，弗得。其棄妻，及夫死，妻得復取以爲户"，由此可知，女性在一定條件下可做户主，大體可分爲4種情況：1.代亡孫之户，前提是其孫無妻、子，且其祖父已亡故；2.代亡父之户，前提是其父無子；3.代亡子之户，前提是其子之父已亡故；4.其夫已棄妻，若夫死而無男性代户，已棄之妻可復取以爲户。從上述4種情況看，漢代對以女性爲户主的情況有嚴格的限定條件，即家中無適合的男子擔任户主之時，才可由女性擔任户主，這與《先令券書》中記載的情況完全不同。

綜上，秦及漢初，在法律層面上禁止寡婦携前夫之財再嫁。而到了西漢晚期，寡婦掌控家財的權利似已超脱限定。

三、成年男性偏少的社會現實對婦女財産權的影響

從西漢初年對寡婦支配前夫之財的種種限制，到西漢末期寡婦有權掌控家財，其轉變不可謂不大。目前雖無西漢中後期相關法律條文可參照，但我們推測，發生這一變化的原因恐與武帝時期長時段、大規模、遠距離服役的戰争行爲難脱關聯。

（一）紀南松柏漢簡所見漢武帝早期的人口統計情況

2004年，湖北省荆州市紀南鎮松柏村發掘了M1號漢墓，該墓葬所屬年代被推定爲漢武帝早期。墓中出土有63塊木牘，10枚木簡，其中的35、47、48、53

---

① 《史記》卷一一二《平津侯主父列傳》，中華書局，2014年，第3583頁。
② 《史記》卷一一八《淮南衡山列傳》，中華書局，2014年，第3751頁。

號木牘記錄有當時南郡地區諸縣、侯國的人口數據。①

47號木牘記錄有南郡17個縣、侯國的現役卒數，總計"萬四七十人，月用卒二千一百七十九人"。其中記"江陵千六十七人，參（三）更，更三百廿四人，餘九十五人"。

48號木牘《二年西鄉戶口簿》記載了南郡江陵縣西鄉一年的戶、口總數及分類統計情況，計有"大男九百九十一人，小男千卅五人，大女千六百九十五人，小女六百卅二人……凡口四千三百七十三人。"男女比例近於1∶1，男性人數略多，較符合人類在自然繁衍下的男女人口比率。

結合兩牘內容，可知當時服役人數占總人口的比重并不算高。江陵縣每批次服兵役人數爲324人，總服兵役人數爲1067人，而江陵縣西鄉這一個鄉的人口就有4373人。爲與此對照，我們可參考《三國志》中的官方記錄：在公元263年蜀漢滅國時，官檔載蜀漢人口94萬，其中軍人有10萬2千人，軍人占總人比例接近10%；280年吳國滅亡時，官檔載東吳人口230萬，其中軍人有23萬人，軍人占總人口比例也是近10%。② 兩國的軍人占比情況反映的是在當時的生產力水平下，戰事頻仍時期，國家所能維持的、接近極限的軍隊數量。由此看來，在未開始大規模對外征戰的漢武帝初年，民眾兵役負擔尚不甚重。

53號木牘記錄了南郡10個縣的人口統計信息，包括"使大男""大女""小男""小女"各自的人數和總人數。經計算可知，總體來看，當地的男女比例接近1∶1，男性人數略多，也較爲符合人類在自然繁衍下的男女人口比率。

35號木牘按內容可分爲：1.《南郡免老簿》，記有17個縣、侯國"免老"（免除賦稅徭役的老人）人數，合計"凡免老二千九百七十六人"；2.《南郡新傅簿》，記有17個縣、侯國"新傅"（新增的當服賦役男性）人數，合計"凡

---

①35號木牘圖版和釋文參見湖北荆州博物館《湖北荆州紀南松柏漢墓發掘簡報》，《文物》2008年第4期。47、48、53號木牘照片見於荆州博物館編《荆州重要考古發現》，文物出版社，2009年，第209—212頁。釋文可參看彭浩《讀松柏出土的西漢木牘（二）》，"簡帛"網2009年4月4日，http：//www.bsm.org.cn/?hanjian/5215.html；彭浩《讀松柏出土的西漢木牘（三）》，"簡帛"網2009年4月11日，http：//www.bsm.org.cn/?hanjian/5219.html；彭浩《讀松柏出土的西漢木牘（四）》，"簡帛"網2009年4月12日，http：//www.bsm.org.cn/?hanjian/5221.html；胡平生《松柏漢簡五三號木牘釋解》，"簡帛"網2009年4月12日，http：//www.bsm.org.cn/?hanjian/5222.html#_ftn1；楊振紅《松柏西漢簿籍牘考釋》，《南都學壇（人文社會科學學報）》2010年第5期；袁延勝《松柏木牘〈二年西鄉戶口簿〉人口資料辨析》，卜憲群、楊振紅主編《簡帛研究二〇一一》，廣西師範大學，2013年，第70—71頁。

②見《三國志》卷三三《蜀書·後主傳第三》，中華書局，1959年，第901頁，裴松之注引《蜀記》所載；卷四八《吳書·三嗣主傳第三》，中華書局，1959年，第1177頁，裴松之注引《晋陽秋》所載。

新傅二千八十五人";3.《南郡罷癃簿》,記有17個縣、侯國"罷癃"(殘障人士)人數,合計"凡罷癃(癃)二千七百八人,其二千二百廿八人可事,四百八十人不可事",其中的"可事"指殘疾情況較輕,可服正常人一半的賦稅徭役,①"不可事"者則不服賦稅徭役。《南郡免老簿》記江陵縣"免老"人數爲538人,雖不知該縣總人數,但根據48號木牘記西鄉這一個鄉的人口就有4373人來看,當時年過六十歲左右(不同爵位人群達到"免老"條件的歲數不同)的老年人口占比并不太高。與之對照,西漢晚期尹灣漢簡《集簿》記東海郡共1397343人,年八十以上者有33871人,②占比約爲2.42%。80歲以上占比尚如此之高,60歲以上占比勢必更高。可以推測,西漢中後期必定存在中青年人數大量減少的情況,從而拉擡了高齡人口占比。

將53號木牘内容與35號木牘内容結合,可計算當地殘疾人口數量占比,對此馮聞文先生已作充分研究:南郡10個縣、侯國的"罷癃"人口總數,在10個縣、侯國的男性總數中占4.5%,與我國1987年統計全國男性殘疾人口占全國男性人口的比率4.72%相差不大。③

綜上,我們認爲,經過漢初近百年的休養生息,到武帝即位初年,人民的徭役負擔并不甚重,傷殘、非正常死亡人口占比也未明顯超越正常範圍。

(二)漢武帝時期民衆的徭役負擔

據葛劍雄先生研究,西漢初(前202年左右)全國人口約爲1500萬至1800萬,經過幾十年的發展,到武帝元光元年(前134),人口達到約3600萬。四十多年後的武帝後元二年(前87),人口下降到3200萬左右。④在此前平均人口年增長率超過1%的背景下,四十餘年間,人口却下降了十分之一以上。雖然在武帝時期多次有水旱災害發生,但造成如此大量的人數减少情況,主要原因還應歸咎於這一時期的戰爭徵發與徭役。

武帝時期的軍事活動有3大特點:

一是軍事活動持續時間長且頻繁。見諸史料記載的"發卒",最早爲建元三年(前138),最晚爲征和三年(前90),不到50年時間,用兵多達近30次。

---

① 詳參《十三經注疏》卷一〇《周禮注疏》,中華書局,1980年,第706頁下,賈公彦疏證内容。
② 連雲港市博物館、東海縣博物館、中國社會科學院簡帛研究中心、中國文物研究所編:《尹灣漢墓簡牘》,中華書局,1997年,第77—78頁。
③ 馮聞文:《出土簡帛與秦漢殘障人口研究》,江蘇人民出版社,2021年,第65—66頁。
④ 葛劍雄:《西漢人口地理》,商務印書館,2014年,第95頁。

二是消耗人力、物力巨大。頻繁、長距離的遠行，不僅對服役者的身體健康造成損害，錢糧消耗亦甚巨，史載武帝"時又通西南夷道，作者數萬人，千里負擔饋饟，率十餘鍾致一石"；"又興十餘萬築衛朔方，轉漕甚遠，自山東咸被其勞，費數十百鉅萬，府庫并虛"；"此後四年，衛青比歲十餘萬衆擊胡，斬捕首虜之士受賜黃金二十餘萬斤，而漢軍士馬死者十餘萬，兵甲轉漕之費不與焉。"[1] 太初元年（前104），李廣利遠征大宛，"赦囚徒扞寇盗，發惡少年及邊騎，歲餘而出敦煌六萬人，負私從者不與，牛十萬，馬三萬匹，驢橐駝以萬數齎糧，兵弩甚設……軍還，入玉門者萬餘人，馬千餘匹。"[2]

三是服役、征伐距離長。據學者統計，西北漢簡中已發現的戍卒籍貫遍布40郡國167縣，[3] 占全國103郡的39.81%，1341縣的12.71%，除河西四郡外，仍占34.95%和11.34%，可見戍卒徵發地域之廣闊及行程之遙遠。[4] 試將戍卒籍貫地所屬的40郡國在地圖上作標注：

西北漢簡所見戍卒籍貫示意圖[5]

由圖可見，西北戍卒的徵發範圍遍及北方各地，遠達東海岸。戍邊之外，武帝時期四面出擊，北討匈奴、南服閩越、東征朝鮮、西伐大宛，在軍馬養殖大發

---

[1]《漢書》卷二四下《食貨志》，中華書局，1962年，第1158—1159頁。
[2]《漢書》卷六一《張騫李廣利傳》，中華書局，1962年，第2700—2703頁。
[3] 何雙全：《〈漢簡·鄉里志〉及其研究》，甘肅省文物考古研究所編：《秦漢簡牘論文集》，甘肅人民出版社，1989年，第145—235頁。
[4] 王子今：《秦漢交通史稿》，中國人民大學出版社，2013年，第431頁。
[5] 本圖以譚其驤《中國歷史地圖集》（中國地圖出版社，1982年）中的《西漢時期全圖》爲底圖加以修改。

展的輔助之下，行程多次超萬里之數。

以上三點，造成的結果就是百姓負擔極重，傷病甚至死亡人數快速增加。

傳世文獻中多見民衆死於遠征的記載，如前引《史記》載"行十餘年，丁男被甲，丁女轉輸，苦不聊生，自經於道樹，死者相望"；再如漢武帝《輪臺詔》言："漢軍破城，食至多，然士自載不足以竟師，彊者盡食畜産，羸者道死數千人"。①出土文獻中有不少關於西北戍卒非戰鬥減員的記録，如敦煌簡 1017A "卒卅五人，其一人物故"；②居延簡 101.35 "戍卒行道居署物故"。③可見在當時的交通、衛生、醫療和物資供應條件下，遠離家鄉的徭役對民衆身體的摧殘，更遑論直接上戰場拼殺。

除軍事相關徭役外，漢武帝時期還多次徵發民衆服力役，如徵募工匠、徭役數萬人修建茂陵；數次巡行郡國；興建六輔渠、白渠、龍首渠、成國渠等水利工程，并在西北邊疆設置"渠卒"，負責水利；在秦嶺劈山開路五百餘里，修築褒斜道。這些徭役同樣會造成大量民衆傷病甚至死亡。

（三）成年男性數量減少對寡婦支配財産權利的影響

值得注意的是，與國內戰亂形成的饑荒和逃難潮導致大量老弱婦孺死亡不同，由於漢武帝時期主要是對境外征伐（尤其是深入匈奴腹地的遠征行動），加上戍卒大多集中於北方邊境地區，因此，這一時期損失的人口中，成年男性的占比可能較國內戰亂時期爲高。

大量成年男性因傷殘或死亡而脱離生産生活，首先帶來的問題就是在兵員和運輸人員補充上的困難。武帝之後，西漢朝廷再未組織大規模的遠征行動，儘管此時匈奴尚未完全臣服，但漢朝恐怕也已喪失了徹底消滅匈奴的能力。其次，由於缺少社會生産所需的青壯年男性勞力，既影響國家整體經濟，也可能加劇民衆承擔的賦稅壓力，進而引發社會動盪。武帝時"南陽有梅免、白政，楚有殷中、杜少，齊有徐勃，燕趙之間有堅盧、范生之屬。大群至數千人，擅自號，攻城邑，取庫兵，釋死罪，縛辱郡太守、都尉，殺二千石，爲檄告縣趣具食；小群以百數，掠鹵鄉里者，不可勝數也"。④再者，大量成年男性傷病甚至死去，隨之出現大量老弱婦孺，這類人群在生産能力上弱於青壯年男子，很多人甚至全賴他人照料，

---

① 《漢書》卷九六下《西域傳下》，中華書局，1962年，第3913頁。
② 甘肅省文物考古研究所編：《敦煌漢簡》，中華書局，1991年，第258頁。
③ 簡牘整理小組編：《居延漢簡（貳）》，"中研院"歷史語言研究所，2015年，第3頁。
④ 《史記》卷一二二《酷吏列傳》，中華書局，2014年，第3824頁。

靠自身生存極爲艱難。最後，未婚、無子男子死亡，以及因服徭役人員不足造成的過度徵調，會導致大量育齡婦女由於未出嫁、丈夫長年離家、丈夫病殘甚至離世等原因錯失生育時機，生育子女數量較前代人有所減少，一定程度上會拉低人口增長率。

  從婦女自身來看，亡父、亡夫、亡子直接帶來的就是生活壓力增大。婦女在當時的生產力水平下，獨自照料老人、撫養幼子困難重重。加之限於女性普遍的受教育情況，在經營產業的能力上也會有不足。因此，不少寡婦可能會產生"更嫁"的意願。同時，文獻中多見富家女子陪嫁大量財物的記載，如"外黃富人女……嫁之張耳。張耳是時脫身游，女家厚奉給張耳，張耳以故致千里客"[1]；"卓王孫不得已，分予文君僮百人，錢百萬，及其嫁時衣被財物。文君乃與相如歸成都，買田宅，爲富人。"[2]《潛夫論》中描述道："富貴嫁娶，車軿各十，騎奴侍僮，夾轂節引。富者競欲相過，貧者恥不逮及。是故一饗之所費，破終身之本業。"[3] 握有財產的寡婦，對貧苦的男性而言，同樣具有吸引力："數年歲比不登，民待賣爵贅子以接衣食。"[4]

  從統治者的層面來考慮，此時如果仍然堅持漢初寡婦不得携前夫之財再嫁或招婿入贅的規定，任由其阻礙人口恢復和社會穩定，加重國家治理成本，對其統治是不利的。儘管當時的女性也可參與商業活動，也要承擔賦稅徭役，但女戶創造的財富一般而言不如男戶。放鬆對寡婦憑藉前夫之財吸引後夫的限制，有利於國家從經濟衰退中恢復過來。

  從社會觀感的角度來看，因有大量老弱婦孺急需青壯年男子提供生活上的幫助，民間的招贅行爲大幅增加，當達到一定普遍性後，社會層面上對此的包容度也會有所擴大。

  此外，在無年長男子作爲家長的情況下，"大婦"在家中掌控各項權利的傳統一直存在，漢代諸多文獻，如樂府詩《孔雀東南飛》中即有所體現。[5] 寡妻之子成年之後，儘管法律上只承認子代父爲户主，但長期形成的心理壓迫感，以及

---

[1]《史記》卷八九《張耳陳餘列傳》，中華書局，2014年，第3121頁。
[2]《史記》卷一一七《司馬相如列傳》，中華書局，2014年，第3639頁。
[3]〔漢〕王符著、〔清〕汪繼培箋、彭鐸校正：《潛夫論箋校正》，中華書局，2018年，第170頁。
[4]《漢書》卷六四上《嚴朱吾丘主父徐嚴終王賈傳上》，中華書局，1962年，第2779頁。
[5]《孔雀東南飛》全詩見〔北宋〕郭茂倩編《樂府詩集》卷七三《焦仲卿妻》，中華書局，2017年，第1503—1507頁；相關研究可參廖群《〈先令券書〉與〈孔雀東南飛〉悲劇釋疑——兼論中國古代婦女的"夫死從子"問題》（《中國文化研究》2006年第2期）等。

社會上對孝道的尊崇，都會使得年長女性在家中的地位和話語權的掌控不會過多削弱，客觀上也有助其享有掌控家財的權利。

綜上所述，在秦及漢初，法律明確禁止寡婦携前夫之財再嫁。漢初局勢穩定，經濟發展，人口穩步增長，但經歷了武帝執政時期近 50 年的徵發無度，青壯年男性人口減損嚴重，如果繼續堅持之前寡婦不得携前夫之財再嫁或招婿入贅的規定，會影響人口恢復和社會穩定，加大統治成本。西漢末期的《先令券書》表明，武帝之後，寡婦掌控家財的權利似已大爲擴張，支配財産的權力已獲得政府層面上的認可。

附記：

本文爲國家社科基金冷門絕學研究專項學術團隊項目"中國古代喪葬簡牘文獻整理研究及數據庫建設"（項目批准號：23VJXT008）的階段性成果。

作者簡介：袁證，男，1992 年生，武漢大學簡帛研究中心、"古文字與中華文明傳承發展工程"協同攻關創新平臺博士研究生，研究方向爲先秦秦漢出土文獻與先秦秦漢史。

緑緯書與漢代的"公車"上書

程帆娟

（西北大學歷史學院，西安 710127）

内容摘要：懸泉漢簡中有關於緑緯書的郵書傳遞記録，其中簡Ⅰ90DXT0112②:79"緑緯緣滿署皆完"的"緣滿"應釋爲"繩蒲"。結合簡牘材料與文獻記載，緑緯書應指用緑色囊袋包裝的文書，其大致是兩端封閉、中間開口的長條形狀。緑緯書的送達對象爲公車司馬，地方官有事奏報不能隨意離署赴奏，因此通過郵驛傳遞的方式將文書上交至公車。公車接收官員的上書後，可能會進行初步的查驗，查驗合格後轉呈給皇帝的秘書機構，再由秘書機構的人員上呈皇帝。

關鍵詞：懸泉漢簡；緑緯書；公車司馬；"公車"上書

新近發表的懸泉漢簡中有大量關於"緑緯書"的郵書傳遞記録，其中"緑緯書"的具體所指，以及"緑緯書"的送達對象"公車"所反映出來的地方官上奏中央的相關程序值得關注。"公車"爲漢代日常接受吏民奏書的機構，是溝通皇帝和臣民的重要平臺。簡牘所見"緑緯書"與漢代"公車"上書學界討論較少，[1]以往學者是在舊釋文的基礎上對"緑緯書"的形制做出的解讀，[2]筆者擬在校對釋文的基礎上對"緑緯書"的形制與封緘方法做一些補充，并結合"緑緯書"討論漢代"公車"上書的相關程序。

---

[1] 陳蘇鎮：《"公車司馬"考》，《中華文史論叢》2015年第4期，文章主要論證公車司馬與《三輔黄圖》中公車司馬門之間的關係。
[2] 胡平生、張德芳撰：《懸泉漢簡釋粹》，上海古籍出版社，2001年，第89頁；馬怡：《皂囊與漢簡所見皂緯書》，吳榮曾、汪桂海主編《簡牘與古代史研究》，北京大學出版社，2012年，第132—134頁；王錦城：《西北漢簡所見郵書的類別及相關問題考略》，《古代文明》2017年第3期；汪桂海：《秦漢官文書裝具》，《出土文獻》2022年第3期。

一、"緑緯書"的形制與封緘方法

懸泉漢簡的郵書傳遞記錄中有諸多關於"緑緯書"的記載，并涉及"緑緯書"的相關形制，列舉如下：

1. 入西緑緯書一封，敦煌陽關都尉臣實上，緑緯緣滿署皆完，緯兩端各長二尺。元始二年三月庚辰，縣泉嗇夫長受遮要禦牛康。
　　　　　　　　　　　　　　　Ⅰ 90DXT0112②:79①

2. 入東緑緯書一封，敦煌庫令上，詣公車。元始四年七月乙未，日桑榆時，縣泉佐憲受遮要奴來臣。　Ⅱ 90DXT0214②:194②

3. 入東緑緯書一封，敦煌長上，詣公車。元始五年二月甲子平旦，受遮要奴鐵柱即時使禦羌行　　　Ⅱ 90DXT0114②:165③

4. 出緑緯書一封，西域都護上，詣行在所，公車司馬以聞。緑緯弧署繩檢皆完，緯長丈一尺。元始五年三月丁卯日入時，遮要馬醫王竟奴鐵柱付縣泉佐馬賞。　　　　　Ⅱ 90DXT0114②:206④

5. 入東緑緯書二封，西域都護上公車司馬。元始五年四月乙巳日中，縣泉嗇夫鳳受遮要禦牛康，即時遣望行。　Ⅱ 90DXT0114③:401⑤

6. 入東軍書一封，敦煌中部都尉臣鄧上，詣行在所，緑緯完。居攝二年十月癸亥夕時，縣泉郵人歆受平望郵人鄧同，即時遣張歆行
　　　　　　　　　　　　　　　Ⅱ 90DXT0114③:7⑥

7. 出　東緑緯　　☑
　　　詣公車　　☑　　　Ⅰ 90DXT0109S:143⑦

8. 出東緑緯書一封使烏孫左曹☑　　Ⅰ 90DXT0205②:29⑧

9. 緑緯書一封使西域□□□　　　Ⅱ 90DXT0113①:69⑨

---

① 甘肅簡牘博物館等編：《懸泉漢簡（壹）》，中西書局，2019年，第446頁。
② 郝樹聲、張德芳：《懸泉漢簡研究》，甘肅文化出版社，2008年，第84頁。
③ 甘肅簡牘博物館等編：《懸泉漢簡（叁）》，中西書局，2023年，第370頁。
④ 甘肅簡牘博物館等編：《懸泉漢簡（叁）》，中西書局，2023年，第377頁。
⑤ 甘肅簡牘博物館等編：《懸泉漢簡（叁）》，中西書局，2023年，第439頁。
⑥ 甘肅簡牘博物館等編：《懸泉漢簡（叁）》，中西書局，2023年，第393頁。
⑦ 甘肅簡牘博物館等編：《懸泉漢簡（壹）》，中西書局，2019年，第339頁。
⑧ 甘肅簡牘博物館等編：《懸泉漢簡（壹）》，中西書局，2019年，第588頁。
⑨ 甘肅簡牘博物館等編：《懸泉漢簡（貳）》，中西書局，2020年，第583頁。

10. ☐☐緑緯敦煌大守章詣公車☐☐☒　　Ⅱ 90DXT0114②:229①

《懸泉漢簡釋粹》《懸泉漢簡研究》釋讀的簡1、簡4這兩條簡文與新近公布的有紅外綫圖版的《懸泉漢簡》簡文在個别字的釋讀上不一致。如簡1"緑緯緣滿署皆完",《懸泉漢簡釋粹》釋讀爲"緑緯綖滿署皆完"②,《懸泉漢簡釋粹》《懸泉漢簡》將"綖"改釋爲"緣"。簡4"緑緯孤署繩檢皆完",《懸泉漢簡釋粹》釋讀爲"緑緯孤與緼檢皆完"③,《懸泉漢簡研究》改釋爲"緑緯孤署緼檢皆完"④,《懸泉漢簡》根據紅外綫圖版最終將"緼"改釋爲"繩"。

筆者對照簡文圖版後發現,簡1 Ⅰ 90DXT0112②:79"緑緯緣滿署皆完"中的"緣"也應釋爲"繩"。簡1 Ⅰ 90DXT0112②:79 整理者所釋"緣"字圖版作 ▩,懸泉漢簡中其他釋作"緣"的圖版如: ▩（Ⅰ 90DXT0114③:113）、▩（Ⅰ 90DXT0207④:3）。▩（Ⅰ 90DXT0112②:79）右半部分與"緣"字差异較大,應釋作"繩"字,懸泉漢簡中釋作"繩"的圖版可參看:▩（Ⅱ 90DXT0114②:206）、▩（Ⅱ 90DXT0114③:111）、▩（Ⅰ 90DXT0114③:118）。

校釋後的簡文爲:簡1 Ⅰ 90DXT0112②:79"緑緯繩滿署皆完,緯兩端各長二尺",簡4 Ⅱ 90DXT0114②:206"緑緯孤署繩檢皆完,緯長丈一尺"。以往學者們是在舊釋文的基礎上對"緑緯書"的形制做出的解讀,現根據新校對的釋文對"緑緯書"的形制與封緘方法做一些補充。

簡文所見"緯""檢""署""繩"等爲包裝文書之物,"皆完",是對文書包裝狀態的描述,意爲全部完好。關於緑緯書中的"緯"作何理解,胡平生、張德芳認爲:"緯"通作"衣","緯"是匣母微部字,"衣"是影母微部字,兩字的讀音接近。或説,可將"緯"視爲"帙"字之假借字,"帙"是定母質部字,質部與微部爲旁對轉,韻部相近,聲母亦近,二者可互通。《説文解字》:"帙,書衣也。"段注云:"書衣,謂用裹書者。"⑤馬怡認爲"緯"讀爲"幃",二字聲旁"韋"相同,形旁"巾""糸"可互换,故二字可通。《説文解字》:"幃,囊也。"⑥以上兩種説法均將"緯"解釋爲包裹、封裝文書的外皮或囊袋,"緑緯書"指用緑色

---

① 甘肅簡牘博物館等編:《懸泉漢簡（壹）》,中西書局,2019年,第381頁。
② 胡平生、張德芳撰:《懸泉漢簡釋粹》,上海古籍出版社,2001年,第89頁。
③ 胡平生、張德芳撰:《懸泉漢簡釋粹》,上海古籍出版社,2001年,第111頁。
④ 郝樹聲、張德芳:《懸泉漢簡研究》,甘肅文化出版社,2008年,第84頁。
⑤ 胡平生、張德芳撰:《懸泉漢簡釋粹》,上海古籍出版社,2001年,第89頁。
⑥ 馬怡:《皂囊與漢簡所見皂緯書》,吴榮曾、汪桂海主編《簡牘與古代史研究》,北京大學出版社,2012年,第132頁。

囊袋包裝的文書。

"檢",《釋名·釋書契》載:"檢,禁也,禁閉諸物使不得開露也。"①《急就篇》載:"簡札檢署槧牘家。"顔師古注:"檢之言禁也,削木施於物上,所以禁閉之。使不得輒開露也。"②這種起封閉作用的木板稱之爲"檢"。"署",《釋名·釋書契》載:"書文書檢曰署,署,予也,題所予者官號也。"③《急就篇》載:"簡札檢署槧牘家"顔注:"署謂題署其檢上也。"④"署"就是在文書檢上題寫收發人的相關信息。"繩",或指將裝文書的書囊與木檢捆紮在一起并加封的繫繩。懸泉漢簡的郵書記錄中有"繩蒲解""毋蒲繩""繩絕檢破"等蒲繩丟失或鬆散的記載:

☑武威大尹章繩蒲解隋☑

☑天陝長印毋蒲繩詣效穀☑　　　Ⅱ90DXT0114③:111⑤

☑□緘繩絶檢破 元始五年閏月戊午日中時☑ Ⅱ90DXT0114②:53⑥

因此,簡1Ⅰ90DXT0112②:79中的"繩滿"或爲"繩蒲",對照懸泉漢簡中"蒲"、"滿"二字的寫法也甚爲相似。

關於綠緯書的形制,簡文描述爲:簡1"綠緯繩蒲署皆完,緯兩端各長二尺",簡4"綠緯孤署繩檢皆完,緯長丈一尺"。學界通常認爲漢代一尺約是23厘米,⑦"緯兩端各長二尺",即一端約長46厘米,"緯長丈一尺",總長約253厘米,可見"綠緯書"長度相當長。馬怡認爲,書囊之所以長,或是爲了便於背負和綁縛。⑧《漢書·外戚傳》載:"中黄門田客持詔記,盛綠綈方底"顔師古注:"方底,盛書囊,形若今之算幐耳。"⑨王國維認爲,書囊之形"當略如今捎馬袋,故兩頭有物則可擔,其小者則可帶,亦與幐之制合也"⑩。《漢舊儀》載

---

① 〔漢〕劉熙撰:《釋名》,中華書局,2016年,88頁。
② 〔漢〕史游著,曾仲珊校點:《急就篇》,嶽麓書社,1989年,第176—177頁。
③ 〔漢〕劉熙撰:《釋名》,中華書局,2016年,第89—90頁。
④ 〔漢〕史游著,曾仲珊校點:《急就篇》,嶽麓書社,1989年,第176—177頁。
⑤ 甘肅簡牘博物館等編:《懸泉漢簡(叁)》,中西書局,2023年,第406頁。
⑥ 甘肅簡牘博物館等編:《懸泉漢簡(叁)》,中西書局,2023年,第356頁。
⑦ 考古出土西漢尺子長約23厘米。參見廣西壯族自治區文物工作隊《廣西貴縣羅泊灣一號墓發掘簡報》,《文物》1978年第9期;甘肅居延考古隊《居延漢代遺址的發掘和新出土的簡册文物》,《文物》1978年第1期;揚州博物館等編《揚州邗江縣胡場漢墓》,《文物》1980年第3期。
⑧ 馬怡:《皁囊與漢簡所見皁緯書》,吴榮曾、汪桂海主編:《簡牘與古代史研究》,北京大學出版社,2012年,第132頁。
⑨ 《漢書》卷九七《外戚傳》,中華書局,1962年,第3990、3992頁。
⑩ 王國維著,胡平生、馬月華校注:《簡牘檢署考校注》,上海古籍出版社,2004年,第94頁。

皇帝璽書：“青布囊，白素裏，兩端無縫，尺一板中約署。”[①] 勞榦認爲，“書囊之上下有底，縫在正中，及兩端對折，縫藏於内不可見，施檢之處即在囊外”[②] 結合簡牘材料與文獻記載，“緑緯書”的大致形狀應是兩端封閉，中間開口的長條形狀。

秦漢文書在發送傳遞之前爲明信杜奸，都需要封緘、用印。關於文書的封緘方法，約如王國維所述：“書函之上，既施以檢，而複以繩約之，以泥填之，以印按之，而後題所予之人，其事始畢。”[③]《漢舊儀》記載皇帝璽書的封緘方法：“皆以武都紫泥封，青布囊，白素裏，兩端無縫，尺一板中約署。”推測“緑緯書”封緘法也是如此：首先將文書由中間縫隙處裝入書囊，然後在囊外中間處施檢，檢上題署收發人的相關信息，再將裝文書的書囊與木檢捆紮在一起并加封繫繩。

值得注意的是，在有關“緑緯書”的郵書傳遞記録中，并未見封泥印文信息、封泥是否完好的記録。在遠距離的郵書傳遞過程中，封印確有損壞的可能，懸泉漢簡的郵書記録中有相關記載：印破檄缺☒（Ⅰ90DXT0112①:51A），[④] 入西 合檄一 驪軒丞印詣□□索虜 板檄一印破詣□□□□治所☒（Ⅱ90DXT0112①:47），[⑤] 爲了保護封泥不破損，有一種可能是先將文書用帶有封泥槽的檢封緘好，封泥即捺於槽内繩結之上，後加印官印，然後將封印好的文書裝入書囊中，書囊外再附加一檢，書囊外的檢只是標識收發之人等相關信息，最後將書囊與木檢捆紮在一起。

漢代重要的文書，或在遠距離的郵書傳遞過程中，多包以書囊。《漢書·東方朔傳》載：“集上書囊以爲殿帷”，可知漢文帝曾收集上書囊作爲殿帷。根據文書使用情況的不同，書囊亦有不同的顔色。與皇帝詔書有關的有青布囊、皂囊等。《漢舊儀》記載皇帝璽書：“皆以武都紫泥封，青布囊，白素裏”[⑥]《後漢書·公孫瓚傳》記載：“逼迫韓馥，竊奪其州，矯刻金玉，以爲印璽，每有所下，輒皂囊施檢，文稱詔書。”[⑦] 邊郡發犇命書用赤白囊，《漢書·丙吉傳》載：“此馭

---

① 〔漢〕衛宏：《漢舊儀》，〔清〕孫星衍等輯、周天游點校：《漢官六種》，中華書局，1990年，第62頁。
② 勞榦：《居延漢簡考釋之部·居延漢簡考證》，“中研院”歷史語言研究所專刊之四十，1960年，第2頁。
③ 王國維著，胡平生、馬月華校注：《簡牘檢署考校注》，上海古籍出版社，2004年，第80頁。
④ 甘肅簡牘博物館等編：《懸泉漢簡（壹）》，中西書局，2019年，第423頁。
⑤ 甘肅簡牘博物館等編：《懸泉漢簡（貳）》，中西書局，2020年，第531頁。
⑥ 〔漢〕衛宏：《漢舊儀》，〔清〕孫星衍等輯、周天游點校：《漢官六種》，中華書局，1990年，第62頁。
⑦《後漢書》卷七三《公孫瓚傳》，中華書局，1965年，第2360頁。

吏邊郡人，習知邊塞發犇命警備事，嘗出，適見驛騎持赤白囊，邊郡發犇命書馳來至。"①《漢書·外戚傳》："後詔使嚴持綠囊書予許美人，告嚴曰：'美人當有以予女，受來，置飾室中簾南。'美人以葦篋一合盛所生兒，緘封，及綠囊報書予嚴。"可見宮中密事用綠囊。

漢代用綠色的囊盛物，也許有慎密和尊貴的含義。②《漢書·百官公卿表》載："高帝即位，置一丞相，十一年更名相國，綠綬。"③《後漢書·輿服志》載："諸國貴人、相國皆綠綬，三采，綠紫紺，淳綠圭，長二丈一尺"。④秦漢時期，官員所佩戴的印綬顏色，能夠區分官位高低、官職級別，⑤丞相、諸國貴人佩戴綠綬，顯示綠色在漢代可能是一種較爲尊貴的顏色，因此用綠緯來包裝文書顯示其重要性和機密性。

二、綠緯書與漢代的"公車"上書

上述簡牘材料所見"綠緯書"的發文者分別爲敦煌陽關都尉臣實（簡1）、敦煌庫令（簡2）、敦煌長（簡3）、西域都護（簡4、簡5）、敦煌中部都尉臣鄴（簡6）、敦煌大守（簡10）。收文者爲"公車"（簡2、簡3、簡7、簡10）、"行在所，公車司馬以聞"（簡4）、"公車司馬"（簡5）、"行在所"（簡6）等。"行在所"，即帝王所在之處，蔡邕《獨斷》曰：天子"所在曰行在所"⑥。簡文所述"行在所，公車司馬以聞"即地方官員所奏文書由公車司馬轉呈給皇帝。

"公車"爲"公車司馬"的省稱，"公車司馬"是衛尉的屬官。《漢書·百官公卿表》載："衛尉，秦官，掌宮門衛屯兵，有丞。屬官有公車司馬、衛士、旅賁三令丞。"⑦《續漢書·百官志》記載公車司馬的具體人員、執掌，曰："公車司馬令一人，六百石。本注曰：掌宮南闕門，凡吏民上章，四方貢獻，及徵詣公車者。丞、尉各一人。本注曰：丞選曉諱，掌知非法。尉主闕門兵禁，戒

---

① 《漢書》卷七四《魏相丙吉傳》，中華書局，1962年，第3146頁。
② 馬怡：《皂囊與漢簡所見皂緯書》，吳榮曾、汪桂海主編《簡牘與古代史研究》，北京大學出版社，2012年，第141頁。
③ 《漢書》卷一九《百官公卿表》，中華書局，1962年，第724頁。
④ 《續漢書》志第三十《輿服志》，中華書局，1965年，第3673頁。
⑤ 杜建民：《我國古代顏色迷信的形成及其文化內涵》，《中國史研究》1993年第3期。
⑥ 〔漢〕蔡邕：《獨斷》，〔明〕程榮纂輯：《漢魏叢書》，吉林大學出版社，1992年，第1頁。
⑦ 《漢書》卷一九《百官公卿表》，中華書局，1962年，第728頁。

非常。"① 又《漢官儀》載：公車司馬令，周官也。秩六百石，冠一梁，掌殿司馬門，夜徼宫中，天下上事及闕下，案：和帝紀注引作"諸上書詣闕下者，皆集奏之"②。可見公車司馬有負責吏民上章這一職責。

吏民至公車上書的事例，史籍中多有記載。《史記·滑稽列傳》載："朔初入長安，至公車上書，凡用三千奏牘。公車令兩人共持舉其書，僅然能勝之。人主從上方讀之，止，輒乙其處，讀之二月乃盡。詔拜以爲郎，常在側侍中。"③《漢書·朱買臣傳》載："買臣隨上計吏爲卒，將重車至長安，詣闕上書，書久不報，待詔公車，糧用乏，上計吏卒更乞匄之。會邑子嚴助貴幸，薦買臣。召見，説《春秋》，言《楚詞》，帝甚説之，拜買臣爲中大夫，與嚴助俱侍中。"④東方朔、朱買臣都曾"至公車上書"，後被皇帝賜予官職。《潛夫論·愛日》記載："孝明皇帝嘗問：'今旦何得無上書者'？左右對曰：'反支故。'帝曰：'民既廢農遠來詣闕，而複使避反支，是則又奪其日而冤之也。'乃勅公車受章，無避反支。"⑤公車在反支日不接受吏民上章，漢明帝因體恤民衆"廢農遠來詣闕"，遂令"公車受章，無避反支"，因此吏民向公車上書可不受日期限制。

公車司馬的官署位置，《漢書·高帝紀》記載："蕭何治未央宫，立東闕、北闕、前殿、武庫、大倉。"顏師古注曰："未央殿雖南向，而上書奏事謁見之徒皆詣北闕，公車司馬亦在北焉。"⑥又《漢書·楚元王劉交傳》載："章交公車，人滿北軍。"注引如淳曰："北闕，公車所在。"⑦《漢書·枚乘傳附子皋傳》載："皋亡至長安，會赦，上書北闕，自陳枚乘之子。上得之大喜，召入見待詔，皋因賦殿中。"⑧可見西漢時公車司馬在未央宫北闕，未央宫爲南向，北闕是正門，上書奏事謁見皆在北闕。《後漢書·和帝紀》注引《前書音義》曰："公車，署名也。公車所在，故以名焉。"⑨故吏民上書，稱上書公車，亦稱"上書北闕"。東漢建都洛陽，公車司馬在皇宫南闕門。《續漢書·百官志》載："公車司馬令一人，六百石。本注曰：

---

① 《續漢書》志第二十五《百官志》，中華書局，1965年，第3578頁。
② 〔漢〕應劭：《漢官儀》，〔清〕孫星衍等輯、周天游點校：《漢官六種》，中華書局，1990年，第133頁。
③ 《史記》卷一二六《滑稽列傳》，中華書局，1959年，第3205頁。
④ 《漢書》卷六四《嚴朱吾丘主父徐嚴終王賈傳》，中華書局，1962年，2791頁。
⑤ 〔漢〕王符著、〔清〕汪繼培箋、彭鐸校正：《潛夫論箋校正》，中華書局，1997年，221頁。
⑥ 《漢書》卷一《高帝紀》，中華書局，1962年，第64頁。
⑦ 《漢書》卷三六《楚元王傳》，中華書局，1962年，第1941頁。
⑧ 《漢書》卷五一《賈鄒枚路傳》，中華書局，1962年，第2366頁。
⑨ 《後漢書》卷四《和帝紀》，中華書局，1965年，第178頁。

掌宮南闕門，凡吏民上章，四方貢獻，及徵詣公車者。"西漢至東漢，公車司馬掌吏民上章的職責并未發生變化，只是官署位置從皇宮北闕變到了皇宮南闕門。

公車署在皇宮宮門，宮門以內，距離皇帝辦公的地方，還有很長一段距離。早有學者指出，漢代宮中設有禁區"省中"。宮外、宮中、省中形成三重空間，愈往内層愈接近皇帝，門户的警備愈見森嚴，允許出入的官員也逐層遞減。①公車接收吏民的上書後，是直接呈交皇帝還是交給某個專職機構代爲轉呈？其具體上奏文書的程序史籍中没有明確記載。《漢書·丙吉傳》中有一則事例呈現出關於邊郡文書由公車轉呈皇帝的大致情形：

> 此馭吏邊郡人，習知邊塞發犇命警備事，嘗出，適見驛騎持赤白囊，邊郡發犇命書馳來至。馭吏因隨驛騎至公車刺取，知虜入雲中、代郡，遽歸府見吉白狀，因曰："恐虜所入邊郡，二千石長吏有老病不任兵馬者，宜可豫視。"吉善其言，召東曹案邊長吏，瑣科條其人。未已，詔召丞相、御史，問以虜所入郡吏，吉具對。御史大夫卒遽不能詳知，以得譴讓。而吉見謂憂邊思職，馭吏力也。②

丙吉的馭吏看見驛騎攜帶赤白色的書囊奔馳至公車署上呈邊郡急報，馭吏跟隨驛騎到公車探取情報，得知匈奴侵入雲中郡、代郡。馭吏遂速歸府告知丙吉，丙吉提前做好準備。不久，皇帝接到急件後詔召丞相丙吉、御史大夫等商量對策，丙吉因對答如流而免於苛責。在這一過程中，有一細節值得注意，即"馭吏因隨驛騎至公車刺取，知虜入雲中、代郡"，馭吏至公車能夠探取到情報的具體內容，似乎可見吏民上交公車的文書，公車會進行初步查驗。《漢書·楚元王劉交傳》載："章交公車，人滿北軍。"注引如淳曰："《漢儀注》中壘校尉主北軍壘門內，尉一人主上書者獄。上章於公車，有不如法者，以付北軍尉，北軍尉以法治之。"又《續漢書·百官志》記載："公車司馬令一人，丞、尉各一人。本注曰：丞選曉諱，掌知非法。尉主闕門兵禁，戒非常。"③可見公車司馬丞"掌知非法"，因此推測上交至公車的文書，公車司馬丞會進行初步查驗是否"非法"，查驗合格後才會進行轉呈。

---

① 楊鴻年：《漢魏制度叢考》，武漢大學出版社，2005年，第1—33頁；廖伯源：《西漢皇宮宿衛警備考》，收入氏著《歷史與制度：漢代政治制度試釋》，臺灣商務印書館，1998年，第1—35頁；黄怡君：《西漢未央宮的政治空間》，《台大歷史學報》2017年總第60期。
② 《漢書》卷七四《魏相丙吉傳》，中華書局，1962年，第3146頁。
③ 《續漢書》志第二十五《百官志》中華書局，1965年，第3578頁。

公車接收吏民的上書後，不會直接呈交皇帝，應是由公車轉呈皇帝的秘書機構，再由秘書機構的人員上呈皇帝。《漢書·霍光傳》載："上令吏民得奏封事，不關尚書，群臣進見獨往來"①，"其言絶痛，山屏不奏其書。後上書者益黠，盡奏封事，輒下中書令出取之，不關尚書，益不信人。"②霍光死後，霍山領尚書事，吏民上書揭發霍氏，霍山利用他領尚書事的權力屏去不奏皇帝。宣帝爲了了解下情，令吏民可以奏"封事"，皇帝派中書令出宫省，自公車直接將文書取出然後上交給皇帝，無需經過尚書。由此可見，吏民上書送達公車後，一般是要先經過尚書，由尚書向皇帝上呈。即使是不經尚書的"封事"，也是由"中書令出取之"呈送皇帝，而不是由公車直接呈交皇帝。

江桂海根據《文選》卷六左太沖《魏都賦》注，考證東漢末年鄴都魏國宫城的布局，自宫外向宫内依次是司馬門、謁者台、禦史台、尚書台、聽政殿，因此推測兩漢皇宫設計布局也是如此。并據此認爲上奏文的大致程序是"公車司馬總領天下上書，遞呈給謁者或禦史，然後分别由謁者或禦史進呈尚書，尚書初步處理後即呈送聽政殿"③。《漢書·百官公卿表》載：禦史中丞"在殿中蘭台，掌圖籍秘書，外督部刺史，内領侍御史員十五人，受公卿奏事，舉劾按章"。《漢書·百官公卿表》載："謁者掌賓贊受事。"御史、謁者、尚書雖都有"受奏事"的職能，但是，在兩漢四百年間這三者的職能和許可權是不斷發生變化的。西漢中後期由於尚書職能的發展，禦史、謁者的政務秘書工作逐漸由尚書代行。尚書作爲天子的政務秘書機構不斷發展壯大，至東漢時期，尚書台成爲總理國家政務的中樞。④《續漢書·百官志》載"尚書六人，六百石。本注曰：成帝初置尚書四人，分爲四曹，常侍曹尚書主公卿事。二千石曹尚書主郡國二千石事。民曹尚書主凡吏上書事。客曹尚書主外國夷狄事。世祖承遵，後分二千石曹，又分客曹爲南主客曹、北主客曹，凡六曹。左右丞各一人，四百石。本注曰：掌録文書期會。左丞主吏民章報及騶伯史。右丞假署印綬，及紙筆墨諸財用庫藏"⑤。又蔡邕言"群臣有所奏請，尚書令奏之"⑥可見尚書分曹治事，主管天下文書事。由於史料缺略，

---

① 《漢書》卷六八《霍光傳》，中華書局，1962年，第2951頁。
② 《漢書》卷六八《霍光傳》，中華書局，1962年，第2954頁。
③ 汪桂海：《漢代官文書制度》，廣西教育出版社，1999年，第172頁。
④ 李浩：《天子文書·政令·信息溝通：以兩漢魏晉南北朝爲中心》，復旦大學出版社，2014年，第27、33頁。安作璋、熊鐵基：《秦漢官制史稿》，齊魯書社，2007年，第260—282頁。
⑤ 《續漢書》志第二十五《百官志》，中華書局，1965年，第3597頁。
⑥ 〔漢〕蔡邕：《獨斷》，〔明〕程榮纂輯：《漢魏叢書》，吉林大學出版社，1992年，第5頁。

筆者對上奏文的詳細程序無法作更細緻的探討，但吏民上書最終由尚書上呈皇帝當無异議。

三、結語

公車爲漢代皇帝日常接受吏民奏書的機構，是溝通皇帝和臣民的重要平臺。地方官有事奏報不能隨意離署赴奏，因此通過郵驛傳遞的方式將文書上交公車。在遠距離的郵書傳遞過程中，爲了文書的保密性、安全性以及標識文書等級、緊急級別的需要，通常會將文書裝入不同顏色的囊袋中。懸泉漢簡所見綠緯書均爲邊郡長官上奏中央的文書，用綠緯裝盛文書，也許有保密和尊貴的含義。結合簡牘材料與文獻記載，綠緯書的大致形狀是兩端封閉，中間開口的長條形狀，這種長條形狀的囊袋可能適宜于文書長途傳遞過程中的背負和綁縛。地方文書送達公車後，公車可能會進行初步查驗，查驗合格後轉呈給皇帝的秘書機構，再由秘書機構的人員上呈皇帝。皇帝根據文書緊急程度、文書內容的不同，再做出相應的回應，這種文書的上傳下達有效地維持了集權國家的運轉。

附記：

本文爲國家社會科學基金重點項目"國家治理視域中西北漢代官文書簡牘形制研究"（22AZS001）的階段性研究成果。

作者簡介：程帆娟，女，1995年生，現爲西北大學歷史學院博士研究生，研究方向爲秦漢史、簡牘學。

漢代西北屯戍地區的市場

孫 寧

(西北師范大學歷史文化學院，蘭州 730070)

內容摘要：漢代西北屯戍地區作爲西北邊防的重要一環，軍事功能突出，但是此地烽燧分布較散，吏卒亦因此分布在較長的邊防綫上，似并不具備設置軍市的條件。因爲該地區中有居延縣等民衆聚居處，居延縣在一定時期內受都尉府領屬，在居延縣設置市場能够滿足縣內民衆的物品交易需求，亦可以輻射周邊屯戍機構內吏卒。

關鍵詞：屯戍地區市場；居延；軍市；私市

漢代西北屯戍地區雖然突出其軍事候望與防禦的功能，但是由於鞏固邊防的過程中，遷徙了大量內郡民，并有大量移民逐漸在此定居生根，同時還有吏卒日常屯駐該地區。要保障西北邊地的穩定，除了及時獲取敵對勢力情報和抵禦進攻外，郡縣行政機構和長居此地的民衆在日常生活中産生的需求亦須得到滿足，否則也無從談起邊地郡縣行政和地域社會的安定。西漢中後期該地區生産力較落後，經濟發展稍嫌欠缺，爲了滿足其物資需求，中央政府除了向這一地區調撥物資外，還允許非官方渠道的物資輸入該地，其中較重要的就是貿易活動。爲了盡可能滿足當地人的物質生活需求，同時營造較好的貿易條件，該地區亦逐步形成了相對較穩定的貿易秩序，設立一些相對較固定的市場和貿易場所。

一、屯戍地區軍市辨析

因該地區系西北軍事屯戍地區，在討論當地的市場問題時，往往有學者將西北屯戍地區的市場與傳世文獻中的軍市聯繫起來。在討論兩者關係之前，有必要梳理一下軍市的相關問題。《商君書·墾令》載："令軍市無有女子，而命其商人自給甲兵，使視軍興；又使軍市無得私輸糧者，則奸謀無所於伏，盜輸糧者不私，稽輕惰之民不游軍市。"[1] 此處文獻表明軍隊裝甲和武器的供應來自商人。《史記·張釋之馮唐列傳》曰："李牧爲趙將居邊，軍市之租皆自用饗士，賞賜決於外，不從中擾也。"[2] 由此處記載可知，軍市主要作用在於吸引商人前來貿易，向商人收取市租，以之犒賞士卒。《三國志·潘璋傳》所載："征伐止頓，便立軍市，他軍所無，皆仰取足。"[3] 則體現了軍市設置的時機、場地及其作用。又《三國志·倉慈傳》注引《魏略》曰："至青龍中，司馬宣王在長安立軍市，而軍中吏士多侵侮縣民，斐以白宣王。宣王乃發怒召軍市候，便於斐前杖一百。"[4] 表明軍市與普通民衆存在關係。再有《漢書·胡建傳》中關於賈區的記載，學者也往往將之視爲軍市，"時監軍御史爲奸，穿北軍壘垣以爲賈區，建欲誅之……今監御史公穿軍垣以求賈利，私買賣以與士市，不立剛毅之心，勇猛之節，亡以帥先士大夫，尤失理不公。"[5]

基於這些材料，劉釗認爲軍市西周時期已存在，主要的用意在於方便軍隊内部商品交換和就近解決買賣，所收市租可用於貼補軍費和賞賜士兵。[6] 田人隆將考察的重點放了軍市的設置用意上，即軍市究竟是軍部自營交易還是在軍中專辟區域供商人交易，結合《三國志·魏書·倉慈傳》注引《魏略》的内容，田氏傾向於後者。[7] 龔留柱認爲軍市即由軍隊組織設立的市場，最早出現在戰國中期，往往由於戰時的特殊需要而臨時設置，一定程度上能補充士兵的日常生活用品，軍市只是爲軍人的零星生活用品提供輔助性服務，其并不經營軍糧和武器裝備等物品。設立軍市的目的是爲了收取市租補充軍費，犒賞士卒。以此論爲基礎，龔留柱將之與西北漢簡中所涉吏卒貿易的簡例結合起來，以西北漢簡中的個別簡例爲例，證明屯戍機構士卒買賣衣物需要在基層官吏處登記（以簡271.15A、EPT59:47、EPT56:263、EPT59:623等爲例），爲了保證治安和秩序，防止軍隊器物流入民間，禁止吏卒到民間市場進行買賣活動（以簡213.15、EPT53:55、EPT22:37、EPT57:97等爲例），并且各級部隊會組織軍隊市場，使各種物品的買

---

[1] 蔣禮鴻：《商君書錐指》，中華書局，1986年，第15—16頁。
[2] 《史記》卷一〇二《張釋之馮唐列傳》，中華書局，2014年，第3337頁。
[3] 《三國志》卷五五《潘璋傳》，中華書局，1959年，第1300頁。
[4] 《三國志》卷一六《倉慈傳》，中華書局，1959年，第513頁。
[5] 《漢書》卷六七《胡建傳》，中華書局，1962年，第2910頁。
[6] 劉釗：《論中國古代的"軍市"》，《廈門大學學報（哲學社會科學版）》2006年第2期。
[7] 林甘泉主編：《中国经济通史·秦汉卷（下）》，中國社會科學出版社，2007年，第347頁。據該書最後所附的跋，所引内容係田人隆負責撰寫。

賣盡量限制在軍隊系統內（以簡 104.21、EPT51∶210A、49.10、88.13 等爲例）。①《漢書·胡建傳》"穿北軍壘垣"所作的"賈區"，顏師古注將賈區解釋爲小型的交易庵廬，龔氏認爲"賈區"就是"軍市"，又將"賈區"與西北漢簡中戍卒賣賣活動中的交易場所"吏民所"聯繫起來，②認爲這些"吏民所"就是所謂的"軍市"。

　　以上學者基於傳世文獻對軍市的功能和設置時機的分析，均有可采之處。但是龔留柱直接以軍市對應西北屯戍機構中的貿易現象，現今看來仍有可商榷之處。有學者提出了相對龔氏較爲保守的結論：認爲漢代在西北邊塞的軍屯也設有市，這些市對於屯軍備邊起到了十分重要的作用。這些市雖然只稱市而不言"軍市"，但是却具有軍市的性質。軍屯機構中是否設置市場就目前材料而言仍無法明確，市場的存在本身就是爲了交換和滿足需求，如何確定這些市場具有"軍市"的性質亦需闡明。③因西北漢簡中未見"軍市"的詞例，林甘泉早就注意到此種情況，盡管在論述漢代西北邊地市場時同樣引用了上所舉《商君書》和《史記·張釋之馮唐列傳》中關於"軍市"的記載，希望以"軍市"與西北屯戍地區的市場建立聯繫，但是林甘泉出於審慎的態度，仍舊否定了屯戍地區設置軍市的可能，并提到之所以没有軍市是由於烽燧之間相距較遠，戍卒分布較分散，開設軍市存在困難，戍所吏卒只能從當地的地方市場中購買，④所論更加穩妥。我個人贊同林甘泉的看法，西北漢簡中未見"軍市"相關的簡例，且該地區并非單一的軍隊屯戍地區，還有居延都尉府下轄的居延縣等民政機構，往往軍政、民政皆統於都尉府下，這與傳世文獻所載軍市多設置於軍營中情況不同，再者，吏卒屯駐的烽燧相對較分散，并不利於市場的形成，反倒是在人口相對較集中的居延縣更有可能設置市場，用以輻射周邊的消費群體，并非如傳世文獻所載之設置於軍隊內的用以收取市租犒賞士卒的軍市，而更像是較小規模的普通市場。

　　據傳世文獻所載，軍市往往要收取市租，且"他軍所無，皆仰取足"，加之軍市設置有時會導致軍民之間產生矛盾，基於這三點，我認爲軍市的參與者并非僅限於軍隊中的軍吏和士卒，應當是引入了周邊的百姓或者商人。首先，如果僅限軍隊中的軍吏和士卒互換有無，還要收取其市租，勢必影響相互之間的交易積

---

① 龔留柱：《中國古代軍市初探》，《史學月刊》1994 年第 3 期。
② "吏民所"多出現於賣賣文書當中，在其中作爲賣賣活動發生的地方，"吏民所"是取沈剛的觀點，詳參沈剛《西北漢簡中的"賣賣"與"賣買"》，收入曲阜師範大學編《新出文獻與中國早期文明研究學術研討會論文集》，2021 年，第 93 頁。
③ 劉釗：《論中國古代的"軍市"》，《廈門大學學報（哲學社會科學版）》2006 年第 2 期。
④ 林甘泉：《漢簡所見西北邊塞的商品交換和買賣契約》，《文物》1989 年第 9 期。

極性，軍吏和士卒更可能采取私下之間進行交換的形式。其次，既然軍隊中所缺少的東西皆仰賴軍市取足，則從側面反映出軍市中銷售的物品種類和數量較多，應該不僅僅滿足軍吏或者士卒等個人的需求，可能整個軍隊的相關給養也需要通過軍市補給。最後，如果軍市僅僅是限於軍隊内部，爲何又會出現設立軍市之後，軍中吏士與周邊普通民衆產生矛盾呢？應是由於周邊民衆參與到了軍市中，才會造成兩者之間出現摩擦。所以我認爲軍市應該是在軍隊内開闢一定的區域，招攬周邊的民衆或者商人前往售賣物品，他們售賣的物品中應該有相當一部分可以補充軍需，這不僅能夠滿足售賣者求利的心理，還能起到補充軍隊給養的作用，而且還可通過市租增加一定的軍費，并滿足軍吏和士卒等個人的購物需求。如果軍市的市租收取過高，或者軍隊對賣家銷售物品的價格不滿意，本身軍市就是由駐扎的軍隊所設立，其背後依靠軍事武裝和國家政權，可能會導致其在交易過程中過於强勢，造成摩擦。

那麽，"賈區"究竟是否就是軍市？與"賈區"規模和作用類似的"吏民所"又可否稱之爲軍市呢？從上文可知，軍市一般設置在軍隊中，由軍市候等吏員管理，其設置的主要目的是爲了獲取市租，滿足士卒的物品補給和交易需求，參與軍市的不僅僅限於士卒，有時還有軍隊駐扎地的民衆和商人。而上舉《漢書·胡建傳》中顔師古對"賈區"的解釋似與軍市不同，師古曰："坐賣曰賈，爲賣物之區也。區者，小室之名，若今小庵屋之類耳。"吳慧、王文治、蔣非非亦據此認爲"賈區"系"爲小屋以賣物者"，[①]也就是説"賈區"是某種作爲交易場所的小庵屋的名稱，其與軍市這種有一定規模的市場不可同日而語。再有，胡建在指稱監軍御史的罪名時提到："今監御史公穿軍垣以求賈利，私買賣以與士市，不立剛毅之心"，意即公然開闢場所，私自收購物品與士兵進行貿易，獲取暴利，其性質與招攬商人或周邊民衆到軍隊中，并爲他們開闢區域進行貿易的軍市情況不同，且此處監軍御史設立"賈區"目的在於"求賈利"，而非收取市租、補充軍隊資金和犒賞士兵。另外，從貰賣文書中可以得知，"某某民所"往往處於某個縣鄉里的某辟，如同編户齊民居所的具體位置，"某某吏所"如沈剛所言，很可能是吏員在屯戍機構内的署所。[②]兩者的規模都不會很大，而更像是顔師古所

[①] 吳慧主編：《中國商業通史（第一卷）》，中國財政經濟出版社，2004年，第351頁。據該書版權頁説明，該卷由吳慧、王文治和蔣非非三人共同撰稿。

[②] 沈剛：《西北漢簡中的"貰賣"與"貰買"》，收入曲阜師範大學編《新出文獻與中國早期文明研究學術研討會論文集》，2021年，第94頁。

說的"小庵屋",且一次也不會像集市或者市場那樣容納衆多商販同時進行貿易。

所以,我認爲"賈區"等同於軍市之說可再商榷,前人在討論這些問題時,往往因爲"吏民所"設置於漢代西北屯戍地區,所以將這一地區具有貿易功能的場所與傳世文獻所在軍中設立的市場相類比,但是細察材料,并對文獻做更細緻地解讀,會發現傳世文獻與出土文獻中的内容并不完全相同,簡單地等同類比容易產生錯誤判斷。

二、屯戍地區的"市吏"與市場

西北漢簡中雖不見"軍市"記載,却有能够反映當地市場設置的簡例:

> 伐胡卒彭意　責北界布袍一領直千八十……已得錢二百少八百八十
> 責廣地次累隧長陶子賜練襦一領直八百三十今爲居延
> 市吏
>
> 伐胡卒□□　責破胡……　　　　　　　　　　EPT59:645①

此簡出土於 A8 破城子遺址,主要是統計相關戍卒作爲債主被拖欠錢財的情況。一般情況下,這種債務統計都會說明債主和債務人,就像該簡第二行所示,債主系伐胡隧卒彭意,債務人是廣地候部下轄的次累隧長陶子賜,但是第一行的内容似與此不同,債主同樣是彭意,但是債務人却顯示爲"北界","北界"當爲鄣隊機構名,其後可能脱漏了債務人名字。此簡中最重要的信息莫過於"居延市吏",② 徐樂堯認爲市吏指漢代主管市務的官吏,長安東西市設市令,其他城市設市長,一般縣的市場設置市吏、市掾、市嗇夫等。③《漢書·尹翁歸傳》:"是

---

① 張德芳主編,肖從禮著:《居延新簡集釋(四)》,甘肅文化出版社,2016年,第 196 頁。
② "今爲居延市吏"一句似乎可以連上讀,如果連上讀的話,"責廣地次累隧長陶子賜練襦一領直八百三十今爲居延市吏"的大意即從伐胡卒彭意處賒欠一領價值八百三十錢的練襦的次累隧長陶子賜現在是居延市吏。但是據西北漢簡中的文例來看,在記錄吏員的吏職時,一般會在吏員原本的職位之前加"故"字,而稱呼其現今的吏職。如簡 EPT65:335,"臨故殄北清水隧長建平四年六月壬辰授補甲渠候官第十四",即名叫臨的人,原本是殄北候官下轄的清水隧長,在建平四年六月壬辰這一天補甲渠候官第十四(隧長)一職。還有"鬼薪蕭登故爲甲渠守尉坐以縣官事歐笞戍卒尚勃譴爵減　元延二十一月丁亥論故鰈得安漢里正月辛酉入"(簡 73EJT3:53)以及"狀公乘氏池先定裏年卅六歲姓樂氏故北庫嗇夫五鳳元年八月甲辰以功次遷扁水士吏"(簡 73EJT28:63A 部分簡文)等簡也存在這樣的情況。所以我個人認爲"今爲居延市吏"應該與上文斷讀,下文可能應該還有其他内容,但不知出於何種原因未見。這樣的話,則意味着居延市吏與廣地次累隧長陶子賜并非一人,而更可能是參與到這場貿易糾紛中的另外一人。
③ 徐樂堯:《居延漢簡所見的市》,收入甘肅省文物考古研究所編《秦漢簡牘論文集》,甘肅人民出版社,1989 年,第 51 頁。

時大將軍霍光秉政,諸霍在平陽,奴客持刀兵入市鬥變,吏不能禁,及翁歸爲市吏,莫敢犯者。公廉不受饋,百賈畏之。"①此處"平陽市吏"與"居延市吏"當同爲級別相同的市場吏員,且市吏負責市場治安,維持正常的貿易秩序。又《後漢書·樊曄傳》:"初,光武微時,嘗以事拘於新野,曄爲市吏,饋餌一笥,帝德之不忘,仍賜曄御食,乃乘輿服物。"②"新野市吏"應該也與居延市吏情況相同。又《漢書·何武傳》還可見縣中設置的市嗇夫,"何武,字君公,蜀郡郫縣人也……武兄弟五人,皆爲郡吏,郡縣敬憚之。武弟顯家有市籍,租常不入,具數負其課。市嗇夫求商捕辱顯家,顯怒,欲以吏事中商。"③東漢碑刻《薌他君石祠堂題字》:"惟主吏……修身仕宦,縣諸曹、市掾、主簿、廷掾、功曹、召府"中的"市掾"應當也屬市場吏員。④裘錫圭認爲兩漢主管縣市務的是市嗇夫,東漢時期則由市掾主管,市掾可能是市嗇夫的別稱。⑤簡 EPT59:645 中戍卒被拖欠的財物的債務糾紛似乎與居延市吏有一定關係,不知是否由居延市吏居中調解糾紛或者移書債務人所在機構幫忙追回欠款。即居延市吏在這些賒貸貿易中所起到的作用類似於賈賣貿易中幫助戍卒追回錢物的吏員。如果此種猜測不誤的話,結合簡 EPT59:645 和《漢書·尹翁歸傳》中對市吏的記載,可知市吏不僅負責市場治安,維持交易秩序,爲市場內的買家和賣家提供良好的交易環境,還負責處理在其市場內進行的貿易所產生的債務糾紛。同時徐樂堯還注意到,此簡系居延市吏處理隧卒與隧長之間的債務糾紛,可見在漢代居延地區(或可推論於整個邊塞地區)太守以下治民與治兵兩大系統的職權關係,并非截然分開,互不聯繫的。⑥

還有一點需要注意,即伐胡隧卒彭憙和廣地次累隧長陶子賜二人之間究竟是在哪里進行的貿易呢?居延市吏參與其中,似意味着兩者并非在屯戍機構內部的某某吏員所,而更可能是在居延縣設置的市場內,恰恰因爲在市場內進行賒貸貿易,才會在產生債務糾紛時由居延市吏出面解決相關問題。如此表明戍卒會就近到居延縣的市場內銷售衣物等,而當地普通民眾或者屯戍機構吏員都可以在市場內購物,購買物品不僅可以采取一手交錢、一手交貨的購物方式,還可以采用賒

---

① 《漢書》卷七六《尹翁歸傳》,中華書局,1962年,第3206頁。
② 《後漢書》卷七七《樊曄傳》,中華書局,1965年,第2491頁。
③ 《漢書》卷八六《何武傳》,中華書局,1962年,第3482頁。
④ 羅福頤:《薌他君石祠堂題字解釋》,《故宮博物院院刊》,1960年,第179頁。
⑤ 裘錫圭:《嗇夫初探》,收入《裘錫圭學術文集》第5卷,復旦大學出版社,2012年,第84—86頁。
⑥ 徐樂堯:《居延漢簡所見的市》,收入甘肅省文物考古研究所編《秦漢簡牘論文集》,甘肅人民出版社,1989年,第51頁。

貸貿易的形式。

相關簡例可側面印證居延地區"市"的存在，

  十一月丙戌宣德將軍張掖大守苞長史丞放告督郵掾□□移部□都尉官［縣］寫移書到扁

  □鄉亭市里顯見處令民盡知之商□考察有毋四時言如治所書律令

                   16.4A

  掾習屬沈書佐橫寶均   16.4B[①]

  五月甲戌居延都尉德庫丞登兼行丞事下庫城倉［居］

  用者書到令長丞候尉明白大扁書鄉市里門亭顯見□ 139.13[②]

據《居延漢簡》之後所附簡牘文物形制和出土資料表，簡16.4AB出土於A7破城子遺址（當在A8附近），簡139.13出土於A8破城子遺址，兩簡均有不同程度的殘損，導致部分文字缺失和無法釋讀。兩者均系屯戍系統下發文書的部分內容，所涉均是文書下行過程中的相關移送內容。簡文中分別有"扁□鄉亭市里顯見處""大扁書鄉市里門亭顯見□"，均與"市"相關，似顯示居延地區設置有市場，高維剛曾以上舉三簡證明河西四郡在一些地方的鄉里設置有鄉村集市。[③] 我個人傾向於"鄉市"應該分開解釋，分別指代鄉和市場，"市里"也并非指代里的市場，而是分別指里和市場。這些文書下行要求相關吏員將公告公示在各個場所的顯見之處，目的在於盡最大可能讓更多人知曉。而市場往往設置在人口密度相對較高的地區，所以"扁書市"也就容易理解了。在使用類似這種簡例的時候，還應該注意，這些下行文書"扁□鄉亭市里顯見處""大扁書鄉市里門亭□"所涉各級機構及場所，是確指這些機構和場所存在，還是作爲文書慣用語而泛指呢？如果是前者，當可用此佐證居延地區市場的存在，如果是後者，則在使用相關材料時需慎重考慮并加以說明。以下簡例似可印證居延地區市場的存在。

  ・甲渠言部吏毋鑄作錢發塚

  販賣衣物於都市者   EPF22:37

  建武六年七月戊戌朔乙卯甲渠鄣守候 敢言之府移大將軍莫府書曰奸黠吏

  民作使賓客私鑄作錢薄小不如法度及盜發塚公賣衣物於都市雖知莫

[①] 簡牘整理小組編：《居延漢簡（壹）》，"中研院"歷史語言研究所，2014年，第55頁。
[②] 簡牘整理小組編：《居延漢簡（貳）》，"中研院"歷史語言研究所，2015年，第92頁。
[③] 高維剛：《從漢簡管窺河西四郡市場》，《四川大學學報（哲學社會科學版）》1994年第2期。

譴苛百姓患苦之　　　　　　　　　　　　　　　EPF22:38A
　　　　掾譚令史嘉　　　　　　　　　　　　　　　　EPF22:38B
　　　書到自今以來獨令縣官鑄作錢令應法度禁吏民毋得鑄作錢及挾不行錢輒行法諸販賣
　　　　發塚衣物於都市輒收沒入縣官四時言犯者名狀・謹案部吏毋犯者敢言之　　　　　　　　　　　　　　　　　　　　　　EPF22:39①

據《居延新簡集釋（七）》可知，三簡均出土於甲渠候官遺址塢內東側一面積不足六平方米的房屋內，此房屋應爲甲渠候官放置檔案的地方。三簡可名爲《建武六年七月甲渠言部吏毋鑄作錢發塚販賣衣物於都市者》簡册。從簡中的紀年可知系建武六年事，這一時期河西由竇融統領，簡中"大將軍"即指竇融。從簡文可知，這一時期奸黠吏民和長吏豪強互相勾結私自鑄錢，同時販賣發塚衣物於都市的情況較爲普遍。② 此簡顯示部吏會到"都市"販賣衣服，如果此"都市"在屯戍地區，則可證明市場的存在。敦煌漢簡似也可反映周邊市場的情況。

　　　知令重寫令移書到各明白大扁書市里官所寺舍門亭隧堠中令吏民盡訟知之且遣郵吏循
　　　行問吏卒凡知令者案論尉丞以下毋忽如律令敢告卒人　敦1365③
　　　　□□□□益□欲急去恐牛不可用今致賣目宿養之目宿大貴來三泉留久恐舍食盡今且寄廣（穬）麥一石
　　　王子春家車欲益之主不肯到完取之兼度二十餘日可至亭耳市穀大貴
　　　□□□□□□□□
　　　麥百三十餘西未甫時賤□□□
　　　　□□□□☑　　　　　　　　　　　　　　　　敦239A
　　　…………歸乃善耳孫子少欲得虜官穀兼□□□□☑
　　　子少不當責卿也子少言當復人二石及灑計及張一石言當在外不賞官穀牛也兼謂子少即不常如是
　　　　□□□□□□□子少意欲爲如何也乃欲持是争來自苦耳故丈人與兼車會決絶之乃可耳　　　　　　　　　　　　　　　敦239B④

---

① 張德芳主編，張德芳著：《居延新簡集釋（七）》，甘肅文化出版社，2016年，第220頁。
② 張德芳主編，張德芳著：《居延新簡集釋（七）》，甘肅文化出版社，2016年，第433—434頁。
③ 甘肅省文物考古研究所編：《敦煌漢簡》，中華書局，1991年，第123頁。
④ 甘肅省文物考古研究所編：《敦煌漢簡》，中華書局，1991年，第25頁。

敦煌漢簡1365中"大扁書市里官所寺舍門亭隧燧中"與上文所舉居延漢簡下行文書中的慣用語類似，其中的"市"似可説明敦煌的屯戍地區附近亦有市場存在。敦煌漢簡239AB雖然整簡殘缺嚴重，完整意思不可知。但是從殘存簡文可知該簡係書信，與出賣穀物和苜蓿相關，其中"度二十餘日可至亭耳市穀大貴"意即大概二十天可到亭，市場上的穀物價格貴了很多。由此似可知在敦煌屯戍區域内的亭附近，設置有市場。

三、畫像磚中的市場信息

上文是就西北漢簡中關於"市"的記載的梳理與分析，能夠在一定程度上佐證漢代西北屯戍地區市場的相關情况。關於市場的規模和樣貌，漢簡未見相關材料，内蒙古和林格爾漢墓壁畫中室寧城圖、四川廣漢縣和彭縣出土的漢代畫像磚或許能爲我們提供一些思考方向。

圖一是内蒙古和林格爾漢墓中室東壁中的寧城圖的一部分。該圖右上部分有一矩形牆垣，内書"寧市中"三字，蓋山林提到，"在中室寧城圖中，縣衙和幕府之前、縣城東門和南門之間的一片空曠廣場上，有一四方形牆垣，中注'寧市中'三字，這就是古文獻所説的'上谷胡市'……'寧市中'可能采用了'日中爲市'的意思。在市的東南和西北兩外角上各畫一人，隔市場相間而立，當是巡行市場的市吏。"[1] 蓋山林關於該壁畫中"寧市中"的位置布局的描述基本可從，但是其因寧城所隸屬的上谷郡爲北邊郡，就

圖一　寧城圖（之二）·中室東壁 [2]

---

[1] 蓋山林：《和林格爾漢墓壁畫》，内蒙古人民出版社，1977年，第53頁。
[2] 内蒙古自治區文物考古研究所編：《和林格爾漢墓壁畫》，文物出版社，2007年，第89頁。

圖二　四川廣漢縣出土漢畫像磚

認爲這是胡市，恐難使人信服。矩形牆垣東南和西北兩外角的兩人是否爲市吏亦難確定。另外，壁畫上圍繞"寧市中"三字的牆垣似較小，不知是壁畫中只是簡易畫一矩形牆垣代指市場，或是指其他建築，恐難判斷。如果其真是代指市場，應該可以與同樣處於邊地的居延縣的市場放在一起考察。四川廣漢縣出土的名曰"市井"的漢畫像磚（圖二）透露出更多市場的細節。

此磚左上角殘缺，左上角稍往右題"東市門"三字，磚左側有一大門。右側有一建築，上下兩層，一樓題"市樓"兩字，內有二人高低面對而坐，二樓設置有鼓，樓頂有一大鳥棲於上。磚中部分爲四處簡易的場景，其中三處是兩兩相對交談，似涉及相關物品，左下稍靠右位置的一人倚靠展臺等物站立，臺上放置有大小容器。①高文認爲：此磚出土於廣漢縣附近的周村，其上題"東市門"，所描繪的可能是漢代廣漢郡"東市"的情況。市樓中端坐席上職人可能是司市之官，且以此推測墓主可能原本曾做過此官，故而將其生前情況刻畫以置於墓中。②四

---

①劉志遠認爲此人是在灶前操作，灶上有釜炊之器。參劉志遠《漢代市井考——說東漢市井畫像磚》，《文物》1973年第3期。

②高文編著：《四川漢代畫像磚》，上海人民美術出版社，1987年，第23頁。但是我認爲"東市門"也可能就是指門設置在該市場的東邊，是就門在市場的方位而言，而不一定是指市場在郡縣中的位置。

圖三　四川彭縣出土漢畫像磚

川彭縣亦出土有反映市場情況的畫像磚。①

圖三左上角有"北市門"三字，右上角有"南市門"三字，可能分別指代圖左側和圖右側的兩個門，兩個門處分別有人。該圖上的交易可分爲上中下三部分，上部有三組，上部右側這組一共三人，一人正手捧物品交給對面的其中一人，上部中間的一組，是一人坐在几上，向几下一人交付物品，上部最左側一組，似在較大的屋內，但是否爲兩人難以判斷，屋子內的桌子上擺放有盛物的器皿。中部右側兩人在面對面交流，左側則是一人在傘下擺攤，銷售的物品似乎是成卷的布匹。下部四組，除最右側的一組在小亭子中交易外，其餘三組都是露天相對，可能是就交易的相關情況在交談。

劉志遠認爲，從這兩件磚的制作、人物、器型來看，應該是東漢中期至晚期（二世紀二十年代至三世紀二十年代）的作品。并提到兩件畫像磚上都是商店林立，建築成行，應該是城市中的市肆容貌，爲固定的商業活動區。兩件畫像磚所反映

---

① 劉志遠等人認爲此畫像磚的出土地爲彭縣，參劉志遠、餘德章、劉文傑編著《漢代畫像磚與漢代社會》，文物出版社，1983，60頁；參劉志遠《漢代市井考——説東漢市井畫像磚》，《文物》1973年第3期。高文提到此畫像磚出土於新都縣，爲新都縣文物保管所藏，參高文編著《四川漢代畫像磚》，上海人民美術出版社，1987年，第21頁。兩者認定該畫像磚出土地不同，當是的彭縣和新都縣相距較近，可能是因爲區域重新劃分的原因導致的，亦或有其他原因。因劉志遠等説相對較早，暫取該磚出土於彭縣説。

的應該是漢代一般郡縣的市井容貌。①但是細察兩件畫像磚，廣漢出土的畫像磚中展現四組交易情況，其中只有左下角一處有掩體建築，彭縣出土的畫像磚涉及九組交易，其中却只有三組有亭屋建築，其餘均是露天交易，甚至連最基本的攤位和擺臺都没有。以"商店林立，建築成行"來形容兩幅市場畫像似乎不太恰當，但是所論兩畫像磚系漢代一般郡縣的市井容貌，當可信從。

如果劉志遠對畫像磚的年代判斷不錯的話，到東漢中後期，縣級市場的規模已經較大，從畫像磚所反映的大致情況來看，縣級市場會有一些亭屋建築，租用亭屋交易者的交易環境和貨品量應該較大，這些租用亭屋者不知除了交納市租之外，不知是否需要額外支付租金。此外，應該注意到，這一時期的市場，亦可見不擺攤位的交易，他們可能只是臨時到市場售賣一些物品，只需攜帶物品到市場中，放下物品，等待購物者選購和討價還價。同樣情況的還可見四川德陽市柏隆鎮出土的畫像磚。②

圖四　四川德陽市出土漢畫像磚

宋豔萍認爲該畫像磚中的三處房屋是三家店鋪，左下角爲酒肆，左上角爲糧食銷售店，右上角爲刀具店，不在房屋內的三組交易則是行商擺攤售賣糧食、魚

---

① 劉志遠：《漢代市井考——説東漢市井畫像磚》，《文物》1973年第3期。
② 高文主編：《中國巴蜀新發現漢代畫像磚》，四川美術出版社，2016年，第7頁。

等食品。① 三處不在房屋内的交易可能與圖二、圖三中的情況類似。這些人可能并非專門從事貿易的商人，而只是附近的普通民衆，因爲需要用錢或者物品有所盈餘而到市場銷售。如馬大英所言："（漢代）一般城市的商業區，有專業的市肆，常年營業，這是賈市。同時也有定期定時集會的集市，由各方商人、鄉村農民和城市居民，各持自有的生産物或販運的貨物，到集市去出賣。定時集會，交易而退，各得其所。這裏有專業的商人，但更多的是工農産品小生産者和消費者。"② 具體到居延地區的市場，應該允許不同規模的交易出現在市場中，其爲各種規格的貿易都提供交易的場地。

四川漢代畫像磚中有更加生動刻畫銷售場景的例子：

圖五　四川邛崍市出土畫像磚③

---

① 宋艷萍：《汉代人视域中的商业》，《东方论坛—青岛大学学报（哲学社会科学版）》2023年第4期。
② 馬大英：《汉代财政史》，中国财政经济出版社，1983年，第82頁。
③ 高文主編：《中国巴蜀新发现汉代画像砖》，四川美术出版社，2016年，第6頁。

圖六　四川漢畫像磚酒肆畫像磚（東漢）[1]

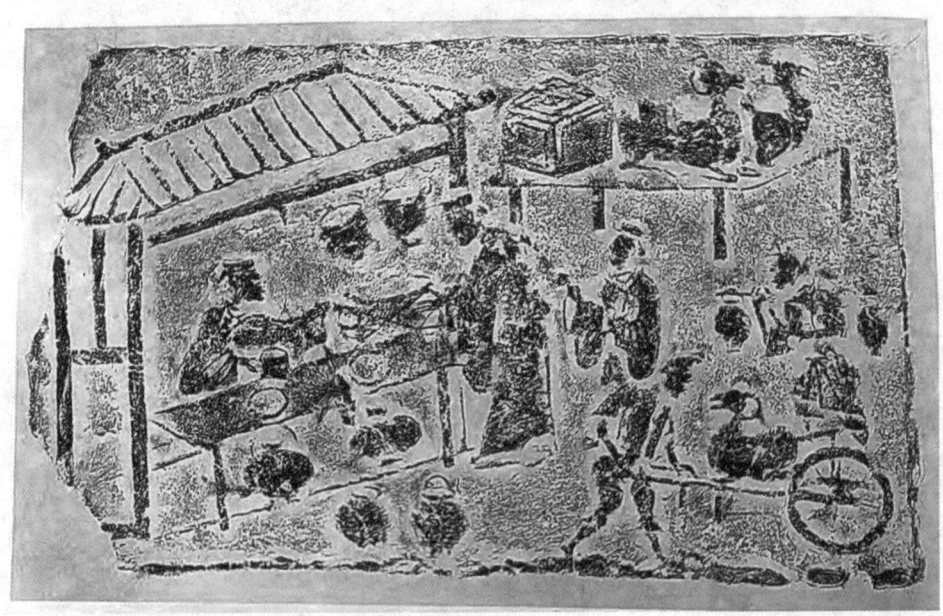

圖七　羊尊酒肆畫像磚（東漢）[2]

---

[1]《中國美術分類全集·中國畫像磚全集·四川漢畫像磚》，四川美術出版社，2005年，第96頁。
[2]《中國美術分類全集·中國畫像磚全集·四川漢畫像磚》，四川美術出版社，2005年，第95頁。

這些畫像磚所反映的當是市場的一隅，分別可見當時銷售酒、食物的場景，但并不明確是何種級別的市場中的場景。

四、"爲家私市"所見居延的市場

西北漢簡中"居延市吏"的存在應該意味着居延縣設置有專門供交易的機構——居延市，因爲居延市吏負責處理隧卒和隧長之間的債務糾紛，也一定程度上反映出漢代居延地區治民與治兵兩大系統的職權關係是互相關聯的，可見居延縣級的市場不僅僅只供當地的普通民衆參與其中，更有屯戍機構的吏卒前來買賣，且戍卒有時候也作爲販賣者，銷售個人擁有的物品，而籍貫爲當地的吏民更多時候則扮演買家的角色，也就是説居延市不僅輻射當地普通民衆，亦能够一定程度上輻射屯戍機構吏卒。参與到居延市場中的應該還有"爲家私市張掖居延者"。

　　甘露四年正月庚辰朔乙酉南鄉嗇夫胡敢告尉史臨利里大夫陳同自言
爲家私市張掖居延界中謹案同毋
　　官獄征事當得傳可期言延敢言之正月乙酉尉史贛敢言之謹案同年爵
如書毋官獄征
　　事當得傳移過所縣侯國毋苛留敢言之正月乙酉西鄂守丞樂成侯國尉
如昌移過所如律令／掾幹將令史章　　　　　　　　　73EJT10:120A
　　西鄂守丞印　　　　　　　　　　　　　　　　　 73EJT10:120B①
　　□嘉二年七月丁丑朔丁丑西鄉嗇夫政敢言之成漢里男子孫多牛自言
爲家私市居延
　　傳謹案多牛毋官獄征事當得取傳謁移肩水金關居延縣索關出入毋苛
留止
　　七月壬戌寅觻得長守丞順移肩水金關居延縣索寫移書到如律令／掾
尊守□　　　　　　　　　　　　　　　　　　　　　 73EJT6:39A
　　觻得丞印　　　　　　　　　　　　　　　　　　 73EJT6:39B②

簡73EJT10:120AB出土於A32肩水金關遺址，完整無殘缺，該簡系西漢宣帝甘露

---

① 甘肅簡牘保護研究中心、甘肅省文物考古研究所、甘肅省博物館、中國文化遺産研究院古文獻研究室、中國社會科學院簡帛研究中心編：《肩水金關漢簡（壹）》中册，中西書局，2011年，第257頁。
② 甘肅簡牘保護研究中心、甘肅省文物考古研究所、甘肅省博物館、中國文化遺産研究院古文獻研究室、中國社會科學院簡帛研究中心編：《肩水金關漢簡（壹）》中册，中西書局，2011年，第129—130頁。

四年（前50）正月南陽郡西鄂縣陳同"爲家私市張掖居延界中"所申請的私傳文書副本，文書內容清晰可見申請過程中的層層機構吏員審核呈遞的情況，私傳中所涉持有者的各方面相關信息如姓名、籍貫、年歲、是否有犯罪情況、是否交納賦稅和服徭役的情況等均見於簡文。私傳主要用來證明身份和通關，[①] 此私傳的持有者南陽郡西鄂縣臨利里的陳同要"爲家私市張掖居延界中"。簡 73EJT6:39AB 亦出土於 A32 肩水金關遺址，下部稍有殘斷，導致個別文字缺失，從行文來看，應該也是私傳文書副本，該私傳持有者張掖郡䚄得縣成漢里的孫多牛也是"爲家私市居延"。肩水金關漢簡中以居延爲目的地的私市簡例較多，茲不贅舉，需要說明的是，有些私市簡中雖只言"私市張掖郡中"，但持有者應該也是要前往居延的，如果他們不前往居延地區，似乎沒必要經過肩水金關向北，也就不會在肩水金關出土相關的私傳文書副本。這些前往居延的"私市"者，很可能就是在居延市中進行貿易，居延市能夠爲這些來自內郡和周邊郡縣的小商人和普通民衆提供交易條件和場地，他們可能從事的貿易規模不同，當然也不排除居延周邊的普通民衆或者吏卒也會因爲需要貨幣或者其他物品而前往居延市出售或者采購物品。居延地處北部邊塞，且當地人口數量應該沒有內郡多和集中，市的規模應該沒有畫像磚所示的那麼大，市場排列也不會那麼整齊。因爲當地經濟發展相對滯後，常駐人口組成系武帝之後開始遷徙的內郡民衆及其後代，還包括從內郡來到居延地區屯戍的士卒或商人，該地區早期移民社會特點突出，購物者往往因爲貨幣獲取困難而不得不采取賒貸的形式購買物品，從而使居延市吏在維護市場正常交易秩序之外，還多了解決貿易糾紛的職能，這與當地較爲特殊的經濟和社會狀況密切相關。

如此看來，漢代西北屯戍地區因爲人口分布相對分散，且整個屯戍地區覆蓋的區域較大，想要形成對人口密度要求較高的軍市似不太可能。居延縣作爲當地民衆的聚居地，又當地民政和軍政系統有時并不嚴格區分，在人口相對密集的縣設置可以輻射周邊普通民衆和吏卒的市場，一定程度上可以滿足其貿易需求。從內郡前往居延地區的"私市"者很可能也是在居延市進行貿易活動，他們的貿易規模有大有小，居延市當與出土東漢畫像磚所反映的市場那樣，并不嚴格限制貿易規模。由於這一地區經濟發展相對落後，人口構成以移民（及其後代）爲主，加上吏卒和民衆的收入并不高，當地早期移民社會特點突出，造成這一地區賒貸

---

① 李均明：《秦漢簡牘文書分類輯解》，文物出版社，2009 年，第 65 頁。

貿易情況較多，市吏的職能也因此不僅局限於維持市場秩序，并負責解決貿易糾紛和追還欠款。

作者簡介：孫寧，男，1993年生，西北師范大學歷史文化學院講師，研究方向爲秦漢史、出土文獻。

《懸泉漢簡（叁）》所見典籍殘簡試解

金玉璞
（山東大學歷史學院，濟南 250100）

内容摘要：《懸泉漢簡（叁）》收録部分此前未見的典籍内容，通常是供吏民、戍卒傳閲學習的文書，具有官方屬性與公開屬性。其目的在於傳播統治階級思想，提高基礎教育水平。這些典籍簡的内容以儒家文獻居多，涉及《尚書》《説苑》《春秋繁露》等先秦、秦漢著作。特點在於通過文獻混引，雜糅混編的論述方式，用於證明某論點的正確性，且普遍存在字形訛變、省减詞彙、抄改文句的現象。西漢中後期，地方行政機構典籍文獻材料的增多，與國家治理需求開始發生變化密切相關。在基層官吏的選拔中，官方將教育水平作爲必要的加分項，從本質上提升了行政效率。另外，典籍材料又可以補充史料空白，可與傳世文獻進行對讀。

關鍵詞：懸泉漢簡；典籍簡；儒家文獻；教育水平；國家治理

  典籍簡，也稱爲書籍簡，是對古代文獻進行記録保存的文本形態。秦漢時期的典籍簡大體可分爲兩種類型：一種是出土於墓葬的典籍，具有私人屬性，屬於隨葬品。如嶽麓秦簡各類算題、《占夢書》，武威漢簡《儀禮》《服傳》，張家山漢簡《算數書》，銀雀山漢簡《孫子兵法》《六韜》等。這類典籍簡的用途是體現墓主人生前的身份、職業、地位等，可以反映出"事死如事生"的傳統觀念。一種是出土於遺址的典籍，具有官方屬性，屬於文書。如里耶秦簡《九九表》，肩水金關漢簡《孝經》，居延漢簡《六藝》《諸子》，以及多個遺址出土的《蒼頡篇》等。這類典籍簡通常是供吏民、戍卒傳閲學習，以傳播統治階級思想，并提高基礎教育水平。

  值得注意的是，二者的使用目的不同，往往又可以反映出主要内容的巨大差異。墓葬類典籍簡的内容多爲原文抄本，通常情况下篇幅完整，文本銜接度高。

其注重留存，具有一定的時代性特徵。遺址類典籍簡的內容則多爲議題討論，文字練習，通常情況下雜糅混編，記錄零散。其更注意實用性，與前者不同，遺址類典籍簡具有一定的地域性特徵與職能性特點。這類簡可以更加確切地反映基層吏民、戍卒的實際教育情況與具體學習方式。所以，明晰遺址類典籍簡的內容十分重要。

懸泉置是西漢邊郡重要的郵驛機構之一。在此處出土的簡牘內容豐富，是研究郵驛機構中吏卒的教育水平、日常學習、精神文化等，不可多得的基礎材料。新出版的《懸泉漢簡（叁）》中收錄了一部分典籍殘簡，內容與《蒼頡篇》《春秋繁露》《説苑》等先秦秦漢著作關係甚深。本文就Ⅱ90DXT0113與Ⅱ90DXT0114所出土的典籍殘簡的內容、性質及相關問題展開探討。謬誤之處，請方家指正。

一、《尚書·虞書》

《尚書》自漢分《今文尚書》與《古文尚書》，而漢簡中留存的材料，可以爲《尚書》真實的文本內容提供參考。《懸泉漢簡（叁）》中收録一枚殘簡，與《尚書·虞書》相關，內容如下

□女爲我虞願治地之山澤田野草木鳥獸　　　　Ⅱ90DXT0114①:19①

此枚簡松木質地，上端殘斷，正面墨書文字，多處漫漶。殘長12，寬1，厚0.2厘米。整理者首字未釋，按字形寫法，簡文十七字皆呈扁寬狀，首字下端爲一橫收尾。對比居延漢簡與敦煌漢簡文字，可判斷首字爲"益"。對比如下：

表1："益"字形對比表②

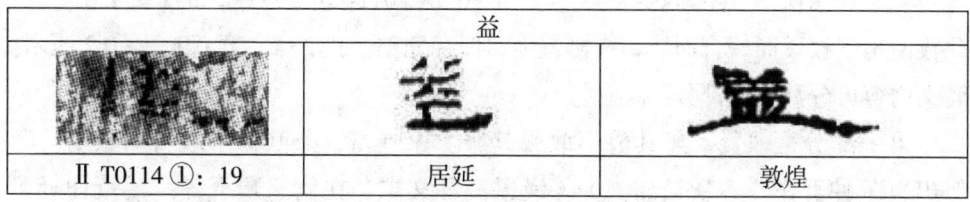

益		
Ⅱ T0114①:19	居延	敦煌

首先，《尚書·虞書》："帝曰。疇若予上下草木鳥獸。僉曰。益哉。帝曰。俞。咨益。汝作朕虞。""《正義》曰：言'上下草木鳥獸'，則上之與下各有草木鳥獸，即《周禮》山虞、澤虞之官各掌其教，知'上謂山，下謂澤'也。"③ 又"虞，掌

---

① 甘肅簡牘博物館等編：《懸泉漢簡（叁）》，中西書局，2023年，第338頁。
② "居延""敦煌"字形摘自陳建貢、徐敏編：《簡牘帛書字典》，上海書畫出版社，1991年，第573頁。
③〔清〕阮元校刻：《十三經注疏》，中華書局，1980年，第131頁。

山澤之官。'作朕虞'《正義》曰：此官以'虞'爲名，帝言作我虞耳，'朕'非官名也。鄭玄云：'言朕虞，重鳥獸草木。'《漢書》王莽自稱爲予，立予虞之官則莽謂此官名爲'朕虞'，其義必不然也。"①據《虞書》所載可以初步判斷，簡文是記録舜與益之間的對話。

其次，"女爲我虞"，即"女爲朕虞"，而"女"字漫漶嚴重，無法判斷是否爲"汝"字。又"諸侯縣公皆慶寡人，女獨不慶寡人。"②《史記·夏本紀》："女其往視爾事矣。"③其中"女"同"汝"，你之意。所以，簡文中釋作"女"或"汝"皆不影響文意。

由此，簡文内容或可補釋斷句爲：

益，女爲我虞，願治地之山澤田野、草木鳥獸。

簡文與傳本相較，代詞用法與表述文法皆有不同，可作爲傳本《尚書·虞書》之參考。

二、《春秋繁露》《説苑》《荀子》

由於西漢邊郡地區遠離中央，在文化傳播，經學推廣方面具有一定滯後性。但敦煌作爲中西交流要地，接收來自西方各地傳播而來的文化，將自身的文明介紹給世人，并形成交流與傳播，成爲西漢統治階級在敦煌地區不得不關注的重要事情。所以，儒家文獻在此地域的傳播，得到統治階級更爲大力的推廣。《懸泉漢簡（叁）》中收録一枚以董仲舒言論爲主的儒家典籍簡，内容如下：

賢無其爵不敢服其服家唯富無其禄不敢自用其財子深察之度量不可不明也憙欲不可不節也　　　Ⅱ 90DXT0114③:299+②:84+②261④

此枚簡是三枚殘簡綴合而成，紅柳質地，保存完整。長 23.2，寬 0.9，厚 0.2 厘米。簡文内容可分爲三個部分。

第一部分是"賢，無其爵不敢服其服。家唯富，無其禄不敢自用其財。"似出自董仲舒作《春秋繁露》。《漢書·藝文志》在儒家類下言："《董仲舒》百二十三篇"⑤。又在春秋類下言："《公羊董仲舒治獄》十六篇"⑥。皆未提及"春

---

① 〔清〕阮元校刻：《十三經注疏》，中華書局，1980 年，第 131 頁。
② 趙生群：《春秋左傳新注》，陝西人民出版社，2008 年，第 375 頁。
③ 《史記》卷二《夏本紀》，中華書局，1959 年，第 51 頁。
④ 甘肅簡牘博物館等編：《懸泉漢簡（叁）》，中西書局，2023 年，第 361 頁。
⑤ 《漢書》卷三〇《藝文志》，中華書局，1962 年，第 1727 頁。
⑥ 《漢書》卷三〇《藝文志》，中華書局，1962 年，第 1714 頁。

秋繁露"之名。而在《漢書·董仲舒傳》中："而説《春秋》事得失，《聞舉》《玉杯》《蕃露》《清明》《竹林》之屬，複數十篇，十餘萬言，皆傳於後世。"①其中，《蕃露》即爲《繁露》，是董仲舒解説《春秋》諸論中的篇名，原文已佚。《史記·十二諸侯年表》："上大夫董仲舒推春秋義，頗著文焉。《索隱》：作春秋繁露是。"②説明唐代有對《春秋繁露》的認識。而今《春秋繁露》共十七卷，八十二篇，是後世輯録董仲舒遺文而成書。

今存《春秋繁露·服制》載有："雖有賢才美體，無其爵不敢服其服；雖有富家多貨，無其禄不敢用其財。"③此句可能并非董仲舒原創，而是來源於《管子》："雖有賢身貴體，毋其爵不敢服其服；雖有富家多資，毋其禄不敢用其財。"④以《春秋繁露》參校，文句有三處不同：

其一，以"身貴"作"才美"。"身""才"二字，字形相近，容易訛變。且"賢才""美體"相對舉出，可表并列，相互襯托，意義更爲通達。而"賢身""貴體"皆表身體，有重複之意。

其二，以"資"作"貲"。《説文》："資，貨也。資者，積也。貨，財也。"⑤《立政》中"多資"可作二意解，即多財，或多積累。詞性不明，容易誤導。《説文》："貲"本義爲"小罰㠯財自贖也。引申爲凡財貨之稱。漢律、民不繇貲錢二十三"⑥。而"貲"有財貨總稱之意，又常使用在漢律之中，詞性意義皆爲明確。董仲舒以"貲"作"資"符合漢代常規用詞，又"貲"與"資"字形貼近，亦有訛變的可能。

其三，以"無"字作"毋"。《説文》："毋，止之䛐也。""漢人多用毋，故《小戴禮記》《今文尚書》皆用毋。史記則竟用毋爲有無字。毋，禁辭。"⑦按批注"毋"本是禁止之意，與"有無"之"無"并不可相互替代。又《説文》："𣞣/無，亡也。此有無字之正體，而俗作無。無乃𣞣之隸變。"⑧又"无，奇字無也。謂古文奇字如此作也。今六經惟《易》用此字"⑨。可見"無"字自春秋、戰國、

---

① 《漢書》卷五六《董仲舒傳》，中華書局，1962年，第2525—2526頁。
② 《史記》卷一四《十二諸侯年表》，中華書局，1959年，第510頁。
③ 〔漢〕董仲舒撰，張祖偉校：《春秋繁露》卷七，《子海精華編》，鳳凰出版社，2016年，第70頁。
④ 〔唐〕房玄齡注：《管子》，《國學基本典籍叢刊》，國家圖書館出版社，2018年，第37頁。
⑤ 〔漢〕許慎撰，〔清〕段玉裁注：《説文解字注》，上海古籍出版社，1981年，第279頁。
⑥ 〔漢〕許慎撰，〔清〕段玉裁注：《説文解字注》，上海古籍出版社，1981年，第282頁。
⑦ 〔漢〕許慎撰，〔清〕段玉裁注：《説文解字注》，上海古籍出版社，1981年，第626頁。
⑧ 〔漢〕許慎撰，〔清〕段玉裁注：《説文解字注》，上海古籍出版社，1981年，第271頁。
⑨ 〔漢〕許慎撰，〔清〕段玉裁注：《説文解字注》，上海古籍出版社，1981年，第634頁。

秦至漢，其字形寫法皆有源可據。《立政》用"毋"，且"漢人多用毋"，而《春秋繁露》用"無"，"無"與"毋"不同源，説明此處爲董仲舒有意改之。

按此，簡文中用"無"而非"毋"，實則是抄引董仲舒的文句。以"家唯富"作"雖有富家多貲"，省去"雖有"以"唯"替代，以"富"涵蓋"多貲"，表達更簡略。"賢"句應與"家唯富"對舉，按"雖有賢才美體"，"賢"以修飾"才"，以"唯"替代"雖有"，故"賢"字簡文可能是"才唯賢"。又"美體"與"賢才"對舉，故"賢"句前亦可能還有"體唯美"句。今則據《春秋繁露》與簡文文法，補釋斷句爲："（體唯美，才唯）賢，無其爵不敢服其服。家唯富，無其禄不敢自用其財。"惜今公布諸懸泉漢簡皆不見"體唯美""才唯"二文句，可期後續刊布。

第二部分是"子深察之，度量不可不明也。"此處"子"即指孔子，似抄引自《説苑·雜言》："故夫度量不可不明也，善欲不可不聽也。"又"飲食有量，衣服有節，宮室有度，畜聚有數，車器有限。"①與《管子·立政》："飲食有量，衣服有制，宮室有度，六畜、人徒有數，舟車、陳器有禁修。"②《春秋繁露》："飲食有量，衣服有制，宮室有度，畜産、人徒有數，舟車、甲器有禁。"③語句多相似之處。

《説苑》"衣服有節"，《立政》與《春秋繁露》作"制"。"節"與"制"表意應是相同，是對做事尺度的衡量，而"節"又有操守之意。《論語·泰伯》："臨大節而不可奪也。"④強調以自身爲主要，主觀對衣服的尺度作以把握。而"制"有抑制、限制之意，又有制度、規章層面的意思，如《史記·禮書》："擅作典制。"⑤可言"制"是一種外界向自身設置的尺度，並非由内向外的表達。

《説苑》"畜聚有數""車器有限"，《立政》以"畜聚"作"六畜""人徒"。《漢書·地理志》："民有五畜。師古曰：五畜：牛、羊、豕、犬、雞。"⑥而"六畜"則多一馬。"人徒"即指服徭役的人。同樣，《立政》以"車器"作"舟車""陳器"。"舟車"泛指水陸交通工具，"陳器"即陳列的器物。這裏是將"畜聚""車器"具體化，有解釋的用意，便於理解，避免歧義。《春秋繁露》以"六畜"作"畜

---

① 〔漢〕劉向撰，向宗魯校正：《説苑校正》，《中國古典文學基本叢書》，中華書局，1987年，第432頁。
② 〔唐〕房玄齡注：《管子》，《國學基本典籍叢刊》，國家圖書館出版社，2018年，第37頁。
③ 〔漢〕董仲舒撰，張祖偉校：《春秋繁露》卷七，《子海精華編》，鳳凰出版社，2016年，第70頁。
④ 楊伯峻譯注：《論語譯注》，《中國古典名著譯注叢書》，中華書局，2009年，第79頁。
⑤ 《史記》卷二三《禮書》，中華書局，1959年，第1172頁。
⑥ 《漢書》卷二八《地理志》，中華書局，1962年，第1671頁。

產",將表達涵蓋之物的範圍擴大,"畜"爲"六畜","產"爲所擁有的其他產業。而"甲器"本作"陳器",此處可能是字形闕訛所致。比較《説苑》與《立政》,後者言語更具體化,這種具體化成分,《荀子》中亦有體現,如《荀子·王霸》:"使衣服有制,宮室有度,人徒有數,喪祭械用皆有等宜。"①《春秋繁露》則在延續具體化言語的基礎上,繼續添加可囊括的詞彙,使文意更加完整,表達更加清晰。

簡文用"子深察之"以替代對飲食、衣服、宮室、畜產、人徒、舟車、甲器需有節制的表述。"度量不可不明也"表達做事須有尺度的含義。行文簡略,但表意仍然清晰明確。按《春秋繁露》未有此句,可言此句抄引自《説苑》,然表意仍與《春秋繁露》相同。

第三部分是"憙欲不可不節也。"此處似抄改自《荀子·正名》:"欲雖不可盡,可以近盡也;欲雖不可去,求可節也。"②"憙"同"喜",《説文》:"喜,樂也。與歡同。憙,説也。説者,今之悦字。"③"憙"在此處以修飾"欲"之用,加深"欲"的描述程度,起到呈現積極、歡樂欲望的用途。《正名》講欲望雖然没有盡頭,但可以接近於滿足;欲望雖然不可以去除,但可以加以節制。此番表意與簡文目的相同,結合需與"度量不可不明也"對舉,故改爲"憙欲不可不節也"。

這枚典籍簡,簡文内容出自三處不同來源,但表意皆相同,表達做人做事應有尺度節制。這是文獻混引產生的結果,戰國時代文獻雜湊混編,同一篇文章來源不一的情況比較多見。《禮記》很多篇的雜糅性質尤爲明顯。如《曲禮》篇,朱熹已指出是好幾種文獻彙集而成,這已有明確證據。④《左傳·哀公十六年》所記孔子誄詞,公認是集句之祖,其中四句出自《詩經》,一句應是出自西周策命文書。這也可以視爲文獻混引、重新組合編排的例子。居延新簡中也有文獻混引的情況出現,舉簡例如下:

無扁無党王道湯 = 無党無扁王道□ = 論語曰不患寡患不均聖朝至

仁哀閔□□□□振□　　　　　　　　　　　　　ESC:106A

　廿　　　　　　　　　　　　　　　　　　　　ESC:106B⑤

簡文中"無扁無党,王道湯湯"爲《尚書》文句。今傳本《尚書·洪范》作"無

---

① 〔清〕王先謙撰,沈嘯寰、王星賢點校:《荀子集解(全二册)》,中華書局,1988年,第221頁。
② 〔清〕王先謙撰,沈嘯寰、王星賢點校:《荀子集解(全二册)》,中華書局,1988年,第429頁。
③ 〔漢〕許慎撰,〔清〕段玉裁注:《説文解字注》,上海古籍出版社,1981年,第205頁。
④ 〔宋〕朱熹撰,朱杰人、嚴佐之、劉永翔主編:《朱子全書(修訂本·第拾肆册)朱子語類(一)》,上海古籍出版社、安徽教育出版社,2010年,第2943—2947頁。
⑤ 張德芳主編,張德芳著:《居延新簡集釋(七)》,甘肅文化出版社,2016年,第752頁。

偏無党，王道蕩蕩"①。而"不患寡，患不均"則爲《論語》文句，傳本《論語·季氏》作："丘也聞有國有家者，不患寡而患不均。"②簡文中少"而"字。《居延新簡集釋》按此簡背"廿"字，推其是詔書簡册，"廿"爲其編號。③但是，《懸泉漢簡（叁）》中的這枚簡并無數字編號，察圖版，簡下端"度量"之間空白較寬，似是編繩之處。又"賢"字前應至少有"才唯"，故推測典籍簡Ⅱ90DXT0114③:299+②：84+②261應是屬於某一簡册，而簡册的性質是否屬於詔書，有待進一步研究。

三、"士"當"貧"否

張德芳與郝樹聲早先闡述懸泉漢簡的文化價值時，提及三枚簡牘，④《懸泉漢簡（叁）》公布其中一枚，今作以更校，簡文如下：

之逃責惡衣謂之不肖善衣謂之不適士居固有不憂貧者乎孔子曰本子
來　　　　　　　　　　　　　　　Ⅱ90DXT0114⑤:71⑤

這枚簡紅柳質地，保存完整。長23.4，寬1，厚0.2厘米。

據簡文"惡衣謂之不肖""善衣謂之不適"，初步推測前句爲"某某謂之逃責"。"孔子曰"多見於戰國簡，如王家嘴楚簡《孔子曰》⑥，而西北漢簡中多存"子曰"，如肩水金關漢簡73EJT9：58"·子曰君子不假人君子樂□"⑦。

《康熙字典》："惡，醜陋也。《廣韻》不善也。"⑧"惡衣"指醜陋、粗劣的衣服，《論語·泰伯》云："惡衣服而致美乎黻冕"⑨。"惡"意爲不善，與後文"善"對舉。《説文》："肖，骨肉相似也。不似其先，故曰不肖。釋經傳之言不肖，此肖義之引申也。"⑩此處"不肖"形容才能和品行不高，或無才之人。《説

---

① 〔清〕阮元校刻：《十三經注疏》，中華書局，1980年，第190頁。
② 楊伯峻譯注：《論語譯注》，《中國古典名著譯注叢書》，中華書局，2009年，第170頁。
③ 張德芳主編，張德芳著：《居延新簡集釋（七）》，甘肅文化出版社，2016年，第752—753頁。
④ 郝樹聲、張德芳：《懸泉漢簡研究》，甘肅文化出版社，2008年，第18頁。
⑤ 甘肅簡牘博物館等編：《懸泉漢簡（叁）》，中西書局，2023年，第543頁。
⑥ 戎鈺：《湖北"六大"終評項目——荆州王家咀798號戰國楚墓》，"江漢考古"公衆號，2022年5月10日，https://mp.weixin.qq.com/s/6E9Er8MxbK_QFfxoLHwekg。
⑦ 甘肅簡牘保護研究中心等編：《肩水金關漢簡（壹）》，中西書局，2011年，第203頁。
⑧ 中華書局編輯部編：《康熙字典》，中華書局，2010年，第391頁。
⑨ 楊伯峻譯注：《論語譯注》，《中國古典名著譯注叢書》，中華書局，2009年，第83頁。
⑩ 〔漢〕許慎撰，〔清〕段玉裁注：《説文解字注》，上海古籍出版社，1981年，第170—171頁。

苑·雜言》："賢不肖者才也。"①又《漢書·武帝紀》："所任不肖。師古注：肖，似也。不肖者，言無所象類，謂不材之人也。"②與"惡衣"相對之"善衣"，當理解爲好看的衣服，《史記·刺客列傳》："出其裝匣中築與其善衣，更容貌而前。"③

《説文》："適，之也。"④本義走向目的地，而此處當釋作舒適、切合之意。

《説文》："居，蹲也。"⑤結合《荀子·勸學》"君子居必擇鄉"⑥，或可釋爲居住之意。《説文》："固，四塞也。"⑦本義堅固，可引申爲久或穩定之意。則"居固"即居住穩定，形容生活條件較安定。"有不憂貧者乎"，則是反問句。

據考釋内容，判斷簡文實則是在討論"士"是否應該"貧"，是對"士"應當有什麽樣的行爲這一問題進行討論的部分内容。這可能源於《説苑·雜言》："夫貧者，士之常也。"⑧清貧乃是讀書人的本分。關於這一問題，簡文認爲讀書人因清貧而衣着醜陋，被稱爲没有才能；富裕而衣着光鮮，被稱爲不合適。那麽，讀書人居住穩定，生活富足，就不應該考慮清貧是自己的本分嗎？所持觀點與《説苑》相反，或存在質疑。而後，"孔子曰"即是觀點的舉例，"本子來"爲舉例内容。

《懸泉漢簡（叁）》中此簡文内容唯傳世文獻所不見，且其他出土文獻中亦無參考。結合上文，判斷此簡可能是文獻混引的産物。而"之逃責"前定有"某某謂"，似出自某簡册，可作進一步研究。

四、《蒼頡篇》

中國古代的字書以《史籀篇》最早，後有《蒼頡篇》。秦漢時期的文獻中多見對《蒼頡篇》的記載。《懸泉漢簡（叁）》收録一枚與《蒼頡篇》相關的簡牘，但内容出現些許不同，這可能與其性質相關。整理者釋文如下：

---

① 〔漢〕劉向撰，向宗魯校正：《説苑校正》，《中國古典文學基本叢書》，中華書局，1987年，第422頁。

② 《漢書》卷六《武帝紀》，中華書局，1962年，第165頁。

③ 《史記》卷八六《刺客列傳》，中華書局，1959年，第2537頁。

④ 〔漢〕許慎撰，〔清〕段玉裁注：《説文解字注》，上海古籍出版社，1981年，第71頁。

⑤ 〔漢〕許慎撰，〔清〕段玉裁注：《説文解字注》，上海古籍出版社，1981年，第399頁。

⑥ 〔清〕王先謙撰，沈嘯寰、王星賢點校：《荀子集解（全二册）》，中華書局，1988年，第6頁。

⑦ 〔漢〕許慎撰，〔清〕段玉裁注：《説文解字注》，上海古籍出版社，1981年，第278頁。

⑧ 〔漢〕劉向撰，向宗魯校正：《説苑校正》，《中國古典文學基本叢書》，中華書局，1987年，第429頁。

蒼作以後幼承誦□力	Ⅱ 90DXT0113 ④ :183A
辯	Ⅱ 90DXT0113 ④ :183B①

這枚簡紅柳質地，整體保存完整。正、背兩面均書文字，正面文字多處漫漶，長 24.1，寬 1.3，厚 0.1 厘米。

關於《蒼頡篇》的首章，西北漢簡中多有記録，舉簡例如下：

蒼頡作書以教後嗣幼子承昭謹慎敬戒勉力風誦晝夜勿置苟務成史計	
會辨治超等軼群出尤別異	EPT50:1A
初雖勞苦卒必有意懇願忠信微密俊言言賞賞	EPT50:1B49②
蒼頡作書以教後嗣幼子承諷謹慎敬戒勉力諷	77JHS:12A
晝夜勿置勉成史計會辨治超等	77JHS:12B50③
嗣幼子承詔謹慎敬戒	167.4A
令 □令	167.4B51④
·蒼頡作書以教後嗣幼子承詔謹慎	79DMT9:7652⑤
勉力諷誦晝夜（陰刻）	DB:67753⑥
蒼頡作書以教後嗣幼子承詔	2000ES7SF1:123-12454⑦

以上諸簡例皆是《蒼頡篇》第一章的部分語句。按其押韻與文意，可以明確四字一句。除水泉子漢簡是七字一句外，幾乎所有的《蒼頡篇》殘句均是四言。

編號 EPT50:1 的居延新簡中"言言"二字按筆迹爲同一人書寫，但字形有异。"賞賞"二字亦是同一人書寫，但一"賞"字頭頗長，一"賞"字尾隨意。此四字當是習字時書寫。結合簡文前部與"言言賞賞"四字均出自同一人之手，可判斷 EPT50:1 當是以《蒼頡篇》爲參照的習字簡。《居延新簡集釋》同樣認爲"信"以下字距不一，已顯書寫草率，而簡末"賞賞"恐非《蒼頡篇》原文，而是習字者隨意所書。⑧

編號 77JHS:12 的玉門花海漢簡，同出土編號 1460 與 1461 號簡文內容相近，

---

① 甘肅簡牘博物館等編：《懸泉漢簡（叁）》，中西書局，2023 年，第 325 頁。
② 張德芳主編，楊眉著：《居延新簡集釋（二）》，甘肅文化出版社，2016 年，第 238 頁。
③ 甘肅省文物考古研究所編：《敦煌漢簡》（全二册），中華書局，1991 年，第 274 頁。
④ 簡牘整理小組編：《居延漢簡（貳）》，"中研院"歷史語言研究所，2015 年，第 166 頁。
⑤ 張德芳：《敦煌馬圈灣漢簡集釋》，甘肅文化出版社，2013 年，第 596 頁。
⑥ 張德芳、石明秀主編：《玉門關漢簡》，中西書局，2019 年，第 84 頁。
⑦ 孫家洲主編：《額濟納漢簡釋文校本》，文物出版社，2007 年，第 53 頁。
⑧ 張德芳主編，楊眉著：《居延新簡集釋（二）》，甘肅文化出版社，2016 年，第 483 頁。

《懸泉漢簡（叁）》所見典籍殘簡試解 ·139·

或多或少出現漏字、錯字的情況。書寫字體近似小篆，書法稚拙，可見此三枚簡亦應是習字簡，而習字者所用臨摹參考爲《蒼頡篇》第一章。

編號 167.4 的居延漢簡上端殘斷，正面《蒼頡篇》第一章部分文句，背面書寫兩行，皆"令"字。見《蒼頡篇》第一章無"令"字相關語句，說明此簡正背兩面是不同內容，亦有被二次使用的可能性。不同內容、不同形制共存于一枚簡牘，說明此簡不應是文書或是典籍。換言之，此簡可能是供私人使用的習字簡。

編號 79DMT9:76 的馬圈灣漢簡以"·"符爲首，且行文規範，字體工整。此簡應是典籍簡，以抄錄《蒼頡篇》第一章的部分文句。

編號 DB:677 的玉門關漢簡上下殘斷，陰刻六字與《蒼頡篇》相關。簡面木紋明顯，陰刻較淺，字體較細。這種陰刻可能是刻字者的偶然行爲，也可能是練習篆刻，而以《蒼頡篇》爲參照。

編號 2000ES7SF1:123-124 的額濟納漢簡下端殘斷，簡端字跡漫漶，行文草率，也應是習字簡。

張傳官通過辨析其他學者觀點，參照出土簡牘等材料，對漢代《蒼頡篇》第一章進行較爲完整的復原，其內容如下：

　　蒼頡作書，以教後嗣。幼子承詔，謹慎敬戒。勉力諷誦，晝夜勿置。
　　苟務成史，計會辯治，超等軼群，出尤別異。初雖勞苦，卒必有憙。慇願忠信，微密瘱寠。儇佼齌疾。①

再看簡文，整理者釋作"誦□力"處，見圖版文字已無法辨識。"蒼作"應是取"蒼頡作書"第一字與第三字，"以後"與"幼承"，皆取"以教後嗣""幼子承詔"第一字與第三字。按此規律，原"誦□"當釋作"謹敬"。釋文校改作：

　　蒼作以後，幼承謹敬，力

而簡末"力"又與此規律不符，簡背"辯"字是"計會辯治"第三字，其前無"計"字。說明書寫者是有選擇的書寫，并非完全臨抄。結合簡文字體大小不一，書寫隨意，可以說明此簡亦是以《蒼頡篇》第一章作參照的習字簡。

這種擇字練習書寫的情況，在西北漢簡中并非罕見，舉簡例如下：

　　□□□ 苟務 夜初雖□勞　　　　　　　　　　　　260.18A
　　計嗣幼幼子 [第一] 幼　　　　　　　　　　　　260.18B57②

---

① 張傳官：《關於〈蒼頡篇〉第一章的復原》，《中國語文》2019 年第 5 期。
② 簡牘整理小組編：《居延漢簡（叁）》，"中研院"歷史語言研究所，2016 年，第 145 頁。

此簡上下均殘斷，屬於習字簡。從行文來看，書寫較隨意，主要以練字爲主。內容上來看，有挑選練習的行爲，應不是《蒼頡篇》第一章全貌。

綜上，漢代西北邊疆吏卒多以《蒼頡篇》第一章作爲習字參考。在習字時常常出現擇字練習的情況，應自己的實際需要，進行練習。而出現多字、漏字的情況，均應是習字所爲。

五、餘論

除上述四枚簡之外，對另幾枚典籍殘簡作以略考，列舉如下：

□□□風化全元＝之命稱　　　　　　　　Ⅱ T0114②:24358①

這枚簡松質，上、下、左端皆殘。殘長 6.5，殘寬 0.8，厚 0.2 厘米。

其中，"風化"見《漢書·禮樂志》："盛揖攘之容，以風化天下。"②即教育感化之意。"全元元"見於《漢書·賈捐之傳》："非所以救助饑饉，保全元元也。"③又《漢書·王莽傳》："今夏一切行此令，盡二年止之，以全元元，救愚奸。"④而在傳世典籍中"全元元之命"首見於《三國志·蜀書·後主傳》劉禪降書："百姓布野，餘糧棲畝，以俟後來之惠，全元元之命。"⑤"全元元之命"當泛指平民百姓。西北漢簡中"全元元之命"當屬首見，按漢簡多文獻雜糅，已證觀點的特點。故此簡可能是在探討如何治民，可作進一步研究。

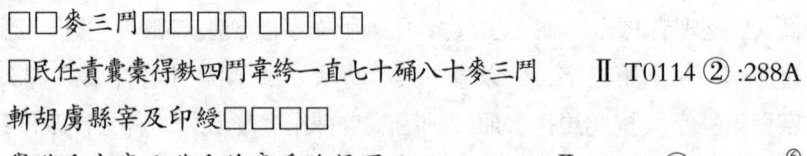

□□麥三門□□□□ □□□□
□民任責橐橐得麩四門韋絝一直七十碩八十麥三門　　Ⅱ T0114②:288A
斬胡虜縣宰及印綬□□□□
舉漢氏宗廟及漢氏苗裔爲諸侯國毋不　　　　Ⅱ T0114②:288B63⑥

這枚簡松質，左、右、下端皆殘。殘長 16，殘寬 1.5，厚 0.5 厘米。

簡正面墨書麩、韋絝、麥之數量、價值，而背面字迹與內容。這可能是此簡被使用作廢後，簡背用來習字。按"斬胡虜縣宰"、"舉漢氏宗廟及漢氏苗裔爲諸侯國"，與之相匹配的可能是漢高祖劉邦，劉邦斬沛令，其自身是漢氏宗廟，

---

① 甘肅簡牘博物館等編：《懸泉漢簡（叁）》，中西書局，2023 年，第 383 頁。
②《漢書》卷二二《禮樂志》，中華書局，1962 年，第 1033 頁。
③《漢書》卷六四《賈捐之傳》，中華書局，1962 年，第 2834 頁。
④《漢書》卷九九《王莽傳》，中華書局，1962 年，第 4163 頁。
⑤《三國志》卷三三《後主傳》，中華書局，1959 年，第 900 頁。
⑥ 甘肅簡牘博物館等編：《懸泉漢簡（叁）》，中西書局，2023 年，第 387 頁。

又可率領漢氏子孫，建立漢朝後分各諸侯國。此簡或可補《漢書》之闕。

另外，有幾枚疑似典籍簡，但無從考證，列舉如下：

   也 康者安也 弘者大也 合者治也 □　　　ⅡT0114④:27264①

此簡竹質，上、下、右端殘斷。殘長 13.4，殘寬 0.7，厚 0.3 厘米。

簡文內容或爲治世之道，或是《蒼頡篇》中文句。

   曰從固來非獨當今出兒何用此爲傳之乎　　　ⅡT0114④:2265②

此簡松質，上殘。殘長 17.3，寬 1.2，厚 0.25 厘米。

簡文內容可能是儒家文獻。

  命遣武將東指西擊征伐不軌誅討殄滅爲民除咎百萬之師軍興

                 ⅡT0114③:5666③

此簡紅柳質地，上、下皆殘。殘長 15.3，寬 0.8，厚 0.2 厘米。

《漢書·翟方進傳》："皆以奮怒，東指西擊，羌寇蠻盜，反虜逆賊，不得旋踵，應時殄滅，天下咸服。"④結合 "遣武將東指西擊" "征伐不軌" "誅討殄滅" "爲民除咎"，簡文內容可能與《翟方進傳》所載事件相關。

綜上，對《懸泉漢簡（叁）》中收錄諸典籍簡的簡文進行考釋，并對相關問題進行解讀。其中，簡文內容多呈現文獻雜糅混編的特點，且多有根據實際情況進行字形訛變，簡省、拓展詞彙，改寫文句的現象。相比較傳世典籍而言，出土簡牘的典籍文句則更加真實。除此之外，居延、地灣、金關等漢塞烽燧遺址中也有大量典籍簡出土，説明漢代統治者在鞏固和發展邊疆治理中，從精神思想上對吏民的深度控制。這些材料既可作爲傳世典籍對讀的參考資料，也可使我們能夠更加清晰的把握秦漢時期的社會生活與文化傳播。

秦及漢初，從中央到地方的行政組織機構，對官吏的考課與遷補在追求功勞的同時，也會注意受教育水平。吏民若是有一定的教育基礎，則可以適當放寬選拔任用的條件。如張家山漢簡《功令》例：

  五功令：吏有缺，以功勞次補之。故諸侯子徙關中者頗有史、可以爲吏，用之不應令。議：令郡守、縣令擇諸侯子徙其 己₄₂郡縣，史可以爲吏者，以補乘車以下吏，令與故民爲吏者相襍。其可以爲丞、尉以

---

① 甘肅簡牘博物館等編：《懸泉漢簡（叁）》，中西書局，2023 年，第 509 頁。
② 甘肅簡牘博物館等編：《懸泉漢簡（叁）》，中西書局，2023 年，第 481 頁。
③ 甘肅簡牘博物館等編：《懸泉漢簡（叁）》，中西書局，2023 年，第 399 頁。
④《漢書》卷八四《翟方進傳》，中華書局，1962 年，第 3438 頁。

上者，御史、丞相用之，毋以功勞次。其補六百石以上者當聞。四三①

《功令》規定：官吏有缺，按功勞次序遷補。對遷徙至關中，有教育基礎的故諸侯子，可以使其成爲官吏。在任用時，可以不參照按功勞遷補的令文。議：規定郡守、縣令選擇諸侯子遷徙至其郡、縣。史職（主要指令史）可以作爲官吏的，用以補乘車以下官吏。并規定將"史爲吏者"與"故民爲吏者"一同處理。若擔任縣丞、縣尉以上的職位，御史大夫與丞相可以不按功勞次任用。若遷補六百石以上官吏，則需要按級別上報。其中"故諸侯子"曾磊認爲是指漢初跟從劉邦統一天下的原六國諸侯支系宗戚，②此觀點可從。

西漢中後期，由於中央到地方的日常行政運作是基於簡牘文書完成，所以提升行政效率成爲各行政機構的基礎需要與基本要求。隨着中央與地方行政機構的日益完善，基層吏員數量也顯著提升，使得行政文書量規模巨大。而在處理這些大量的文書時，教育水平則成爲選拔基層吏員、戍卒的必要條件。我們在西北漢簡中也能見到大量的例子，如居延新簡功勞案中常見有"能書會計，治官民，頗知律令文"③的記錄內容。用教育水平來體現官吏工作能力，并將其納入考課、遷降的加分項，足以凸顯其重要性。

從國家治理角度來看，秦及漢初到西漢中後期，隨着疆域的擴大，人口的增加，使得國家的行政方式開始發生轉變。在此基礎上，對地方行政機構的官吏，邊郡地區的戍卒等基層行政人員的要求也趨於嚴格，使得學習以提升自身業務能力，成爲官吏、戍卒、民衆日常生活中的一部分。極大地提升了社會文化發展，與基層教育水平。

從現今學術研究角度來看，典籍的獲取與記錄是古代中國認識歷史和學習知識的重要途徑，也是古代中國鞏固中央集權和發展官吏教育水平的重要保障。出土典籍文獻的研究，既可以爲傳世文獻的記載提供對比與參考，也可以爲學界認識漢代邊塞地區儒家文化的發展與傳播提供現實依據。

作者簡介：金玉璞，男，1994年生，山東大學歷史學院中國史博士研究生，主要從事秦漢史與出土文獻研究。

---

① 荆州博物館編，彭浩主編：《張家山漢墓竹簡：三三六號墓》，文物出版社，2022年，釋文第103頁。
② 曾磊：《"諸侯子"小議》，《南都學壇（人文社會科學學報）》2010年第2期。
③ 如編號EPT50:10、EPT50:15等。詳參張德芳主編，楊眉著《居延新簡集釋（二）》，甘肅文化出版社，2016年，第241—242頁。

懸泉漢簡所見敦煌倉儲系統及相關問題

羅 晨

(首都師範大學歷史學院,北京 100089)

内容摘要:從懸泉漢簡相關記録中可以發現,敦煌地區的倉儲分爲軍政和民政兩個系統,其中軍政系統倉儲由都尉府管轄,其下轄倉的長官稱"倉長";而民政系統倉儲應包括郡倉、縣倉和懸泉置"廥"三級,其中郡倉、縣倉長官均稱"倉嗇夫",懸泉置"廥"則由懸泉置嗇夫主管,且懸泉置廥有大廥、小廥之分,表明其有不止一個廥存儲糧食。懸泉置糧食的來源主要有三:其一爲郡倉、縣倉撥付;其二爲其他縣、置供給;其三爲懸泉置自行購買。懸泉置對糧食出入的管理較爲精細,除每次出入需要以券書記録外,還需要定期匯總爲簿籍并加以核對。

關鍵詞:懸泉漢簡;敦煌;倉;廥;糧食來源

秦漢時期一直存在"重農"的傳統,因此糧食的生産、儲存等是當時執政者與行政者的重要工作之一,故這一時期的倉儲制度是秦漢社會經濟史領域的一個重要問題。徐樂堯、邵鴻、冨谷至、邵正坤、朱奎澤、趙岩、劉艷、謝文奕、魏振龍等均對漢代西北邊境的倉儲問題進行過研究,[①]但囿於材料,其關注點集中

---

① 相關研究可參見下列成果,徐樂堯《漢簡所見長城的後勤供給系統》,中國長城學會編《長城國際學術研討會論文集》,吉林人民出版社,1995 年,第 116—122 頁;邵鴻《西漢倉制考》,《中國史研究》1998 年第 3 期;〔日〕冨谷至著,劉恒武、孔李波譯《文書行政的漢帝國》第三編第三章《糧食供給及其管理——漢代穀倉制度考》,江蘇人民出版社,2013 年,第 277—340 頁;邵正坤《漢代國有糧倉建置考略》,《首都師範大學學報(社會科學版)》2005 年第 1 期;朱奎澤《漢代河西屯戍系統的倉》,《中國農史》2006 年第 2 期,第 59—68 頁;趙岩《也論簡牘所見漢代河西屯戍系統的倉》,《中國農史》2009 年第 3 期;劉艷《漢代河西邊塞防禦系統中的糧倉及相關問題研究》,西北師範大學碩士學位論文,2018 年;謝文奕《漢簡所見肩水地區廩食與倉廥體系研究》,湖南大學碩士學位論文,2019 年;魏振龍《漢代張掖郡肩水塞的倉儲設置》,《文史》2022 年第 1 輯等。

在居延地區與肩水地區軍政系統下的倉儲，而對於敦煌郡地區的倉儲鮮有論及。隨着懸泉漢簡地陸續刊布，其中與"倉""廥""廩食"相關的内容爲了解敦煌郡的倉儲實態提供了可能。①

一、懸泉漢簡所見郡倉、縣倉與府倉

已公布的懸泉漢簡中可見"郡倉佐"（壹·I90DXT0114③：31）、"縣倉"（壹·I90DXT0112②：145）和"府倉曹"（叁·Ⅱ90DXT0114④：17）等記録，這表明漢代在敦煌地區設有郡倉、縣倉和府倉。

"郡倉"即敦煌郡倉，懸泉漢簡中有關於"郡倉"的相關記録：

（1）☑九月己酉郡倉佐元付縣泉廥佐開 ノ☑

（壹·I90DXT0114③:31）

（2）☑□月癸酉郡倉嗇夫東明付縣廥佐□☑

（叁·Ⅱ90DXT0114⑥:5）

從簡（1）與簡（2）記録内容可知，郡倉設有倉嗇夫與倉佐。另，懸泉置地處效穀縣境内，但簡（1）中郡倉佐可以不通過縣或懸泉置嗇夫而直接向懸泉廥佐撥付物資，這似乎可進一步佐證懸泉置應是一個受到敦煌郡和效穀縣兩級政府雙重領導的機構。②此外，還有一枚簡的内容值得注意：

（3）建昭元年八月丙寅朔辛巳遮要厩嗇夫鹿敢言之謹寫移它縣置
遣吏御持傳馬送迎客往來過廩今
券墨移廷龍勒郡倉敦煌縣泉魚離置廣至冥安淵泉令簿入八月報毋令
繆敢言之　　　　　　　　　　　　　　　　Ⅱ T0214②:557③

簡（3）爲遮要厩嗇夫呈報縣廷，請縣廷協助討要接待其他縣置途經人員時使用的糧食。遮要置屬效穀縣，④故此簡中的"廷"應指效穀縣廷。分析上述内容，可

---

① 文中所引懸泉漢簡内容，分别源自甘肅簡牘博物館等編：《懸泉漢簡》（壹）（貳）（叁），中西書局，2019、2020、2023年。爲行文方便，文中引用時只標出"册數·簡牘編號"，不再頁下出注。引用上述作品之外的懸泉漢簡内容時，另行出注標明。
② 吕志峰：《敦煌懸泉置考論——以敦煌懸泉漢簡爲中心》，《敦煌研究》2013年第4期。
③ 張俊民：《西漢敦煌郡縣置名稱考——以懸泉漢簡資料爲中心的考察》，載氏著《敦煌懸泉置出土文書研究》，甘肅教育出版社，2013年，第176頁。
④ 張俊民：《有關漢代廣至縣的幾個問題——以懸泉置出土文書爲中心的考察》，梁安和、徐衛民主編《秦漢研究》第〈七〉輯，陝西人民出版社，2013年，第56頁。

以發現：其一，厩嗇夫級別較低，因此當需要向其他縣、置討要糧食時不能直接聯繫，需要先上報效穀縣，再由效穀縣出面討要。將此情況與簡（1）記錄情況對比，可知懸泉置應確實可以直接接受敦煌郡領導。其二，"券墨"移書的機構包括龍勒、郡倉、敦煌、懸泉、魚離置、廣至、冥安和淵泉，此處將"郡倉"與"敦煌"並列，表明敦煌郡與敦煌縣的糧食出入應是分開進行管理的，因此敦煌縣也應設有縣倉。此外，上述地名的記錄是依照自西向東的順序排列，則由此可以判斷"郡倉"的地理位置應是在龍勒與敦煌之間。

"縣倉"是對敦煌郡下轄縣之"倉"的統稱。據《漢書·地理志》記載，"敦煌郡，戶萬一千二百，口三萬八千三百三十五。縣六：敦煌，冥安，效穀，淵泉，廣至，龍勒。"[1]其中冥安倉、效穀倉、淵泉倉、廣至倉在懸泉漢簡中均有明確記錄，如：

（4）☒□受冥安倉嗇夫　△已三日☒　　（壹·I90DXT0116②:72）

（5）出馬五十六匹送大月氏客張覃父付效穀倉 A

　　五十六匹（右側刻齒內）　　　　B（壹·I90DXT0114③:145）

（6）出穬麥六石　建昭元年七月甲子淵泉倉嗇夫意□☒

　　　　　　　　　　　　　　　　（壹·I90DXT0116②:55）

（7）出粟十五石　□十五石　自出　元延元年正月庚午廣至倉嗇夫□

付遮要置馮憂□□　　　　（壹·I90DXT0111②:131A）

　　□辛　□□□　　　　（壹·I90DXT0111②:131B）

據此可知漢代在冥安縣、效穀縣、淵泉縣和廣至縣均設有倉。而結合簡（3）內容來看，敦煌縣的糧食出入并不由郡倉負責，故由此推斷敦煌縣也有設有倉。而敦煌郡下轄六縣中有五縣均設有縣倉，據此推斷龍勒縣也應當設有縣倉。

此外，懸泉漢簡中存在"敦煌倉"的記錄，但其情況稍顯複雜。

（8）敦煌倉長行大守事上書一封☒　　（壹·I90DXT0114③:35）

（9）入粟三石　一石付庫二石□□□□厩　陽朔二年七月癸酉縣泉

厩嗇夫幸受敦煌倉嗇夫宣　　　　　（壹·I90DXT0109②:1）

簡（8）與簡（9）均涉及"敦煌倉"，但對其長官的稱呼并不相同。簡（8）中所記敦煌倉長官爲"倉長"，而簡（9）中所記敦煌倉長官爲"倉嗇夫"。

簡（8）中"敦煌倉長"可代行敦煌太守事，其級別應不會太低。與之類似

---

[1]《漢書》卷二八下《地理志下》，中華書局，1962年，第1614頁。

的情況在居延漢簡中出現過：

（10）三月丙午張掖長史延行太守事肩水倉長湯兼行丞事下屬國農部都尉小府縣官承書從事

下當用者如詔書／守屬宗助府 佐定　　　　　　　　　　（10.32）①

簡（10）中的"肩水倉長"亦可代行郡丞之事。另外，除"敦煌倉長""肩水倉長"外，西北漢簡中還可見"居延倉長"，②由此可知漢代"倉長"之稱出現并非偶然。冨谷至認爲"倉長"只能設置在都尉府直屬倉；③魏振龍則指出"倉長"的秩次與縣長相同，爲五百石至三百石。④據此來判斷，則簡（8）中的"敦煌倉"應爲敦煌地區都尉府下轄之倉，屬於軍政系統管轄的糧倉。而簡（9）中稱"敦煌倉"而非"郡倉"，且其長官爲"倉嗇夫"而非"倉長"，故此處"敦煌倉"所指應爲敦煌郡倉或敦煌縣倉，其長官稱"倉嗇夫"，屬於民政系統管理的糧倉。

通過上述分析可知：敦煌郡地區在漢代應存在軍政和民政兩個倉儲系統。其中軍政系統下的倉儲歸屬都尉府管轄，其長官稱"倉長"。而民政系統下的倉儲包括敦煌郡倉及敦煌郡下轄六縣的縣倉兩級，郡倉與縣倉的長官均被稱爲"倉嗇夫"。

二、懸泉置"廥"及其管理

除郡、縣兩級設有"倉"外，懸泉置也單獨設有儲存糧食之處，但其不稱爲"倉"，而是被稱爲"廥"：

（11）河平四年正月甲寅丁卯縣泉置守嗇夫昌敢言之廷移府書曰調

（貳·Ⅱ90DXT0111②:46）

（12）當以民田卅頃輸穀置·謹案置毋空廥毋所別積田民孟賞

（貳·Ⅱ90DXT0111②:47）

（13）等四家持穀五千五百石以上到置═西入小廥二所中有穬麥

（貳·Ⅱ90DXT0111②:48）

---

① 簡牘整理小組編：《居延漢簡（壹）》，"中研院"歷史語言研究所，2014年，第37頁。
② 如居延漢簡中有相關記錄，"居延尉丞　其一封居延倉長　一封王憲印　十二月丁酉令史弘發"（136.43），詳見簡牘整理小組編《居延漢簡（貳）》，"中研院"歷史語言研究所，2015年，第88頁。
③〔日〕冨谷至著，劉恒武、孔李波譯：《文書行政的漢帝國》，江蘇人民出版社，2013年，第289—290頁。
④ 魏振龍：《漢代張掖郡肩水塞的倉儲設置》，《文史》2022年第1輯。

（14）□糧內大麿中餘度盡備入穀調爲二月度須受民穀

（貳·Ⅱ90DXT0111②:49）

（15）吏舍中有出稟令給粟度受千六百石唯廷遣信吏雜

（貳·Ⅱ90DXT0111②:50）

姚磊認爲簡（11）至簡（15）可編聯，并將其暫命名爲《懸泉置毋空麿文書》。[①] 根據上述簡文內容中可知：效穀縣轉發敦煌太守府的文書，要求懸泉置接收三十頃民田收穫的穀物，但彼時懸泉置没有空置的"麿"，無法接收如此多的糧食。由此可見，文中提及的"麿"就應是懸泉置存放糧食之處。此外，還可以發現，懸泉置的"麿"有小麿與大麿之分，故此處應設有不止一個"麿"。劉鵬曾指出秦簡中的"倉"與"麿"應爲不同種類的建築，但在實際使用中二者又不甚分明，其在儲藏物資的種類上存在重疊，麿不止用於儲存芻草，也可用於儲存糧食。[②] 但依據懸泉漢簡的相關內容來看，漢代的"倉"與"麿"還可能存在級別上的差异，即郡、縣設倉，驛置建麿。

此外，還有一簡或可作爲佐證：

（16）·右儲庤猥物　　　　　　　　（貳·Ⅰ90DXT0210①:24）

簡（16）中的"·"爲文書簡中常見的提示符；"右"則表明此簡爲一份册書的最後一枚，指其右側相關內容簡牘的合計。"庤"，《說文解字》釋爲"儲置屋下也"，[③] 故此處"儲庤"應連讀。"猥物"一詞似未見於其他秦漢簡牘，但在《莊子補正》中則記有"散爲塵，膩爲垢，穀不熟爲粃，穀皮曰糠，皆猥物也"[④]。若如此，則此簡所記"猥物"應與穀物相關，由此亦可佐證懸泉置設有存儲糧食的建築。此種儲庤猥物的建築有較大可能性就應包括麿。

既然懸泉置存在儲存糧食的"麿"，那麼理應會對其進行管理。關於其日常管理狀况，可以通過對懸泉漢簡中糧食出入記録內容的分析獲知。[⑤] 依據附表中歸納的信息可知，懸泉置日常出入涉及的糧食種類包括糜、麥、粟、穬麥、橐、茭、

[①] 姚磊：《讀〈懸泉漢簡〉札記（二十）》，"簡帛"網 2022 年 4 月 3 日，http://www.bsm.org.cn/?hanjian/8669.html。

[②] 劉鵬：《秦簡所見"麿""倉""實官"考辨》，武漢大學簡帛研究中心主辦：《簡帛》第 24 輯，上海古籍出版社，2022 年，第 97—105 頁。

[③] 〔東漢〕許慎：《說文解字》（注音版），浙江古籍出版社，2020 年，第 314 頁。

[④] 劉文典：《莊子補正》卷一《逍遙游》，中華書局，2015 年，第 26 頁。

[⑤] 關於已公布的懸泉漢簡中涉及糧食出入記録內容信息的歸納，詳見文末附表"懸泉置相關糧食出入記録信息匯表"。

目宿、糜等多種。

首先，從簡牘文書形態來看，匯表中歸納的 111 份簡牘文書中包含 50 份券書和 61 份簿籍簡，這表明懸泉置對於糧食出入的記錄似乎并非是一次完成的。券書一般爲獨立簡，且帶有剖分痕迹或刻齒，所記均爲單次糧食出入的記錄，且年、月、日及付受雙方責任人記錄清楚。而簿籍簡往往需要編聯成册書，故其完整內容應是一段時間內糧食出入記錄的匯總。因此，懸泉置對於糧食出入的文書記錄應是存在一個以券書爲基礎，再匯總爲簿籍的過程。

此外，匯表中序號爲 51、57、67、70、78、91、93、94、95、102、110、111 的十二枚簡值得注意。其中序號爲 51 與 57 的簡所記均爲入糧記錄，但却是由懸泉置分別付給冥安騎士和遮要御的，這表明簡文記錄的立場并不是懸泉置。其餘十枚簡牘亦然，均爲出糧記錄，但無一例外，懸泉置在其中均是作爲接收糧食的一方出現。故由此可知，這些出糧記錄也不是以懸泉置爲立場記錄的。這些簡牘文書出現在懸泉置的原因目前尚無法確考，但依據懸泉漢簡中所見"移券墨書""寫移券墨"等文書內容推測，在糧食出入中的非懸泉置一方會在一定時間內將出入糧食的記錄匯總後發給懸泉置，以便懸泉置核對該時段內糧食出入的數量。若如此，則懸泉置對糧食出入的管理應是比較精細的，既有單次的記錄，也有定期的匯總記錄，還需要定期核對糧食出入的數量。

其次，懸泉置"廥"是否設有專人管理也是一個值得關注的問題。根據匯表中的信息可以發現：懸泉置的入糧記錄中涉及的接收人員包括懸泉置嗇夫（17 次）、懸泉置佐（25 次）、懸泉厩嗇夫（4 次）、懸泉厩佐（11 次）、懸泉御（7 次）、縣泉馬醫（2 次）、懸泉助御（1 次）、懸泉徒（1 次）、懸泉奴（1 次）等，①其中涉及次數較多的有懸泉置嗇夫、懸泉置佐和懸泉厩佐；而出糧記錄中涉及的支付人員包括懸泉置（守）嗇夫（30 次）、懸泉置丞（1 次）、懸泉置佐（2 次）、懸泉厩嗇夫（2 次）、懸泉厩佐（3 次）、懸泉奴（1 次）等，②其中涉及次數較多的爲懸泉置嗇夫。由此可見，能夠參與到懸泉置糧食出入相關工作的人員較多，且除懸泉置工作人員外，在懸泉置服役的徒隸、奴等也可參與其中。但依據頻率來看，則負責懸泉置糧食出入管理工作的應當還是懸泉置嗇夫，其餘人員或許只是執行人員，故懸泉置"廥"有可能也爲懸泉置嗇夫主管。

---

① 匯表中序號爲 67、70、78、91、93、94、95、102、110、111 的簡作爲懸泉置的入糧記錄納入次數統計。
② 匯表中序號爲 51、57 的簡作爲懸泉置的出糧記錄納入次數統計。

此外，懸泉漢簡中還發現有管理倉儲的法律內容：

（17）・倉扁濕殄敗禾粟它稼穡及所敗之以其不可食者負令以下主者尚可食者以耗負之　　　　　　　　（壹・I90DXT0114①：21）

睡虎地秦簡《效律》中存在與簡（17）相似的內容：

倉扁（漏）朽（朽）禾粟，及積禾粟而敗之，其不可食者不盈萬石以下，誶官嗇夫；百石以上到千石，貲官嗇夫（一六四）一甲；過千石以上，貲官嗇夫二甲；令官嗇夫、冗吏共賞（償）敗禾粟。禾粟雖敗而尚可食殹（也），程之，以其耗（耗）石數論（一六五）負之。　效（一六六）
（《睡虎地秦簡・秦律十八種・效》）[①]

倉扁（漏）朽（朽）禾粟，及積禾粟而敗之，其不可飲（食）者，不盈百石以下，誶官嗇夫（二三）；百石以到千石，貲官嗇夫一甲；過千石以上，貲官嗇夫二甲；令官嗇夫、冗（二三）吏共賞（償）敗禾粟。禾粟雖敗而尚可飲（食）殹（也），程之，以其耗（耗）石數論（一六五）餕（負）之（二四）。　　　（《睡虎地秦簡・效律》）[②]

睡虎地秦簡《秦律十八種・效》與《效律》中記載的相關內容基本一致，只是在個別記錄用字方面存在差異。郭小青將秦簡與簡（17）對讀，指出簡（17）應是漢代《效律》在繼承秦代《效律》的基礎上進行了寬減和調整，因此未見單獨懲罰倉主管人員的相關規定。[③] 但值得注意的是，簡（17）所記內容涉及倉漏之後損毀糧食的處理，其中明言"不可食者負令以下主者"，則此規定應是適用於縣倉一級。但相關的規定出現在懸泉置遺址，懷疑當時懸泉置對廥的管理可能也會比照此規定執行。

三、懸泉置的糧食來源

懸泉置爲郵驛機構，主要負責人員迎送、接待和郵書傳遞，故此需要大量的糧食供給過往之人。這些糧食的來源問題，亦可通過梳理懸泉漢簡中的相關內容得知。

[①] 睡虎地秦墓竹簡整理小組編：《睡虎地秦墓竹簡》，文物出版社，1978年，釋文第57頁。
[②] 睡虎地秦墓竹簡整理小組編：《睡虎地秦墓竹簡》，文物出版社，1978年，釋文第72頁。
[③] 郭小青：《試談懸泉漢簡中的一條〈效律〉簡》，王沛主編《出土文獻與法律史研究》第12輯，法律出版社，2022年，第145—154頁。

首先，由前述簡（1）內容可知，懸泉置的部分糧食應是由郡倉撥付的。此外，懸泉漢簡中還有"入粟九石五斗四升　受縣倉☐"（壹·I90DXT0112②：145）的記錄，則可知效穀縣倉應也會撥付糧食供給懸泉置。

其次，根據簡（3）所記，遮要置請效穀縣出面討要其他縣置派遣御進行迎送活動時接待所用的糧食，由此可知懸泉置亦應存在由其他縣、置供給糧食的情況。除簡（3）外，還有類似情況的記錄：

　　（18）初元五年七月壬申朔丁亥萬歲候廣丞昌移效穀萬歲出糜小石十石一斗爲大石六石六升付效穀倉佐充御肥賞

　　　☐以食傳馬爲行大守事司馬張君送迎丞相史柱今寫券墨移書到願令史受簿入八月報毋令繆如律令　　　　（壹·I90DXT0114③：144）

簡（18）所記是萬歲候將糜交付給了效穀縣的倉佐，其原因應爲行太守事司馬張君在迎送丞相史的過程中讓懸泉置的廄御"肥"承擔了相關的駕車工作，故此將這些糜作爲駕車傳馬的飼料。由此看來，由其他縣、置供給糧食的情況是有條件的，即置中的工作人員替其他縣、置承擔了相關的迎送、接待工作。

　　（19）入粟小石二石　建昭三年六月辛卯縣泉廄佐延年受萬歲候令史相國（左側有刻數）　　　　（壹·I90DXT0116②：73）

簡（19）爲帶有刻齒的券書，根據其內容可知萬歲候令史將粟交付給了懸泉廄佐，同簡（18）相比，這次是萬歲候與懸泉置直接交付，沒有經過效穀縣倉。但萬歲候與懸泉置分屬軍政、民政系統，而萬歲候將飼料、糧食交付懸泉置，應當即是懸泉置協助萬歲候承擔了迎送、接待任務。

其三，懸泉漢簡中還發現一些與糧食買賣相關的內容也值得注意，如：

　　（20）

　　入（第一欄）

　　貇田一頃

　　糴粟小石百五十畝（第二欄）

　　正月丁未縣泉廄嗇夫尊受遮要☐（第三欄）

　　　　　　　　　　　　　　（壹·I90DXT0110①：30）

　　（21）

　　出（第一欄）

　　貇田五十一畝

　　糶粟小石七十石直錢二千七百（第二欄）

建始二年十二月　少内嗇夫輔付壽親里董彭（第三欄）

（壹·Ⅰ90DXT0111②:97）

（22）

出（第一欄）

䵣田卅三畝

粟十七石（第二欄）

建始二年十二月乙卯倉嗇夫輔付廣漢里孫庭（第三欄）

（貳·Ⅱ90DXT0111②:123）

（23）

出錢千（第一欄）

出錢二百八十五買□三枚〓九十五𠧧

出錢百　白米四斗〓廿五（第二欄）

出錢百酒一石☒

出錢□百……☒（第三欄）　　　（壹·Ⅰ90DXT0111②:133）

（24）

出䵣田糴粟小石卌石　建平二年三月辛卯宜王里宋康付縣泉置嗇夫

敞

（貳·Ⅱ90DXT0112③：117）

上述5枚簡牘均涉及到糧食買賣的問題，其中簡（20）至簡（23）爲簿籍簡；簡（24）左側有4個刻齒，每個均作">"形，表示"十"，[①]合計四十，與簡牘所記"小石卌石"數量相符，故簡（24）爲券書。

"糴"在戰國秦漢時期既可用作動詞表示買穀、賣穀之義，亦可作名詞表示穀物之義。[②]在上述5簡中，"糴"或與"粟"搭配，或與"米"搭配，粟、米本身即作名詞，故此處"糴"應作動詞義理解較爲合理。

簡（20）至簡（22）所記內容雖然有"入"有"出"，但最終得到粟的一方應爲懸泉置相關人員。其中簡（20）記錄較明顯，是懸泉置厩嗇夫接受了遮要置某人的粟，且第一欄記錄爲"入"，故簡（20）中"糴"字應作"買入"理解。

[①]〔日〕籾山明著，胡平生譯：《刻齒簡牘初探——漢簡形態論》，中國社科院簡帛研究中心編《簡帛研究譯從》第2輯，湖南人民出版社，1998年，第147—177頁。

[②]石洋：《"糴""糶"分形前史——戰國至西晉出土文字所見"糴"的使用》，《中國史研究》2023年第2期。

簡（21）與簡（22）第一欄所記均爲"出"，故此處"糴"字應作"賣出"理解，即少內嗇夫、倉嗇夫分別將粟賣給了壽親里董彭和廣漢里孫庭。壽親里、廣漢里均爲效穀縣下轄里，①故董彭、孫庭均爲效穀縣人。簡文采用"里名＋人名"的格式記錄董彭與孫庭的信息，表明當時二人應還是普通百姓。與之類似的記錄方式還可見：

（25）入錢五百卅二　初元五年六月乙卯厨嗇夫宮受千乘里鄭奉德作十日（左齒）　　　　　　　　　　　　　　　VT1311③：280②

簡（25）亦爲券書，其中"千乘里鄭奉德"的記錄格式同樣爲"里名＋人名"，與董彭、孫庭的信息記錄格式相同。張俊民指出懸泉置周邊的人有義務到懸泉置服役一定時間，或承擔"御"的工作，或承擔"養"的工作，他們可以本人服役，也可出錢僱人服役。而簡（25）中的鄭奉德本應到懸泉厨服役一個月，但實際上只勞作了二十天，故此剩下的十天勞作用錢代替。③由此來看，則董彭、孫庭應的情況應與鄭奉德類似，也是到懸泉置服役的人員，因此少內嗇夫、倉嗇夫賣出的粟應是由董彭、孫庭帶回了懸泉置。

簡（23）下部殘斷，買賣雙方的信息無法確知。但一方面第二欄明確記有"出錢糴米"字樣，可知當時是存在買米行爲的。另一方面，此簡出土於懸泉置遺址，故出錢買米的行爲大概率與懸泉置人員有關。

簡（24）爲記錄宋康將粟賣給懸泉置的券書，"宜王里"也是效穀縣下轄里，④故通過此簡內容可知，懸泉置購買糧食的對象除其他驛置[如簡（20）中的遮要置]、縣廷[如簡（21）（22）中的少內嗇夫、倉嗇夫]，還包括效穀縣的普通百姓[如簡（24）中的宋康]。

綜上所述，懸泉置糧食的來源應主要有三種途徑：其一，由敦煌郡倉、效穀縣倉直接撥付；其二，在懸泉置工作人員代替他縣、置承擔工作後，由其他縣、置供給；其三，通過買賣的方式購入糧食。

---

① 張俊民：《懸泉漢簡所見西漢效穀縣的"里"名》，《敦煌研究》2012年第6期。
② 張俊民：《懸泉漢簡中有明確紀年的物價資料》，載氏著《敦煌懸泉置出土文書研究》，甘肅教育出版社，2015年，第24頁。
③ 張俊民：《懸泉漢簡中有明確紀年的物價資料》，載氏著《敦煌懸泉置出土文書研究》，甘肅教育出版社，2015年，第24頁。
④ 張俊民：《懸泉漢簡所見西漢效穀縣的"里"名》，《敦煌研究》2012年第6期。

四、餘論

通過梳理懸泉漢簡中有關敦煌地區倉、廥的相關内容，還可以發現漢代的倉、廥與秦代的倉、廥略有差异。秦簡中的"倉""廥"既是儲糧設施，同時也是管理糧食的"實官"。[1] 所謂"實官"，蔡萬進認爲其包括設置於各縣的糧食行政管理部門以及隸屬各縣的地方糧食行政管理部門。[2] 而劉鵬則認爲"實官"是貯藏財貨官府的通稱，其所貯藏的物資除糧穀、芻稾外，還包括經濟作物及以布爲代表的貨幣等。[3] 由此來看，秦代的倉、廥可以指代一級管理機構。

但依據懸泉漢簡中的現有材料來看，漢代的情況應與秦代不同。一方面，秦簡中對"實官"的討論目前僅涵蓋了縣、鄉兩級，但懸泉漢簡中的郡倉也應屬於儲藏糧食的官府，與秦時的"實官"相類。另一方面，懸泉漢簡中尚未發現有鄉倉的記錄，但懸泉置中的"廥"指的是儲存糧食的建築無疑，且其應由懸泉置嗇夫主管，故懸泉置的"廥"似乎很難歸入"官府"一類。這些應是漢與秦在倉儲體系方面差异的一個具體體現。

隨着懸泉漢簡的陸續刊布，或許可以對其中涉及的倉儲系統及相關問題作進一步了解。

---

[1] 謝坤：《出土簡牘所見秦代倉、廥設置與管理》，《中國農史》2019年第3期。
[2] 蔡萬進：《秦國糧食經濟研究（增訂本）》，大象出版社，2009年，第56—58頁。
[3] 劉鵬：《秦簡所見"廥""倉""實官"考辨》，武漢大學簡帛研究中心主辦：《簡帛》第24輯，上海古籍出版社，2022年，第97—105頁。

附表：懸泉置相關糧食出入記錄信息匯表

序號	簡號	出/入	糧食種類	支付方	接收方	文書性質	紀年
1	貳·I90DXT0209⑤：17	入	糜	敦煌倉嗇夫過	縣泉廄佐廣意	券書（右齒）	本始五年（前69）
2	貳·I90DXT0309③：177	入	麥	冥安倉嗇夫休、佐尊	縣泉廄佐禹	簿籍	神爵元年（前61）
3	貳·I90DXT0309③：188	入	粟	敦煌倉佐霸成	縣泉廄佐長富	簿籍	神爵元年（前61）
4	貳·I90DXT0309③：194	入	麥	魚離置嗇夫充國	縣泉廄佐禹、長富	簿籍	神爵元年（前61）
5	貳·I90DXT0309③：201	入	麥	冥安倉嗇夫休、佐尊	縣泉廄佐禹	簿籍	神爵元年（前61）
6	貳·I90DXT0309③：214	入	糜	倉嗇夫陽須	縣泉廄佐禹	券書（右齒）	神爵元年（前61）
7	貳·I90DXT0309③：132	入	穬麥	魚離嗇夫充	縣泉助御故常利里趙逢時	簿籍	神爵二年（前60）
8	叁·Ⅱ90DXT0113④：111	入	糜	?	縣泉置?	券書（右齒）	神爵四年（前58）
9	壹·I90DXT0112③：93	入	麥	?	縣泉?	券書（右齒）	甘露二年（前52）
10	叁·Ⅱ90DXT0114③：485	入	荄	廣漢里孟何	縣泉廄佐順	簿籍	初元五年（前44）
11	貳·Ⅱ90DXT0111③：10	入	穬麥	奉常里孫蓋衆	縣泉嗇夫奉光	簿籍	永光二年（前42）
12	壹·I90DXT0109③：20	入	穬麥	廣至奉常里□種	縣泉廄佐建	簿籍	永光五年（前39）
13	壹·I90DXT0116②：61	入	穬麥	廣至樂世里龍明	縣泉置佐建	簿籍	永光五年（前39）
14	壹·I90DXT0116②：127	入	穬麥	廣至富昌里陳世	縣泉置佐建	券書（右齒）	永光五年（前39）
15	壹·I90DXT0116②：73	入	粟	萬歲候令史相國	縣泉廄佐延年	券書（左齒）	建昭三年（前36）
16	貳·Ⅱ90DXT0113②：33	轉粟		效穀高誼里鄭未央	縣泉廄嗇夫建	券書（右齒）	建始四年（前29）
17	壹·I90DXT0109②：1	入	粟	敦煌倉嗇夫宣	縣泉廄嗇夫幸	簿籍	陽朔二年（前23）
18	壹·I90DXT0109②：39+44	入	粟	?	縣泉置嗇夫尊	簿籍	陽朔二年（前23）
19	貳·Ⅱ90DXT0112①：36	入	粟	倉嗇夫	縣泉御宋意	簿籍	陽朔三年（前22）
20	貳·Ⅱ90DXT0111①：341	入	粟	令史賀	縣泉御左護	券書（左齒）	陽朔四年（前21）

續表

序號	簡號	出/入	糧食種類	支付方	接收方	文書性質	紀年
21	壹·I90DXT0110①：85	入	粟	遮要嗇夫慶	縣泉御丁護	簿籍	鴻嘉二年（前19）
22	貳·II90DXT0111①：95	入	粟	遮要置嗇夫慶	縣泉徒孫襃	簿籍	鴻嘉二年（前19）
23	叁·II90DXT0114①：11	入	粟	?	縣泉佐音	券書（左齒）	鴻嘉三年（前18）
24	壹·I90DXT0110①：118	入	粟	效穀壽親里棣?	縣泉置嗇夫敞	券書（右齒）	鴻嘉四年（前17）
25	貳·II90DXT0111①：17	入	粟	兼厩司空?	縣泉置佐王譚	簿籍	鴻嘉四年（前17）
26	貳·II90DXT0111①：18	入	粟	遮要嗇夫誼	縣泉馬醫厩同	券書（右齒）	鴻嘉四年（前17）
27	貳·II90DXT0111①：19	入	粟	龍勒厩嗇夫	縣泉置佐惲	券書（右齒）	鴻嘉四年（前17）
28	貳·II90DXT0111①：20	入	麥	敦煌厩嗇夫	縣泉置佐惲	簿籍	鴻嘉四年（前17）
29	貳·II90DXT0111①：21	入	麥	敦煌厩嗇夫襃	縣泉佐譚	簿籍	鴻嘉四年（前17）
30	貳·II90DXT0111①：23	入	粟	敦煌厩嗇夫襃	佐博	簿籍	鴻嘉四年（前17）
31	貳·II90DXT0111①：24	入	粟	敦煌倉令史信	縣泉佐惲	簿籍	鴻嘉四年（前17）
32	貳·II90DXT0111①：96	入	粟	遮要置嗇夫護	縣泉御張博	簿籍	鴻嘉四年（前17）
33	貳·II90DXT0111①：97	入	麥	遮要嗇夫護	縣泉佐博	券書（右齒）	鴻嘉四年（前17）
34	貳·II90DXT0111①：99	入	粟	壽貴里宜壽	縣泉置嗇夫敞	券書（右齒）	鴻嘉四年（前17）
35	貳·II90DXT0111①：194	入	粟	冥安破胡里終彭	縣泉嗇夫敞	券書（右齒）	鴻嘉四年（前17）
36	貳·II90DXT0111①：199	入	荾	遮要置佐黨	縣泉佐惲	券書（右齒）	鴻嘉四年（前17）
37	貳·II90DXT0111②：124	入	粟	執適里?	置嗇夫敞	簿籍	鴻嘉四年（前17）
38	貳·II90DXT0112②：16	入	荾	?	縣泉置嗇夫	券書（右齒）	鴻嘉四年（前17）
39	叁·II90DXT0113③：2	入	白粱粟	遮要置嗇夫誼	縣泉置嗇夫敞	券書（右齒）	鴻嘉四年（前17）
40	叁·II90DXT0113③：4	入	粟	冥安安里?賞	縣泉嗇夫敞	券書（右齒）	鴻嘉四年（前17）

續表

序號	簡號	出/入	糧食種類	支付方	接收方	文書性質	紀年
41	叁·Ⅱ90DXT0113③:7	入	粟	遮要嗇夫護	縣泉奴便	券書（右齒）	鴻嘉四年（前17）
42	叁·Ⅱ90DXT0113③:9	入	粟	遮要置嗇夫	縣泉置佐憚	券書（右齒）	鴻嘉四年（前17）
43	叁·Ⅱ90DXT0113③:11	入	茭	廣至富利里?	縣泉置嗇夫敞	券書（右齒）	鴻嘉四年（前17）
44	貳·Ⅱ90DXT0111①:25	入	粟	?	縣泉佐博	簿籍	鴻嘉五年（前16）
45	貳·Ⅱ90DXT0112④:14	入	粟	?	縣泉置嗇夫敞	券書（右齒）	鴻嘉五年（前16）
46	叁·Ⅱ90DXT0114③:497	入	轉粟	步廣里工師傅	縣泉嗇夫敞	券書（右齒）	鴻嘉五年（前16）
47	叁·Ⅱ90DXT0114③:503	入	☒粟	步進里陳宗	縣泉置嗇夫敞	券書（右齒）	鴻嘉五年（前16）
48	貳·Ⅱ90DXT0111①:171	入	粟	魚離置佐政	縣泉置佐侯并	券書（右齒）	永始四年（前13）
49	叁·Ⅱ90DXT0114②:105	入	粟	遮要徒張放	縣泉嗇夫敞	券書（左齒）	元延四年（前9）
50	貳·Ⅱ90DXT0111①:187	入	粟	遮要置嗇夫譚	縣泉馬醫李并	簿籍	綏和元年（前8）
51	貳·Ⅱ90DXT0111①:317	入	粟、茭	縣泉嗇夫慶	冥安騎士馬年	券書（左齒）	元延五年（前8）?
52	壹·Ⅰ90DXT0205②:17	入	穬麥	廣至?	縣泉置佐房	券書（右齒）	綏和二年（前7）
53	壹·Ⅰ90DXT0109②:24	入	粟	遮要置嗇夫	縣泉佐房音	簿籍	建平元年（前6）
54	壹·Ⅰ90DXT0114①:8	入	茭	?	縣泉置佐鄭憲	券書（左齒）	建平五年（前2）
55	貳·Ⅰ90DXT0305②:1	入	穬麥	破胡守令史衆	縣泉置佐鄭憲	券書（左齒）	建平六年（前1）?
56	壹·Ⅰ90DXT0114①:60	入	鐵干米	壽親里龍并	縣泉置嗇夫就	簿籍	元始元年（1）
57	貳·Ⅱ90DXT0113①:15	入	粟	縣泉置佐孟	遮要御侯并	券書（左齒）	原始二年（2）
58	叁·Ⅱ90DXT0114②:281	入	轉粟	廣至萬年里馮定	縣泉置佐建	簿籍	元始五年（5）
59	叁·Ⅱ90DXT0114①:138	入	麥	進意里申習	縣泉置嗇夫丹	券書（左齒）	始建國二年（10）
60	壹·Ⅰ90DXT0114①:23	入	茭	郡田吏寶寶	縣泉置佐忠	簿籍	?

續表

序號	簡號	出/入	糧食種類	支付方	接收方	文書性質	紀年
61	壹·I90DXT0116②：112	入	粟	萬年里魏賢	縣泉廄佐欣	券書（右齒）	?
62	貳·Ⅱ90DXT0111①：16	入	粟	遮要嗇夫	縣泉佐譚	簿籍	?
63	貳·Ⅱ90DXT0111①：56	入	粟	遮要?	縣泉佐譚	簿籍	?
63	貳·I90DXT0309③：144	出	穬麥	縣泉置嗇夫弘	書佐敞	簿籍	神爵元年（前61）
65	貳·I90DXT0309③：216	出	穬麥	縣泉置嗇夫弘	書佐赦	簿籍	神爵元年（前61）
66	壹·I90DXT0114③：3	出	穬麥	縣泉置嗇夫弘	遮要助御董德	簿籍	甘露元年（前53）
67	壹·I90DXT0116②：42	出	穬麥	魚離置嗇夫利	縣泉廄佐賀	簿籍	永光二年（前42）
68	壹·I90DXT0116②：153	出	麥	縣泉佐欣	魚離卒餘	簿籍	永光五年（前39）
69	叁·Ⅱ90DXT0114①：2	出	粟	縣泉置嗇夫欣	冥安廄佐利世	券書（右齒）	建昭二年（前37）
70	壹·I90DXT0110②：1	出	穬麥	魚離廄佐尊	縣泉廄千秋	簿籍	建昭四年（前35）
71	貳·Ⅱ90DXT0111③：29	出	粟	縣泉廄嗇夫欣	遮要徒賈尊	券書（右齒）	建始二年（前31）
72	壹·I90DXT0110②：34	出	粟	縣泉廄佐霸	敦煌廄佐宋昌	券書（左齒）	建始五年（前28）
73	貳·Ⅱ90DXT0111②：122	出	粟	縣泉置嗇夫	遮要馬醫博	券書（右齒）	建始五年（前28）
74	壹·I90DXT0111②：10	?（出）	?	縣泉置嗇夫尊	遮要廄佐順	簿籍	和平二年（前27）
75	叁·Ⅱ90DXT0114②：207	出	粟	縣泉廄嗇夫光	遮要廄佐忠	券書（右齒）	河平四年（前25）
76	叁·Ⅱ90DXT0114②：213	出	粟	縣泉嗇夫光	遮要佐忠、霸	簿籍	和平五年（前24）
77	壹·I90DXT0109②：19	出	目宿、茭	縣泉嗇夫定	敦煌新成里山譚	簿籍	陽朔三年（前22）
78	貳·Ⅱ90DXT0111①：35	出	粟	魚澤令史慶	縣泉置佐楊武	簿籍	陽朔四年（前21）
79	壹·I90DXT0110①：83	出	茭	縣泉嗇夫敞	效穀大穰里鞠長	簿籍	鴻嘉四年（前17）
80	貳·Ⅱ90DXT0111①：36	出	粟	縣泉置嗇夫敞	遮要置佐黨	簿籍	鴻嘉四年（前17）

續表

序號	簡號	出/入	糧食種類	支付方	接收方	文書性質	紀年
81	貳·Ⅱ90DXT0111①：146	出	粟	縣泉置嗇夫敞	遮要御王登奴伯歸	簿籍	鴻嘉四年（前17）
82	貳·Ⅱ90DXT0111①：193	出	茭	縣泉置嗇夫敞	敦煌樂世里束并	券書（左齒）	鴻嘉四年（前17）
83	貳·Ⅱ90DXT0111①：218	出	茭	縣泉置嗇夫敞	效穀臨樂里陳襃	券書（左齒）	鴻嘉四年（前17）
84	貳·Ⅱ90DXT0111①：290	出	粟	縣泉嗇夫敞	敦煌大昌里張爵	券書（左齒）	鴻嘉四年（前17）
85	貳·Ⅱ90DXT0112②：2	出	稟	縣泉置嗇夫敞	效穀益里鄧譚	券書（左齒）	鴻嘉四年（前17）
86	貳·Ⅱ90DXT0112②：6	出	粟	縣泉置嗇夫敞	敦煌長史	券書（左齒）	鴻嘉四年（前17）
87	貳·Ⅱ90DXT0112④：13	出	粟	縣泉嗇夫敞	遮要厩益有行	券書（右齒）	鴻嘉四年（前17）
88	叁·Ⅱ90DXT0113③：10	出	粟	縣泉奴便	遮要置嗇夫慶	券書（左齒）	鴻嘉四年（前17）
89	貳·Ⅱ90DXT0111①：102	出	粟	嗇夫敞	？	簿籍	永始元年（前16）
90	貳·Ⅱ90DXT0112②：10	出	粟、茭	縣泉嗇夫敞	龍勒厩御王譚	簿籍	永始元年（前16）
91	叁·Ⅱ90DXT0114②：187	出	粟、稟	遮要置嗇夫慶	縣泉厩御許章	簿籍	鴻嘉五年（前16）
92	貳·Ⅱ90DXT0111②：67	出	粟	縣泉厩佐楊	宜禾御吏王豐	簿籍	元延二年（前11）
93	貳·Ⅱ90DXT0111①：44	出	粟、麥	冥安兼倉少内嗇夫宣	縣泉佐	簿籍	元延三年（前10）
94	貳·Ⅱ90DXT0111①：173	出	粟	遮要置嗇夫嘉	縣泉佐趙并	簿籍	綏和二年（前7）
95	貳·Ⅱ90DXT0112③：117	出	粟	宜王里宋康	縣泉置嗇夫敞	券書（左齒）	建平二年（前5）
96	壹·Ⅰ90DXT0114①：54	出	粟	縣泉置守嗇夫襃	敦煌御張襃、張戎	簿籍	建平三年（前4）
97	壹·Ⅰ90DXT0114①：25	出	粟	縣泉置嗇夫就	？	簿籍	元始元年（1）
98	壹·Ⅰ90DXT0114①：26AB	出	粟	縣泉置嗇夫就	？	券書（待剖分）	元始元年（1）
99	叁·Ⅱ90DXT0114②：62	出	苜宿	縣泉置嗇夫	淵泉騎士	簿籍	元始元年（1）
100	壹·Ⅰ90DXT0112①：3	出	積麥	縣泉嗇夫并	遮要佐齊相	簿籍	元始三年（3）

續表

序號	簡號	出/入	糧食種類	支付方	接收方	文書性質	紀年
101	貳·Ⅱ90DXT0113①:4	出	粟	縣泉廄佐馬嘉	敦煌御任昌	券書（左齒）	元始五年（5）
102	壹·I90DXT0110①:61	出	穬麥	倉嗇夫	廄嗇夫	簿籍	?
103	壹·I90DXT0112③:77	出	米	?（懸泉置）	亭長奉德、都田佐宣	簿籍	?
104	貳·I90DXT0309③:318	出	糜	縣泉置嗇夫弘	冥安廄嗇夫中舒	簿籍	?
105	貳·Ⅱ90DXT0111①:94	出	粟	縣泉置嗇夫敞	遮要佐霸	簿籍	?
106	貳·Ⅱ90DXT0111①:211	出	粟	置嗇夫敞	佰歸	簿籍	?
107	貳·Ⅱ90DXT0111②:128	出	粟	縣泉置嗇夫敞	益有倉車掾馬	簿籍	?
108	貳·Ⅱ90DXT0112③:161	出	麥	縣泉置丞可	廣至廄嗇夫壽	券書（左齒）	?
109	叁·Ⅱ90DXT0113③:5	出	粟	縣泉置嗇夫敞	遮要?	簿籍	?
110	叁·Ⅱ90DXT0113⑤:18	出	糜	步廣令史禹	縣泉廄御張親	簿籍	?
111	叁·Ⅱ90DXT0114④:59	出	麥	冥安廄佐段	縣泉御蘇昌	簿籍	?

資料來源：《懸泉漢簡》（壹）（貳）（叁）

附記：

本文爲2020年度國家社科基金重大招標項目"中韓日出土簡牘公文書資料分類整理與研究"（20&ZD217）階段性成果。

作者簡介：羅晨，男，1993年生，河北師範大學歷史文化學院博士，首都師範大學博士後，研究方向爲秦漢史、簡牘學。

《懸泉漢簡》讀書札記三則

韓 鋭

（西北師範大學文學院，蘭州 730070）

内容摘要：懸泉置遺址出土的漢代簡牘、壁書等，其內容可與史傳文獻對讀，在一定程度上補史之闕，補充還原一些不被史官所錄的歷史細節。從其書寫來看，簡文的書寫規範、書寫材料以第一手史料的形式保存了漢代政務運行與文書書寫的原始特點。

關鍵詞：懸泉漢簡；《四時月令詔條》；文書書寫

一、簡文所見部分漢代人物

簡 1：

    地節四年四月己未，富平侯□□

 制 詔侍御史曰：斥候千人趙訢詣部

    爲駕二封軺傳，載從者一人   Ⅰ 90DXT0114③:131

"富平侯"當爲張安世，《漢書·張湯傳》載：

安世字子孺，少以父任爲郎。用善書給事尚書，精力於職，休沐未嘗出。上行幸河東，嘗亡書三篋，詔問莫能知，唯安世識之，具作其事。後購求得書，以相校無所遺失。上奇其材，擢爲尚書令，遷光祿大夫。

昭帝即位，大將軍霍光秉政，以安世篤行，光親重之。會左將軍上官桀父子及御史大夫桑弘羊皆與燕王、蓋主謀反誅，光以朝無舊臣，白用安世爲右將軍光祿勳，以自副焉。久之，天子下詔曰："右將軍光祿勳安世輔政宿衛，肅敬不怠，十有三年，鹹以康寧。夫親親任賢，唐、虞之道也，其封安世爲富平侯。"

明年，昭帝崩，未葬，大將軍光白太后，徙安世爲車騎將軍，與共征立昌邑王。王行淫亂，光復與安世謀，廢王、尊立宣帝。帝初即位，褒賞大臣，下詔曰："夫褒有德，賞有功，古今之通義也。車騎將軍光祿勳富平侯安世，宿衛忠正，宣德明恩，勤勞國家，守職秉義，以安宗廟，其益封萬六百户，功次大將軍光。"安世子千秋、延壽、彭祖，皆中郎將侍中。

……

元康四年春，安世病，上疏歸侯，乞骸骨。天子報曰："將軍年老被病，朕甚閔之。雖不能視事，折沖萬裏，君先帝大臣，明於治亂，朕所不及，得數問焉，何感而上書歸衛將軍富平侯印？薄朕忘故，非所望也！願將軍強餐食，近醫藥，專精神，以輔天年。"安世復強起視事，至秋薨。天子贈印綬，送以輕車介士，謚曰敬侯。①

張安世作爲漢武帝朝御史大夫張湯的次子，漢武帝封其爲尚書令，遷光禄大夫，後爲昭、宣二朝的重臣，漢昭帝封張安世爲富平侯，後於宣帝朝歷任車騎將軍、大司馬、領尚書事、衛將軍，統領兩宫衛尉、城門與北軍兵營，食邑萬户。班固稱之"富於大將軍光"。張安世生年不見於史傳，於元康四年（前62）病逝。張安世與霍光同爲權臣，爲人小心謹慎，班固稱贊他"安世履道，滿而不溢"，實爲極高的評價。

張安世於地節四年四月乙未日簽發了這一傳信文書，此時距他病逝之期僅有四年。《漢書》載，在張安世逝世後，其子張延壽繼承了他的爵位：

延壽已歷位九卿，既嗣侯，國在陳留，别邑在魏郡，租入歲千餘萬。延壽自以身無功德，何以能久堪先人大國，數上書讓減户邑，又因弟陽都侯彭祖口陳至誠，天子以爲有讓，乃徙封平原，并一國，户口如故，而租税減半。薨，謚曰愛侯。子勃嗣。爲散騎、諫大夫。②

班固對張延壽的記載簡略，從中只得看出其爲謹慎守成之人，不見其所擔任的日常工作，而在懸泉漢簡的一封傳信中，則有相關史料的留存：

簡2:

甘露四年七月辛酉，富平侯臣延壽……

制　詔侍御史曰：將田渠犁……張敞孫□之伍□王廣、龐充世、張霸、

---

① 〔漢〕班固撰，〔唐〕顔師古注，〔清〕王先謙補注：《漢書補注·張湯傳第二十九·張安世》，商務印書館，1959年，第4173—4179頁。

② 〔漢〕班固撰，〔唐〕顔師古注，〔清〕王先謙補注：《漢書補注·張湯傳第二十九·張延壽》，商務印書館，1959年，第4179頁。

　　　　　高通光、龐耳、董嘉、玄彊詣田所爲駕二封軔傳，載從者各一人駕
　　十乘　　　　　　　　　　　　　　　　　　　　（第一欄）
　　　　　御史大夫定國下扶風厩，承書以次爲駕當舍傳
　　　　舍如律令　乙八月乙亥東　　　　（第二欄）
　　　　　　　　　　　　　　　　　Ⅱ 90DXT0114③:501

　　這枚簡牘記載了漢宣帝甘露四年（前50）由中央下發的一封規格較高的傳信，文書的簽發人即爲繼承了父親張安世爵位的張延壽。由這份文書可知，傳信由富平侯簽發，由時任御史大夫的于定國下發至扶風厩，結合懸泉置的地理位置可知，該傳是要求扶風厩及以西的郵驛機構爲持傳人提供相應待遇。

　　由此可見，張延壽在承襲父親爵位的同時，還承擔了一些張安世曾擔任的行政工作，此時距離張安世逝世已經過去了12年。

　　簡3：
　　　　元始二年二月己亥，少傅左將軍臣豐、右將軍臣建承　　大□
　　　　制詔御史曰：候旦發送烏孫歸義侯侍子　　　　　　　　　如
　　　　爲駕一乘軔傳，得別駕載從者二人　　　　　　　　禦七十六
　　　　　　　　　　　　　　　　　　　　Ⅰ 90DXT0116S:14

　　簡3傳信的書寫年代在漢平帝元始二年（2），内容涉及中央官員對烏孫歸降貴族的返國車馬安排，簡文書寫字迹凌亂，當爲懸泉置對傳信内容的抄寫備份。簡牘雖殘斷，但可從文書簽發人爲左右將軍以及"禦七十六"的安排中看出此次回程安排的規格以及安保程度應當是較高的。

　　《漢書·百官公卿表》載：

　　　　（孝哀元壽三年）光禄勳甄豐爲右將軍，六月遷。執金吾孫建爲右將軍，二年遷。

　　　　（孝平元始元年）四月丁酉，少府左將軍甄豐爲大司空，右將軍孫建爲左將軍光禄勳。①

　　《漢書·平帝紀》載：

　　　　右將軍孫建爪牙大臣，大鴻臚鹹前正議不阿，後奉節使迎中山王。

　　又載：

---

① 〔漢〕班固撰，〔唐〕顔師古注，〔清〕王先謙補注：《漢書補注·百官公卿表七下》，商務印書館，1959年，第1328頁。

六月使少府左將軍豐賜帝母中山孝王姬璽書，拜爲中山孝王后……安漢公、四輔、三公、卿、大夫、吏民爲百困乏。獻其田宅者二百三十人。[①]

補注曰：

師古曰：甄豐……張晏曰：王莽爲太傅，孔光爲太師，王舜爲太保，甄豐爲少傅，是爲四輔。莽復兼大司馬，馬宮爲司徒，王崇爲司空，是爲三公。[②]

《漢書·外戚恩澤侯表》載：

廣陽侯甄豐，以左將軍光祿勳，定策安宗廟，侯五千三百六十五户。二月癸巳封，王莽篡位，爲廣新公。後爲王莽所殺。

補注曰：

先謙曰：左當作右，見公卿表。

又載：

成武侯孫建，以強弩將軍有折沖之威。閏月丁酉封。王莽篡位，爲成新公。[③]

由上可見，懸泉漢簡中此封傳信的簽發人"少傅左將軍臣豐右將軍臣建"當分別爲甄豐與孫建。二人於漢哀帝元壽三年，即漢平帝元始元年（1）被封爲將軍，王莽篡漢後，甄豐被殺，孫建被册封爲成新公。

值得注意的是，上述内容中關於二人的職位記録有出入，王先謙認爲甄豐當遵《百官公卿表》的記載，爲右將軍，對比《百官公卿表》的相關内容我們可以發現，哀帝元壽三年記録"光祿勳甄豐爲右將軍"，而平帝元始元年的記録變爲"少府左將軍甄豐爲大司空"，因此産生混淆。簡3中的記載，明確書寫"元始二年二月己亥少傅左將軍臣豐右將軍臣建"，則可以證明，此時甄豐的職位當爲左將軍，而孫建爲右將軍。

《百官公卿表》中前後兩條記載産生出入的原因如今不得而知，或許是史官誤書或漏記，因此會使後人産生疑惑。懸泉漢簡中此條傳信的簽發記録，則可在一定程度上對史傳起到校對與補證的作用。

[①]〔漢〕班固撰，〔唐〕顔師古注，〔清〕王先謙補注：《漢書補注·平帝紀第十二》，商務印書館，1959年，第352、356頁。
[②]〔漢〕班固撰，〔唐〕顔師古注，〔清〕王先謙補注：《漢書補注·平帝紀第十二》，商務印書館，1959年，第356頁。
[③]〔漢〕班固撰，〔唐〕顔師古注，〔清〕王先謙補注：《漢書補注·外戚恩澤侯表第六》，商務印書館，1959年，第1086頁。

此外，史書中關於右將軍孫建的記載不止於此，其在王莽朝官至"立國將軍"，而在西漢時期，孫建的功績主要有襲殺卑爰疐一事，而卑爰疐曾因歸附漢朝被册封爲侯，即爲簡3所載"歸義侯"。

《漢書·傅常鄭甘陳段傳》載：

> 元延中，復遣會宗發戊己校尉諸國兵，即誅末振將太子番丘……是時，小昆彌季父卑爰疐擁衆欲害昆彌，漢復遣會宗使安輯，與都護孫建并力。①

《漢書·西域傳烏孫》載：

> 哀帝元壽二年，大昆彌伊秩靡與單于并入朝，漢以爲榮。至元始中，卑爰疐殺烏日領以自效，漢封爲歸義侯。兩昆彌皆弱，卑爰疐侵陵，都護孫建襲殺之。自烏孫分立兩昆彌後，漢用憂勞，且無寧歲。

補注曰：

> 徐松曰：《段會宗傳》，稱都護孫建在建平中，不應元始中尚在西域，或再任也。②

由上述信息可知，元始年間，卑爰疐看到漢朝對烏孫的支持，於是殺烏孫貴人烏日領降漢，漢朝將封爲歸義侯。卑爰疐却再次侵擾烏孫王，於是西域都護孫建將之襲殺。此處有一個問題，即由《百官公卿表》與《外戚恩澤侯表》可知，元始年間的孫建已任右將軍，應當不再任西域都護。王先謙記述，《段會宗傳》中，稱孫建任都護是在漢哀帝建平年間，而如今所見的《漢書》中却不見這一信息，因此無法查證，王先謙對此也感到疑惑，因此猜測可能是皇帝在元始年間的再次委任。

結合簡3的信息來看，這封傳信下達的時間應當在卑爰疐殺烏日領降漢、被封爲歸義侯後不久，因此才會以較高的規格等級護送歸義侯侍子歸國，"侍子"即質子，爲烏孫派遣至漢朝的人質，《漢書·西域傳》載："漢使衛司馬魏和意、副候任昌、送侍子。""漢没入小昆彌侍子在京師者。"③可見在卑爰疐降漢後，與漢王朝曾有一段關係融洽的時期，以至於其送到漢朝的人質都被遣送回國，其所

---

① 〔漢〕班固撰，〔唐〕顏師古注，〔清〕王先謙補注：《漢書補注·傅常鄭甘陳段傳第四十》，商務印書館，1959年，第4562頁。
② 〔漢〕班固撰，〔唐〕顏師古注，〔清〕王先謙補注：《漢書補注·西域傳第六十六下》，商務印書館，1959年，第5508頁。
③ 〔漢〕班固撰，〔唐〕顏師古注，〔清〕王先謙補注：《漢書補注·西域傳第六十六下》，商務印書館，1959年，第5502、5507頁。

持傳信的簽發人便是時任左右將軍的甄豐和孫建。結合傳世文獻來看，在質子歸國後不久，卑爰疐便因侵擾烏孫王而被孫建所殺，孫建曾任西域都護，班固稱其"用威重顯"，因此在卑爰疐謀亂時，中央再次派遣他以都護的身份西出平亂，也是有可能的。

二、簡文所見漢代養老政策

民年七十以上，二百廿七人　其冊六人受米、十四人復子孫

百六十七人受杖

Ⅰ 90DXT0111 ②:20

經過統計，該區域年過七十以上的老人共有二百二十七人，其中有四十六人"受米"，即接受官府賜予的糧米；十四人"復子孫"，即爲了贍養老人而免去其部分子女的賦役；一百六十七人"受杖"，即接受官府爲高齡老人賜予的"鳩杖"。學者結合懸泉置出土地層分析，該簡的書寫時間當在漢元帝至漢哀帝時期，且在漢成帝時期的可能性最大。① 上述所載敦煌郡轄區內的二百二十七位老人分別享受了三類漢代針對老人的國家優待，其中被賜予王杖的人數占據絕大比重，或與漢代賜杖的年齡範圍有關。

西漢初期的張家山漢簡《二年律令·傅律》355號簡載："大夫以上年七十，不更七十一，簪褭七十二，上造七十三，公士七十四，公卒、士五（伍）七十五，皆受仗（杖）。"② 該律令對不同爵位的老人受杖的年齡下限作了不同要求，最小七十歲，最大七十五歲，結合西漢時期的爵位授予情況以及懸泉漢簡所載民爵分布情況來看，敦煌郡轄區內的年七十以上的老人在七十五歲前獲得鳩杖的比例應當較高，這與上簡所載一百六十七人受杖的情況相符。

而據《二年律令·傅律》的內容與《漢書·文帝紀》《武帝紀》收錄的養老詔令所載，"受米"與"復子孫"的政策享受人群，年齡當在八十乃至九十歲以上，因此簿籍的統計數據中，符合這兩類養老政策的人數要遠低於受杖的人數。

作爲受衆範圍最爲廣泛的養老政策，授杖制度貫穿了整個漢朝的歷史。《後

---

① 詳參袁延勝《懸泉漢簡養老簡與漢代養老問題》，《史學月刊》，2021年第11期。
② 張家山二四七號漢墓竹簡整理小組編著：《張家山漢墓竹簡〔二四七號墓〕》（釋文修訂本），文物出版社，2006年，第57頁。

漢書·章帝紀》載："（章和元年）秋，令是月養衰老，授几杖，行糜粥飲食。"①《禮儀志》又載："仲秋之月，縣道皆案戶比民。年始七十者，授之以王杖，餔之糜粥。八十九十，禮有加賜。王杖長〔九〕尺，端以鳩鳥爲飾。鳩者，不噎之鳥也。欲老人不噎。是月也，祀老人星於國都南郊老人廟。"②東漢時期，賜百姓年七十以上者王杖的制度可見於傳世文獻，由於鳩乃"不噎之鳥"，因此王杖上端加鳩鳥之形作爲裝飾。《漢書》中雖不見西漢時期向平民授王杖的記錄，但據相關記載可知，"王杖"在漢代極具特權的象徵意味，據《漢書·吳王濞傳》載，漢文帝時，吳王劉濞因兒子被太子打死，心生怨恨稱病不朝，文帝恐其起兵叛亂，便賜予吳王几杖，并因其年老而免朝見，以示安撫。《孔光傳》載，王莽掌權後，重用孔光，拜其爲天子太傅，并賜其靈壽杖，并可在宮禁之内持杖。孟康注曰："扶老杖也。"③東漢時期仍延續這一傳統，《後漢書·李充傳》載，李充"年八十八，爲國三老。安帝常特進見，賜以几杖。卒於家。"④李充因其正直不馴的性格而聞名，年老後成爲國之三老，并被加賜几杖。由此可見，在漢代無論是諸侯還是重臣，被賜予几杖都是其地位與資歷的象徵，漢朝的養老政策給平民授予王杖，使其在社會中享有相應的優待，所發揮的也是漢王朝賜予老年人特權的象徵作用，尊老的措施是漢朝以孝治天下的直觀體現。

　　傳世文獻僅存漢朝"賜王杖"的政策而不載其詔令的内容，而出土於甘肅武威的"王杖"簡冊則以相對完整的形式留存了"賜王杖"的文書。韓高年師認爲："'王杖十簡'屬巫祝爲死者所作，其文體功能也非人間詔令，而是與墓中所出鳩杖一道，向地下世界確認墓主人'受王杖'者應該享有的特權。"⑤此外，因爲時人"事死如事生"的喪葬觀念，"王杖"簡冊的書寫者在進行書寫時，很大程度上還原了死者生前被賜予"王杖"時的詔令内容以及當時此類文書的書寫格式，以示其書寫的真實性與内容的權威性。以"王杖十簡"的内容爲例，現將其内容摘錄於下：

　　[1] 制詔丞相御史：高皇帝以來至本[始]二年，勝（朕）甚哀[憐]

---

①《後漢書》卷三《章帝紀》，中華書局，1965年版，第157頁。
②《續漢書》志第五《禮儀中》，中華書局，1965年版，第3124頁。
③〔漢〕班固撰，〔唐〕顔師古注，〔清〕王先謙補注：《漢書補注·匡張孔馬傳第五十一》，商務印書館，1959年，第4904頁。
④《後漢書》卷八一《獨行列傳》，中華書局，1965年，第2685頁。
⑤詳參韓高年《武威"王杖"簡冊的文本性質與文體功能》，《西北師大學報（社會科學版）》，2022年第6期。

老小。高年受王杖，上有鳩，使百姓望見之

　　[2] 比於節，有敢妄罵詈毆之者，比逆不道。得出入官府郎（節）第，行馳道旁道。市買，復毋所與。

　　[3] 如山東復，有旁人養謹者常養扶持，復除之。明在蘭臺石室之中。
王杖不鮮明

　　[4] 得更繕治之。河平元年，汝南西陵縣昌裏先，年七十，受王杖，部游徼吳賞，使從者

　　[5] 歐（毆）擊先，用（因）訴地太守上讞廷尉報：罪名

　　[6] 明白，賞當弃市。

　　[7] 制詔御史曰：年七十受王杖，比六百石，入宮廷不趨；犯（非）罪耐以上，毋二尺告劾；有敢徵召、侵辱

　　[8] 者，比大逆不道。建始二年九月甲辰下。

　　[9] 蘭臺令第卅（冊）三，御史令第冊三，尚書令滅受在金。

　　[10] 孝平皇帝元始五年幼伯生，永平十五年受王杖。

據韓師考據，其書寫包含了三個部分：

第一部分：包含 1~8 簡，包含有兩條詔令和一個案例。第一條詔令從"制詔丞相御史"至"明在蘭臺石室之中"，就是整理者所謂"本始令"；一個案例，從"王杖不鮮明"至"賞當弃市"。記叙了"王杖不鮮明可以重新製作或修繕"規定，以及游徼吳賞因爲縱容隨從毆打名叫"先"的王杖持有者而被判弃市的案例。第二條詔令從"制詔御史曰"至"建始二年九月甲辰下"，其內容是叙述受王杖者的年齡、待遇、持有的法律豁免權等。這是整理者所謂的"建始令"。

第二部分：第 9 簡，記載詔令"篇目編次及受詔人和收藏者"。

第三部分：第 10 簡，記叙"幼伯受王杖事"。這支簡雖然簡短，但却是理解"王杖十簡"文本全篇性質的關鍵。

由此可見，"王杖十簡"的第一部分中包含的兩份詔令文書分別爲：

"本始令"：

　　[1] 制詔丞相御史：高皇帝以來至本 [始] 二年，勝（朕）甚哀 [憐] 老小。高年受王杖，上有鳩，使百姓望見之

　　[2] 比於節，有敢妄罵詈毆之者，比逆不道。得出入官府郎（節）第，行馳道旁道。市買，復毋所與。

　　[3] 如山東復，有旁人養謹者常養扶持，復除之。明在蘭臺石室之中。

"建始令：

[7] 制詔御史曰：年七十受王杖，比六百石，入宮廷不趨；犯（非）罪耐以上，毋二尺告劾；有敢徵召、侵辱

[8] 者，比大逆不道。建始二年九月甲辰下。

"本始令"爲漢宣帝本始二年的一封詔書，其内容是對持鳩杖老人享有優待的重申，詔令中稱，皇帝哀憐老弱，對高年老人授以王杖，王杖之上佩以鳩飾，百姓望之，即如同天子使者所持的節一樣，是皇權的象徵。受杖老人享有特權，并對贍養持杖老人者也會免除賦税。"王杖十簡"中引用了這封詔令，説明此封文書的書寫可作同類詔令的代表，并在共時性的傳播上極具影響力，因此王杖簡的書手才會爲墓主人撰寫文書時將其内容抄録在内。

史書中不載本始二年的此封養老詔令，據《漢書·宣帝紀》所載："六月庚午，尊孝武廟爲世宗廟，奏《盛德》《文始》《五行》之舞，天子世世獻。武帝巡狩所幸之郡國，皆立廟。賜民爵一級，女子百户牛、酒。"本始二年六月，宣帝尊武帝廟爲世宗廟，以彰其德，并舉行儀樂舞，天子獻禮，在漢武帝巡狩過的地區立廟，廣賜民爵一級，賜女子百户牛酒。此次活動相當隆重，既彰顯了漢武帝的武功德行，又發揚了漢朝以孝治天下的傳統。

若王杖簡中的文書下發時間無誤，爲漢宣帝本始二年，則極有可能下發於此次爲漢武帝尊廟、立廟的祭祀活動期間，與廣賜民爵的詔令一并下發全國。

"建始令"抄寫於"王杖不鮮明得更繕治之"的規定與一個河平二年的案例之後，該詔令下發於漢成帝建始二年，内容爲西漢時期對持杖者犯罪的減免條例，詔令規定，七十歲受王杖者，其地位相當於食俸六百石的官吏，即使犯耐罪以上，在無人起訴之前，若有人徵召或侮辱他，則對該人按大逆不道罪論處。

"建始令"的内容在一定程度上補充了"本始令"，將兩封詔令與一個案例對讀，可較爲全面地體現出漢代持王杖的老人所享有的特權與地位。"王杖十簡"的最後一枚簡記録了墓主人的信息，該墓主人名叫"幼伯"，生於西漢平帝元始五年（5），受王杖於東漢明帝永平十五年（72），簡文的書手將這兩封下發時間相隔四十餘年的西漢詔令書於一處，隨葬於東漢時期的墓中，在一定程度上説明即便時隔久遠，這兩封詔書仍是書手得見的最具代表性與權威性的"授杖"詔令内容，隨葬墓中，作爲墓主人在另一個世界身份的權威證明。

古人"事死如事生"的喪葬觀，使得他們爲已故的親友盡力準備好另一個未知世界所需之物，而對未知的敬畏，又使其能够相對真實地留存墓主人生前的相

關身份信息，因此我們可以結合出土的隨葬文書，拼湊還原出史書未載的漢代養老政策的相關詔令。

三、《四時月令詔條》中的文書書寫

書於簡牘之上的律令、文書，便於攜帶流傳，內容更爲私密。懸泉置遺址中出土的另外一部律令詔條，則書於一面牆壁，以"壁書"的形式呈現，使得途經懸泉置的每一個人都可清楚看到其中的内容，廣布與警示的意味不言而喻。該壁書左下角署其名，爲"使者和中所督察詔書四時月令五十條"，簡稱"四時月令詔條"。其内容是目前所見最完整的漢代生態環境保護法律文書，内容涵蓋了保護林木、動物、水、土等各方面，其占據極大篇幅的律令内容是學界歷來研究的重點，而對穿插其中的文書書寫則關注不夠，在這一部分我們將結合壁書的内容，分析該文書生成及傳播的過程。

該壁書將漢平帝元始五年（5）五月的一封中央詔令以隸體完整書寫於泥牆之上，全文共計101行，於左下角題名《使者和中所督查詔書四時月令五十條》，內容涉及四季月令，其中孟春11條、仲春5條、季春4條，孟夏6條、仲夏5條、季夏1條，孟秋3條、仲秋3條、季秋2條、孟冬4條、仲冬5條、季冬1條。胡平生、張德芳、謝繼忠、張俊民、劉希慶等學者對這一壁書從月令釋文、生態思想、災害防禦等角度皆有所論述。① 胡平生指出："敦煌懸泉置《使者和中所督察詔書四時月令五十條》，是從《月令》中選出來的……《月令》是漢人從《吕氏春秋》'十二紀'中輯出來的。"② 張俊民認爲："題記月令應就是《吕氏春秋》的《十二紀》。但是由於《吕》之紀和《禮記》之月令，在時間演進中，字體略有差異……三者關係爲：題記月令是以《吕》書爲藍本，《禮記》的月令是該書收錄漢代流行的題記月令形成的。"③ 謝繼忠認爲："《四時月令詔條》源自《吕

---

① 詳參胡平生、張德芳《敦煌懸泉漢簡釋粹》，上海古籍出版社，2001年，第192—199頁；胡平生《敦煌懸泉月令詔條》，中華書局，2001年；謝繼忠《敦煌懸泉置〈四時月令詔條〉釋文補證》，《河西學院學報》2006年第4期；謝繼忠《對敦煌懸泉置詔書〈四時月令五十條〉的解讀——兼與馮卓慧先生商榷》，《邊疆經濟與文化》2015年第8期；張俊民《簡述懸泉置元始五年詔書"四時月令五十條"》，《敦煌學與中國史研究論集》，甘肅人民出版社，2001年，第178—185頁；劉希慶《從敦煌懸泉置〈四時月令詔條〉看西漢生態環境保護的國家意志》，《北京城市學院學報》2013年第4期等。
② 胡平生：《敦煌懸泉月令詔條》，中華書局，2001年，第42頁。
③ 詳參張俊民《簡述懸泉置元始五年詔書"四時月令五十條"》，《敦煌學與中國史研究論集》，甘肅人民出版社，2001年，第182—183頁。

氏春秋》《淮南子》，并與《禮記·月令》有密切聯繫"，并結合上述文獻對其中 9 條月令中尚未釋讀的部分文字作了新的釋讀和補證。①劉鳴認爲："甘肅敦煌漢代懸泉置遺址出土的《四時月令五十條》，是嚴格按照與春、夏、秋、冬四季相對應的"生""長""收""藏"四個主題從傳世《月令》文本中揀選而成，絶大部分都可以從傳世《月令》中找到對應的條目。《月令詔條》的具體條款排列分别以每季的主題詞爲綱，下轄"直接條款""保障條款"和"順應五行之舉"三類"。②《月令》文本的複雜性體現出漢代典籍流傳版本的多樣性，其與傳世《月令》的對讀也體現出其歷時性傳承的特點，在此不作綴述。

由詔條内容可見，此時爲王莽當政的漢平帝元始五年，《漢書·王莽傳上》載："（元始五年）又增法五十條，犯者徙之西海。"③張俊民認爲此處之"五十條"即爲懸泉置所見壁書月令五十條，此説或有誤。據詔條書寫："元始五年五月甲子朔丁醜，和中普使下部郡太守，承書從事下當用者，如詔書"，該文書下發於元始五年五月十四日，《漢書·王莽傳上》載：

策曰：惟元始五年五月庚寅，太皇太后臨於前殿，延登，親詔之曰：

公進，虚聽朕言……今加九命之錫，其以助祭，共文武之職，乃遂及厥祖。於戲，豈不休哉！

……

其秋，莽以皇后有子孫瑞，通子午道。子午道從杜陵直絶南山，徑漢中。

……

莽既致太平，北化匈奴，東致海外，南懷黄支，唯西方未有加……又增法五十條，犯者徙之西海。徙者以千萬數，民始怨矣。④

據班固所引策書，元始五年五月二十七日，太皇太后下詔賜九錫於王莽，使其權力達到鼎盛，之後直到同年秋天，王莽才頒布一系列措施，其中包括"增法五十條"。而懸泉置壁書記録的文書下發時間爲五月十四日，因此若班固所引史

---

① 謝繼忠：《敦煌懸泉置〈四時月令詔條〉釋文補證》，《河西學院學報》2006 年第 4 期。
② 劉鳴：《敦煌懸泉置〈月令詔條〉的節選原則及編排規律》，華東政法大學法律古籍整理研究所編《第十二届"出土文獻與法律史研究"國際學術研討會論文集》，2022 年 8 月，第 181 頁。
③〔漢〕班固撰，〔唐〕顔師古注，王先謙補注：《漢書補注·王莽傳第六十九上》，商務印書館，1959 年，第 5695 頁。
④〔漢〕班固撰，〔唐〕顔師古注，王先謙補注：《漢書補注·王莽傳第六十九上》，商務印書館，1959 年，第 5691—5695 頁。

《懸泉漢簡》讀書札記三則 ·171·

料的時間無誤，則《王莽傳》中的"五十條"非此壁書之月令。但不可否認的是，該詔條下發時王莽即已權傾朝野，從詔令文書的書寫中可得到明確體現。

由壁書的圖片可見，該詔條的書寫自右至左、從上至下逐條書寫，每個詔條前都有提示符作提醒，標題書於文末，這一書寫特點符合簡冊文書的書寫規範，因此該壁書是將傳送至此的詔令文書按原樣完整謄抄至牆壁之上。如果將該壁書的具體詔條部分省略，則其內容如下：

大（太）皇大（太）後詔曰：往者陰陽不調，風雨不時，降   一行
＜隋＞農自安，不菫作【勞】，是以數被菑害，
惻然傷之。惟□帝明王，靡不躬天之曆（曆）數，信執厥   二行
中，欽順陰陽，敬授民時，
□勸耕種，以豐年□，蓋重百姓之命也。故建義和，立四   三行
子，……時以成歲，致意……
其宜□歲分行所部各郡。   四行
詔條   五行
元始五年五月甲子朔丁醜，和中普使下部郡太守，承書
從事下當用者，如詔書，書   六行
到言。   ╯從事史況   七行
……
•右孟春月令十一條。   二〇行
……
•右中（仲）春月令五條。   二八行
……
•右季春月令四條。   三三行
•義和臣秀、義中（仲）臣充等對曰：盡力奉行。   三四行
……
•右孟夏月令六條。   四三行
……
•右中（仲）夏月令五條。   四九行
……
•右季【夏月令一條】。   五一行
•義和臣秀、義叔臣□等對曰：盡力奉行。   五二行

　　　　……
　　　　•右孟秋月令三條。　　　　　　　　　　　　　　　五七行
……
　　　　•中（仲）秋月令三條。　　　　　　　　　　　　　六二行
　　　　……
•右季秋月令二條。　　　　　　　　　　　　　　　　　　六五行
•義和臣秀、【和】中（仲）臣普等對曰：盡力奉行。　　　六六行
　　　　……
　　　　•右孟冬月令四條。　　　　　　　　　　　　　　　七二行
　　　　……
　　　　【右中冬月令】五條。　　　　　　　　　　　　　　七八行
　　　　……
　　　　•右季冬月令一【條】。　　　　　　　　　　　　　八一行
義和臣秀、和叔【臣】晏等對曰：盡力奉行。　　　　　　　八二行
　　　安漢公、【宰衡、】大傅、大司馬【莽】昧死言，臣聞
　　　帝……〖之（？）治天下也。〗[注："之治天下也"自　八〇行
　　　移來。]　　　　　　　　　　　　　　　　　　　　　八三行
□□□□□……　　　　　　　　　　　　　　　　　　　　　八四行
　　　曆象日月□……以百工允厘□□□……　　　　　　　　八五行
　　　【大】皇大（太）後聖德高明，□……□遭古□□……　八六行
　　　序元氣以成歲事，將趣□□□□□……　　　　　　　　八七行
今義和中（中）叔之官初置，監御史、州牧、閭士……
　　　【大】農、農部丞脩□□復重。臣謹□　　　　　　　　八八行
義和四子所部京師、郡國、州縣，至……歲竟行所不
　　　到者，文對……　　　　　　　　　　　　　　　　　八九行
牒□。臣昧死謂。　　　　　　　　　　　　　　　　　　　九〇行
　　　大（太）皇大（太）後【制曰】：可。　　　　　　　九一行
　　　□□安漢公、宰衡、大傅□……　　　　　　　　　　九二行
　　　五月……大司徒宮、大司□……大師，承書從事下當
　　　用……　　　　　　　　　　　　　　　　　　　　　九三行
　　　到言。　　　　　　　　　　　　　　　　　　　　　九四行

五月辛巳，羲和丞通下中二千石、二千石下郡太守、諸侯
　　　相…… 九五行
從事下當用者，如詔書。【書】到言。丿兼掾惲□…… 九六行
八月戊辰，敦煌長史護行大守事……護下部都尉、勸□
　　　□…… 九七行
隆文學史崇□□□崇□縣，承書從事下當用事者□□…… 九八行
【顯見處，】如詔書、使者書，書【到】言。 九九行
　　　　使者和中（仲）所督察 一〇〇行
　　　　詔書四時月令五十條 一〇一行

省略具體詔條內容後的壁書，即爲由中央下發的詔令文書的書寫。第一行至第四行爲轉錄太皇太后王政君的懿旨內容，如此"某某詔曰："的書寫格式常見於《漢書》中，作爲之後行爲的依據。太皇太后下詔要求將詔條"分行所部各郡"。

第五行書"詔條"二字。第六行至第七行，是轉發太皇太后詔令的下行文書，由使者下發至部郡太守，且署有書手具名"丿從事史況"，這與普通詔令文書的書寫格式完全相同。之後便爲詔條的具體內容，但第三十四、五十二、六十六、八十二行皆有相應官員的回復套語"盡力奉行"，張俊民對所涉官名與官員作了考據：

"羲和臣秀"，羲和，官名。傳說中掌天文曆法的官吏，黄帝命之主占日。《尚書·堯典》記堯曾派羲仲、羲叔、和仲、和叔四人，分駐東南西北四地，觀天象，定季節。《漢書·律曆志》稱其爲王莽時所設官。而《平帝紀》元始五年劉歆爲羲和。今從題記可知，西漢之時就已經有羲和之官，非僅是王莽新朝官名也。新莽時更大司農爲羲和，繼而更羲和爲納言。即西漢之羲和同新莽之羲和在職掌上有別。"臣秀"，《漢書·楚元王傳》記劉歆在建平元年更名爲"秀，字穎叔"。所以這裏的"秀"應是劉歆，且與《平帝紀》劉歆爲羲和相符。"羲中臣充，"疑爲博士李充。"和叔臣晏"，疑是《漢書》中曾爲尚書令、大司徒、就德侯的平晏。[1]

王莽崇尚復古，因此他當政後對許多官名都按古制進行了調整，史傳所載這些職

---

[1] 張俊民：《簡述懸泉置元始五年詔書"四時月令五十條"》，《敦煌學與中國史研究論集》，甘肅人民出版社，2001年，第183頁。

位之名是在新朝後做的修改，但據詔條書寫及其中王莽上書陳詞"今羲和中（中）叔之官初置"可見，官名早在平帝時就已有了改變。

第八十三至九十行，是王莽的上書內容，句首"安漢公、【宰衡、】大傅、大司馬【莽】昧死言"、句末"臣昧死謂"是章奏文書的書寫句式，由王莽的上書內容可見，該月令詔條下發至全國的想法是由其提出的。

第九十一行爲太皇太后的回復，許可了王莽的提議。

第九十二至九十四行文字漫漶，從現存內容可知，當爲王莽得到許可後，向下屬委派實施此事，草擬下發文書。

第九十五至九十六行，爲羲和的屬官下達文書至各諸侯國相與郡守。下發時間爲五月十八日，即第六與第七行文書下發後的第四日，該文書同有書手的具名。

第九十七至九十九行，爲八月初六，敦煌郡代行太守事的長史下發至各都尉、縣廷的文書，文書中要求將詔書的內容書寫至"顯見處"，這便是其書於懸泉置牆壁上的原因。

最後兩行即爲該月令詔條的標題，標題中負責督查的"使者和中（仲）"或爲第六行簽發文書的"和中普使"。

以上內容便是該詔令文書的主幹部分，由此可知，該壁書的內容包括：

1. 太皇太后要求整理月令詔條的詔書
2. "月令"二字
3. 轉發詔書的下行中央文書（五月十四日）
4. 以詔令與章奏文書形式體現的月令內容
5. 王莽提議廣泛宣傳四時月令的上書與太皇太后的允准
6. 王莽下發的文書（日期殘損）
7. 中央屬官的下行文書（五月十八日）
8. 郡府的下行文書（八月初六）
9. 標題

上述九個部分組成了懸泉壁書詔條的全部內容，1、2、3 爲文書的第一部分，4、5、6 爲第二部分，7 與 8 爲第三部分。

第一部分代表了文書內容的合法與權威性。首先是太皇太后的詔書，說明了《四時月令詔條》的發布原因；其次是月令二字占據一行，當爲太皇太后詔令的"附件"，書於此，作爲內容的"存目"；之後是負責督查的使者簽發的中央文書。這一部分是文書得以傳發的原因。

第二部分爲文書傳發的目的。4、5、6三部分共同組成太皇太后詔令的"附件"：首先是月令詔條內容的書寫，以"詔令+章奏"的形式呈現；其次是王莽請求對該詔條廣泛宣發的提議與太皇太后的允准，以"章奏+回復"的形式呈現；最後是王莽下發的文書，要求根據其提議"承書從事"。

中央文書以此種形式書寫并非獨見於此，本章第一節討論的《史記·三王世家》的書寫同爲嵌套結構，因爲此種直接抄錄引用更具說服力與權威性。

第三部分即文書的轉發記錄，由中央到地方層層轉發至懸泉置。值得注意的是，該詔令由中央下發到敦煌郡的時間將近三個月，較長的傳送時間應當也說明了該文書是在全國範圍內依次傳布，從而降低了行政效率。

《四時月令詔條》的內容，在一定程度上呈現出了行政文書與典籍相結合的形態，文書是載體，月令是其所承載、傳播的內容。月令內容可與傳世典籍相對讀，而文書的載體作用在歷時性上逐漸消退，從而在傳承的過程中被剝離。

西漢末期政局動盪，因此該詔條頒布後未能徹底實施，影響有限，且因懸泉置所處的地區自然生態相對條件惡劣，詔令中的內容對此地的生產生活并不具有很強的指導價值，但懸泉置作爲漢朝往來人群的接待機構，中原與邊塞間的人流量是其獨特的優勢所在，應該動態看待其在共時性上的傳播能力。此外，牆壁作爲獨特的書寫載體，在書寫面積上有簡牘無法比擬的優勢，從而得以相對完整地保留這一詔令文書的內容，使得漢代中央文書的書寫特點與傳播過程得到最忠實的體現。《四時月令詔條》的內容，在一定程度上是將行政文書的書寫與當時的月令向結合，形成一個完整的詔令文本，將之宣於全國。這種書寫方式能夠體現出宣發內容的權威性，也能夠體現出漢代文本書寫的綜合性特點。

作者簡介：韓銳，女，1997年生，甘肅隴南人，西北師範大學文學院在讀博士生，主要從事出土文獻與先秦兩漢文學研究。

敦煌懸泉漢簡研究論著目録
（1989 年—2024 年 2 月）

張官鑫

（清華大學歷史系，北京 100084）

總目按發表時間編排，同一年按作者姓氏拼音排列。

1989 年

1. 徐祖蕃：《敦煌懸泉漢簡》，《中國書法》1989 年第 4 期，第 64+2 頁。

1991 年

2. 李并成：《漢敦煌郡廣至縣城及其有關問題考》，《敦煌研究》1991 年第 4 期，第 81—88 頁。

3. 馬嘯：《漢代懸泉置遺址考古發掘收穫驚人》，《甘肅日報》1991 年 12 月 13 日。

4. 榮恩奇、韓躍成：《敦煌漢代烽燧遺址調查所獲簡牘釋文》，《文物》1991 年第 8 期，第 36—40+104—105 頁。

5. 謝駿義：《大漠瑰寶：漢代懸泉置遺址發掘記》，《甘肅日報》1991 年 12 月 22 日。

1992 年

6. 《懸泉置遺址發掘獲重大收穫，出土漢代簡牘 15000 餘枚，其他文物 2650 件》，《中國文物報》1992 年 1 月 5 日，第 5 版。

7. 陳啓新：《懸泉置出土墨蹟殘紙爲東漢以後之書信》，《中國造紙》1992 年第 6 期，第 66—68 頁。

8. 胡平生：《匈奴日逐王歸漢新資料》，《文物》1992 年第 4 期，第 62 頁。

9. 李并成：《敦煌遺書與古地名研究》，《社科縱橫》1992年第4期，第28—30頁。

10. 馬嘯：《漢懸泉置遺址發掘書學意義重大》，《中國書法》1992年第2期，第47—48頁。

11. 馬嘯：《敦煌郡懸泉置遺址出土的新莽時期麻紙墨蹟》，《中國書法》1992年第2期，第2+65頁。

12. 馬永春、鍾遜：《燧石越敲打越閃光——"西漢已有植物纖維紙説"爲何得不到世界公認》，《中國造紙》1992年第6期，第69—71頁。

13. 區方：《甘肅發現大量西漢麻紙》，《中國科技史料》1992年第1期，第77頁。

14. 鍾遜：《就敦煌懸泉置出土有字"西漢紙"的報道——海峽兩岸輿論紛紛質疑》，《中國造紙》1992第4期，第68—69頁。

15. 張啓安：《我國現存漢代檔案略述》，《檔案學研究》1992年第1期，第64—67頁。

16. 張克復：《甘肅出土西漢紙質檔案》，《檔案工作》1992年第2期，第11頁。

1993年

17. 《懸泉遺址發掘又獲新成果，出土漢代簡牘五千餘枚，其他各類遺物六百多件》，《中國文物報》1993年3月14日，第5版。

18. 曹爾秦：《中國古都與郵驛》，《中國古都研究》（第11輯），又見《中國歷史地理論叢》1994年第2期。

19. 潘德熙：《這是王莽時期的書迹嗎》，《中國書法》1993年第2期，第52—53頁。

20. 潘德熙：《這是王莽時期的殘紙嗎》，《中國造紙》1993年第4期，第64—66頁。

21. 瞿耀良：《有關蔡倫發明造紙術的學術觀點綜述——對〈30年代以來西漢紙張和紙質檔案的重大發現綜述〉一文的一些質疑》，《檔案學研究》1993年第4期，第62—64頁。

22. 陶喻之：《關於懸泉置遺址出土殘紙質疑》，《中國造紙》1993年第2期，第65—68頁。

23. 吴昌廉：《漢"置"初探》，《簡牘學報》1993年第15期，第1—22頁。

24. 張克復：《30 年代以來西漢紙張和紙質檔案的重大發現綜述》，《檔案學研究》1993 年第 1 期，第 69—71 頁。

25. 何雙全：《敦煌懸泉置和漢簡文書的特徵》，《漢簡研究の現狀と展望》9，関西大學出版部，1993 年。

1994 年

26. 陶喻之：《試論遺址動態分析及考古學相關性研究對"西漢古紙"的再認識》，《中國造紙》1994 年第 6 期，第 67—71 頁。

27. 吳礽驤：《絲綢之路上的又一重大考古發現——敦煌懸泉遺址》，中國長城學會編：《長城國際學術研討會論文集》，吉林人民出版社，1994 年，第 290—292 頁。

28. 葉削堅：《近期甘肅境內關於紙的兩次考古發現》，《圖書與情報》1994 年第 2 期，第 82 頁。

29. 鍾力：《轟動一時的"王莽殘紙"已被否定》，《中國造紙》1994 年第 2 期，第 64 頁。

30. 張克復：《西漢紙張與紙質檔案述論》，《社科縱橫》1994 年第 3 期，第 56—59 頁。

1995 年

31. 張俊民：《"縣泉置元康四年正月盡十二月丁卯雞出入簿"辨析》，《敦煌研究》1995 年第 2 期，第 180—184 頁。

32. 大庭脩：《1991—92 年出土敦煌懸泉置漢簡の研究》，関西大學 1995 年度研究成果報告。

1996 年

33. 吳昌廉：《懸泉通考》，何雙全主編：《國際簡牘學會會刊》第 2 號，蘭台出版社，1996 年，第 239—251 頁。

34. 張德芳：《絲路古紙在世界文明史上的地位》，《絲綢之路》1996 年第 5 期，第 15—17 頁。

1997 年

35. 陳淳：《完善古紙研究的考古學範例》，《中國造紙》1997 年第 4 期，第 68—71 頁。

36. 張傳璽：《懸泉置、效穀縣、魚澤鄣的設與廢》，《張維華紀念文集》，齊魯書社，1997 年，第 102—115 頁。

1998 年

37. 何雙全：《漢代西北驛道與傳置——甲渠候官、懸泉漢簡〈傳置道里簿〉考述》，《中國歷史博物館館刊》1998 年第 1 期，第 62—69 頁。

38. 李星：《敦煌懸泉新發現殘紙應爲魏晋墨蹟——兼論書法史書體演變的一個問題》，《漢中師範學院學報（社會科學版）》1998 年第 4 期，第 48—52 頁。

39. 潘吉星：《從考古發現和出土古紙的化驗看造紙術起源》，《化學通報》1999 年第 1 期，第 56—57 頁。

40. 饒宗頤：《由懸泉置漢代紙帛法書名迹談早期敦煌書家》，中國文物研究所編：《出土文獻研究》第 4 輯，中華書局，1998 年，第 1—3 頁。

41. 王冠英：《漢懸泉置遺址出土元與子方帛書信札考釋》，《中國歷史博物館館刊》1998 年第 1 期，第 58—61 頁。

1999 年

42. 高榮：《本世紀秦漢郵驛制度研究綜述》，《中國史研究動態》1999 年第 6 期，第 2—10 頁。

43. 何雙全：《西漢與烏孫交涉史新證——懸泉漢簡所見西域關係史之一》，中國文化大學史學系、簡帛學文教基金會籌備處發行：《簡帛研究集刊》第 1 輯，樂學書局，1999 年，第 507—524 頁。

44. 吳礽驤：《敦煌懸泉遺址簡牘整理簡介》，《敦煌研究》1999 年第 4 期，第 98—106+188 頁。

2000 年

45. 甘肅省文物考古研究所：《甘肅敦煌漢代懸泉置遺址發掘簡報》《敦煌懸泉漢簡内容概述》《敦煌懸泉漢簡釋文選》，《文物》2000 年第 5 期，第 4—20、21—26、27—45 頁。

46. 高榮：《漢代戊己校尉述論》，《西域研究》2000 年第 2 期，第 1—6 頁。

47. 何雙全:《敦煌懸泉漢簡釋文修訂》,《文物》2000 年第 12 期，第 63—64 頁。

48. 郝樹聲：《敦煌懸泉里程簡地理考述》，《敦煌研究》2000年第3期，第102—107頁。

49. 吳昌廉：《懸泉懸泉置雜考》，收入敦煌研究院編《1994年敦煌學國際研討會文集·紀念敦煌研究院成立五十周年·宗教文史卷下》，甘肅民族出版社，2000年。

50. 張德芳：《〈長羅侯費用簿〉及長羅侯與烏孫關係考略》，《文物》2000年第9期，第91—95頁。

51. 張德芳：《漢簡確證：漢代驪靬城與羅馬戰俘無關》，《光明日報》2000年5月19日，第4版。

52. 張俊民：《元康五年過長羅侯費用簿》，《隴右文博》2000年第2期。

2001年

53. 陳玲：《試論漢代邊塞刑徒的輸送與管理》，李學勤、謝桂華主編：《簡帛研究2001》，廣西師範大學出版社，2001年，第369—376頁。

54. 何雙全：《漢懸泉置遺址發掘重大收穫》，何雙全著《雙玉蘭堂文集》，臺北：蘭台出版社，2001年，第30—33頁。

55. 何雙全：《新出土元始五年〈詔書四時月令五十條〉考述》，何雙全主編：《國際簡牘學會會刊》第3號，蘭台出版社，2001年，第17—44頁。

56. 何雙全：《敦煌懸泉壁書〈詔書四時月令五十條〉考述》，田澍主編《中國古代史論萃——慶賀歷史學家金寶祥先生九十華誕論文集》，甘肅人民出版社，2004年，第114—139頁。

57. 胡平生、張德芳：《敦煌懸泉漢簡釋粹》，上海：上海古籍出版社，2001年。

58. 林梅村：《尼雅漢簡與漢文化在西域的初傳——兼論懸泉漢簡中的相關史料》，《中國學術》第6輯，商務印書館，2001年，第240—258頁。

59. 錢存訓：《紙的起源新證：試論戰國秦簡中的紙字》，《文獻》2002年第1期，第4—11頁。

60. 王子今：《〈長羅侯費用簿〉應爲〈過長羅侯費用簿〉》，《文物》2001年第6期，第76—77頁。

61. 蕭放：《秦至漢魏民衆歲時觀念初探》，《北京師範大學學報（人文社會科學版）》2001年第6期，第43—51頁。

62. 許敏雄：《漢懸泉置帛書"刻印"記的啓示——兼談漢代用印制度和習慣》，

《書法》2001年第6期，第11—15頁。

63. 張顯成：《西漢遺址發掘所見"薰毒"、"薰力"考釋》，《中華醫史雜誌》2001年第4期，第16—18頁。

64. 張德芳：《從懸泉漢簡看兩漢西域屯田及其意義》，《敦煌研究》2001年第3期，第113—121頁。

65. 張俊民：《〈敦煌懸泉漢簡釋文選〉校補》，《敦煌學輯刊》2001年第1期，第84—85+22頁。

66. 張俊民：《"北胥鞬"應是"比胥鞬"》，《西域研究》2001年第1期，第89—90頁。

67. 中國簡牘集成編輯委員會編：《中國簡牘集成[標注本]第2冊》圖版選下，敦煌文藝出版社，2001年，第152—156頁。

68. 中國簡牘集成編輯委員會編：《中國簡牘集成[標注本]第4冊》甘肅省下，蘭州：敦煌文藝出版社，2001年，第17—28頁。

69. 中國文物研究所、甘肅省文物考古研究所：《敦煌懸泉月令詔條》，中華書局，2001年。

70. 猪飼祥夫：《甘肅省敦煌の懸泉置遺祉から出土した漢代の紙と藥名》，《漢方の臨床》48卷65號，2001年，第855—860頁。

71. 紀安諾（Enno Giele）：《居延、敦煌漢簡對復原漢代行政地理的價值》，壹灣大學中文系編《2001中國簡帛學國際論壇論文集》，2001年，第421—442頁。

72. 김경호：《자료소개: 근 100년 주요 한간（漢簡）의 출토현황과 돈황（敦煌）현천치（懸泉置）한간의 내용》，《사림（성대사림)》第15期，2001年，第285—299頁。

2002年

73. 陳淳：《"西漢紙"的質疑》，《湖南造紙》2002年第3期，第38—40頁。

74. 馬建華：《敦煌懸泉置出土〈里程簡〉考》，《隴右文博》2002年第2期，第37—39頁。

75. 殷晴：《懸泉漢簡和西域史事》，《西域研究》2002年第3期，第10—17頁。

76. 何雙全：《漢與樓蘭（鄯善）車師交涉史新證——懸泉漢簡所見西域關係史之二》，何雙全主編《國際簡牘學會會刊》第4號，蘭台出版社，2002年。

77. 高榮：《秦漢郵書管理制度初探》，《人文雜誌》2002年第2期，第

117—125頁。

78. 高榮：《漢代西北邊塞的郵驛建置》，《簡牘學研究》第3輯，甘肅人民出版社，2002年，第226—232頁。

79. 侯丕勳：《懸泉和懸泉置歷史地理考述》，《簡牘學研究》第3輯，甘肅人民出版社，2002年，第263—269頁。

80. 李炳泉：《兩漢戊己校尉建制考》，《史學月刊》2002年第6期，第25—31頁。

81. 李均明：《漢簡所反映的關津制度》，《歷史研究》2002年第3期，第26—35+190頁。

82. 劉國防：《漢西域都護的始置及其年代》，《西域研究》2002年第3期，第18—22頁。

83. 沈頌金：《漢簡所見西北地區的交通運輸及其相關問題》，《簡牘學研究》第3輯，甘肅人民出版社，2002年，第284—294頁。

84. 吳榮曾：《漢代的亭與郵》，《内蒙古師範大學學報（哲學社會科學版）》2002年第4期，第54—57頁。

85. 王朝霞：《1.8萬余枚漢簡釋文獲校訂》，《甘肅日報》2002年11月23日。

86. 王欣：《敦煌懸泉置遺址所出有關烏孫的幾枚漢簡考釋》，收入周偉洲主編：《西北民族論叢》第1輯，中國社會科學出版社，2002年，第34—43頁。

87. 袁延勝：《西漢分立烏孫兩昆彌爲甘露二年辨》，《洛陽工學院學報（社會科學版）》2002年第3期，第20—21頁。

88. 于振波：《從懸泉置壁書看〈月令〉對漢代法律的影響》，《湖南大學學報（社會科學版）》2002年第5期，第22—27頁。

89. 張德芳：《20世紀漢晉簡牘第三次大發現——敦煌懸泉置遺址》，李文儒編《中國十年百大考古新發現1990—1999（上）》，文物出版社，2002年，第460—465頁。

90. 黃人二：《敦煌懸泉置詔書四時月令五十條試析》，高文出版社，2002年。

2003年

91. 李炳泉：《西漢西域伊循屯田考論》，《西域研究》2003年第2期，第1—9頁。

92. 王子今：《敦煌懸泉置遺址出土〈雞出入簿〉小議——兼説漢代量詞"只""枚"的用法》，《考古》2003年第12期，第77—81頁。

93. 徐莉莉：《敦煌懸泉漢簡詞義札記》，《中國文字研究》第4輯，廣西教育出版社，2003年，第141—144頁。

94. 袁延勝：《也談〈過長羅侯費用簿〉的史實》，《敦煌研究》2003年第1期，第79—82頁。

95. 葉愛國：《〈過長羅侯費用簿〉的定名》，《敦煌研究》2003年第2期，第68頁。

96. 張德芳：《從懸泉漢簡看常惠在漢與烏孫關係中的作用》，收入馬大正主編：《中國邊疆史地論集續編》，黑龍江教育出版社，2003年，第223—224頁。

97. 柴生芳著，藤井律之譯：《敦煌漢晋懸泉遺址》，冨谷至編《辺境出土木簡の研究》，朋友书店，2003年。

98. 三保忠夫：《張家山漢墓竹簡・尹湾漢墓簡牘・敦煌懸泉漢簡等における量詞の考察》，《島根大学教育学部紀要・人文・社会科学》第37卷，2003年，第1—24頁。

99. 宮宅潔：《漢代の敦煌戰綫と食糧管理》，冨谷至編《辺境出土木簡の研究》，朋友書店，2003年。

2004年

100. 陳蘭蘭：《漢代簡牘中的私文書研究》，吉林大學碩士學位論文，2004年。

101. 初世賓：《懸泉漢簡羌人資料補述》，中國文物研究所編《出土文獻研究》第6輯，上海古籍出版社，2004年，第167—189頁。

102. 高榮：《秦漢郵驛的管理系統》，《西北師大學報（社會科學版）》2004年第4期，第35—40頁。

103. 高榮：《秦漢郵驛交通建設與後勤管理》，《中山大學學報（社會科學版）》2004年第5期，第90—94+126頁。

104. 何雙全：《敦煌懸泉置漢簡》，收入氏著《簡牘》，敦煌文藝出版社，2004年，第216—241頁。

105. 李炳泉：《西漢中壘校尉"外掌西域"新證》，《西域研究》2004年第3期，第69—71頁。

106. 孟憲實：《西漢戊己校尉新論》，《廣東社會科學》2004年第1期，第

128—135頁。

107. 王素：《高昌戊己校尉的罷廢——高昌戊己校尉系列研究之三》，《吐魯番學研究》2004年第2期，第133—142頁。

108. 薛海波：《試論敦煌懸泉漢簡中的羌》，《通化師範學院學報》2004年第3期，第41—44頁。

109. 王素：《懸泉漢簡所見康居史料考釋》，榮新江、李孝聰主編：《中外關係史：新史料與新問題》，科學出版社，2004年，第149—162頁。

110. 朱湘蓉:《從〈敦煌懸泉漢簡〉看〈睡虎地秦墓竹簡〉"荔"字的通假問題》，《敦煌學輯刊》2004年第2期，第113—115頁。

111. 張德芳：《懸泉漢簡中若干"時稱"問題的考察》，中國文物研究所編：《出土文獻研究》第6輯，上海古籍出版社，2004年，第190—216頁。

112. 張德芳：《懸泉漢簡中若干紀年問題考證》，《簡牘學研究》第4輯，甘肅人民出版社，2004年，第58—75頁。

113. 張德芳：《懸泉漢簡中若干西域資料考論》，榮新江、李孝聰主編《中外關係史：新史料與新問題》，科學出版社，2004年，第129—161頁。

114. 張俊民：《東西交通驛站地理位置的確定與檔案文書的出土——記敦煌漢代懸泉置遺址的發掘》，《隴右文博》2004年第1期，第7—13頁。

115. 張俊民：《懸泉置遺址出土簡牘文書功能性質初探》，《簡牘學研究》第4輯，甘肅人民出版社，2004年，第76—85頁。

116. 藤田高夫：《地下からの贈り物——簡牘資料の価値と研究状況（8）漢代辺境の行政文書——敦煌漢簡・馬圈湾漢簡・懸泉漢簡・懸泉月令詔條》，《東方》第282卷，2004年，第8—12頁。

2005年

117. 初世賓：《漢簡長安至河西的驛道》，卜憲群、楊振紅主編《簡帛研究2005》，廣西師範大學出版社，2008年，第88—115頁。

118. 郝樹聲：《敦煌懸泉里程簡地理考述（續）》，《敦煌研究》2005年第6期，第63—68頁。

119. 李永平：《懸泉漢簡〈失亡傳信册〉所反映的兩個問題》，李學勤、謝桂華主編《簡帛研究2002—2003》，廣西師範大學出版社，2005年，第244—247頁。

120. 李小茹：《敦煌懸泉漢簡詞語札記》，《西華師範大學學報（哲學社會科學版）》2005年第2期，第92—93頁。

121. 南玉泉：《中國古代的生態環保思想與法律規定》，《北京理工大學學報（社會科學版）》2005年第2期，第63—67頁。

122. 王素：《高昌戊己校尉的設置——高昌戊己校尉系列研究之一》，《新疆師範大學學報（哲學社會科學版）》2005年第3期，第5—10頁。

123. 王素：《高昌戊己校尉的組織——高昌戊己校尉系列研究之二》，《中國歷史文物》2005年第4期，第57—71頁。

124. 王樹金：《秦漢郵傳制度考》，西北大學碩士學位論文，2005年。

125. 王樹金：《秦漢郵傳經費管理初探》，《秦文化論叢》第12輯，三秦出版社，2005年，第459—470頁。

126. 袁延勝：《懸泉漢簡所見漢代烏孫的幾個年代問題》，《西域研究》2005年第4期，第9—15頁。

127. 葉愛國：《敦煌懸泉漢簡斷句之誤》，《敦煌研究》2005年第1期，第60頁。

128. 張德芳：《懸泉漢簡中的"傳信簡"考述》，中國文物研究所編《出土文獻研究》第7輯，上海古籍出版社，2005年，第65—81頁。

129. 張俊民：《敦煌懸泉置探方T0309出土簡牘概述》，長沙市文物考古研究所編《長沙三國吳簡暨百年來簡帛發現與研究國際學術研討會論文集》，中華書局，2005年，第167—182頁。

130. 藤田勝久：《敦煌懸泉置〈四時月令〉の社会像》，收入氏著《中国古代国家と郡県社会》，汲古書院，2005年。

2006年

131. 何海龍：《從懸泉漢簡談西漢與烏孫的關係》，《求索》2006年第3期，第209—211頁。

132. 賈叢江：《西漢戊己校尉的名和實》，《中國邊疆史地研究》2006年第4期，第33—42+148頁。

133. 劉芳池：《敦煌懸泉遺址所見詔書慣用語例釋》，張顯成主編《簡帛語言文字研究・第七屆全國古代漢語學術研討會暨簡帛文獻語言研究國際學術研討會論文集》第2輯，巴蜀書社，2006年，第538—547頁。

134. 劉芳池：《〈懸泉詔書〉整理研究》，西南大學碩士學位論文，2006年。

135. 李蕾：《漢代戊己校尉隸屬問題再探》，《淮南師範學院學報》2006年第6期，第76—79頁。

136. 謝繼忠：《敦煌懸泉置〈四時月令詔條〉釋文補證》，《河西學院學報》2006年第4期，第36—38頁。

137. 劉國防：《西漢比胥鞬屯田與戊己校尉的設置》，《西域研究》2006年第4期，第23—29+117頁。

138. 張俊民：《敦煌懸泉出土漢簡所見人名綜述（二）—以少數民族人名爲中心的考察》，《西域研究》2006年第4期，第1—11+117頁。

139. 劉曉芸：《秦漢時期地方官吏公務旅行之研究》，臺灣大學碩士學位論文，2006年。

140. 汪文儁：《西陲漢簡文書用語暨分類研究》，（臺灣）清華大學碩士學位論文，2006年。

141. 柴生芳：《敦煌漢晋懸泉置遺址発掘記》，《日本秦漢史學會會報》，2006年。

142. 宮宅潔：《懸泉置とその周辺—敦煌—安西間の歷史地理—》，《シルクロード学研究》第22號，2005年，第99—129頁；中譯本見李力譯《懸泉置及其周邊——敦煌至安西間的歷史地理》，卜憲群、楊振紅主編《簡帛研究2004》，廣西師範大學出版社，2006年，第391—429頁。

2007年

143. 初世賓：《懸泉漢簡拾遺》，中國文物研究所編《出土文獻研究》第8輯，上海古籍出版社，2007年，第89—110頁。

144. 曹小雲：《試論敦煌懸泉漢簡在漢代詞彙史上的語料價值》，《漢語史學報》2007年第1期，上海教育出版社，第262—271頁。

145. 韓華：《1995—2005年敦煌懸泉漢簡研究綜述》，《中國史研究動態》2007年第2期，第2—7頁。

146. 馬怡：《懸泉漢簡"失亡傳信冊"補考》，中國文物研究所編《出土文獻研究》第8輯，上海古籍出版社，2007年，第111—116頁。

147. 王棟樑：《從懸泉漢簡看漢代的郵驛制度》，《社科縱橫（新理論版）》2007年第1期，第193—196頁。

148. 謝彥明：《西漢中壘校尉"外掌西域"考辨》，《晋陽學刊》2007年第1期，第87—90頁。

149. 洪惠瑜：《〈敦煌懸泉月令詔條〉及其相關問題之探討》，《有鳳初鳴年刊》2007年第3期，第149—159頁。

2008年

150. 甘肅文物考古研究所編：《甘肅簡牘百年論著目錄》，甘肅文化出版社，2008年，第193—197頁。

151. 高榮：《漢代"傳驛馬名籍"簡若干問題考述》，《魯東大學學報（哲學社會科學版）》2008年第6期，第34—38頁。

152. 高榮：《漢代河西的水利建設與管理》，《敦煌學輯刊》2008年第2期，第74—82頁。

153. 侯旭東：《西北漢簡所見"傳信"與"傳"——兼論漢代君臣日常政務的分工與詔書、律令的作用》，《文史》2008年第3期，第5—53頁。

154. 賈叢江：《西漢伊循職官考疑》，《西域研究》2008年第4期，第11—15+115頁。

155. 劉樂賢：《懸泉漢簡中的建除占"失"殘文》，《文物》2008年第12期，第81—85頁。

156. 歐陽正宇：《懸泉置——中國最早的郵驛遺址》，《發展》2008年第6期，第156頁。

157. 榮新江：《懸泉置與漢代驛道》，收入榮新江《華戎交匯：敦煌民族與中西交通》，甘肅教育出版社，2008年，第22—27頁。

158. 孫蘭：《秦及西漢時期的關隘制度》，東北師範大學碩士學位論文，2008年。

159. 石明秀：《先秦兩漢月令生態觀探析——以敦煌懸泉壁書爲中心的考察》，《敦煌研究》2008年第2期，第86—89頁。

160. 田輝成、王文元：《甘肅懸泉遺址：漢簡考古的絲路奇葩》，《西部時報》2008年12月9日，第9版。

161. 王子今：《郵傳萬里——驛站與郵遞》，長春出版社，2008年。

162. 謝繼忠：《從敦煌懸泉置〈四時月令五十條〉看漢代的生態保護思想》，《衡陽師範學院學報》2008年第5期，第114—117頁。

163. 謝彥明：《西漢中壘校尉職掌考辨》，《中南民族大學學報（人文社會科學版）》2008年第1期，第52—55頁。

164. 楊永忠主編：《甘肅交通史話》，甘肅文化出版社，2008年。

165. 曾加：《敦煌懸泉漢簡中律文的法律思想與張簡法律思想的比較》，收入氏著《張家山漢簡法律思想研究》，商務印書館，2008年，第173—185頁。

166. 朱慈恩：《漢代傳舍考述》，《南都學壇（人文社會科學學報）》2008年第3期，第6—9頁。

167. 張經久、張俊民：《敦煌漢代懸泉置遺址出土的"騎置"簡》，《敦煌學輯刊》2008年第2輯，第59—73頁。

168. 張德芳：《懸泉漢簡中的懸泉置》，中國社會科學院簡帛研究中心編《簡帛研究2006》，廣西師範大學出版，2008年，第172—173頁。

169. 張俊民：《懸泉漢簡"置丞"簡與漢代郵傳管理制度演變》，韓國中國古史學國際學術會議論文集：《中國古中世史研究》第20輯，2008年，第201—220頁。

170. 張俊民：《懸泉漢簡傳馬病死爰書及其他》，武漢大學簡帛研究中心主辦《簡帛》第3輯，上海古籍出版社，2008年，第287—298頁。

171. 張俊民：《懸泉漢簡所見漢代複姓資料輯考——敦煌懸泉置出土漢簡所見人名綜述（三）》，雷依群、徐衛民主編《秦漢研究》第2輯，三秦出版社，2008年，第194—204頁。

172. Sanet Charles, "Edict of Monthly Ordinances for the Four Seasons in Fifty Articles from 5 C.E.: Introduction to the Wall Inscription Discovered at Xuanquanzhi, with Annotated Translation", Early China 32（Sep 2008）, pp.125—208.

2009年

173. 蔡青藍、黃燕妮：《中國複式簿記產生於漢代——基於敦煌懸泉漢簡的新證》，《會計之友》2009年第3期，第108—109頁。

174. 高榮：《秦漢驛的職能考述》，《河西學院學報》2009年第4期，第1—5頁。

175. 郝樹聲、張德芳：《懸泉漢簡研究》，甘肅文化出版社，2009年。

176. 郝樹聲：《簡論敦煌懸泉漢簡〈康居王使者册〉及西漢與康居的關係》，《敦煌研究》2009年第1期，第53—58頁。

177. 劉曉紅：《敦煌懸泉漢簡虛詞研究》，吉林大學碩士學位論文，2009年。

178. 李炳泉：《十年來大陸兩漢與西域關係史研究綜述》，《西域研究》2009年第4期，第114—126頁。

179. 李正周：《從懸泉簡看西漢護羌校尉的兩個問題》，《魯東大學學報（哲學社會科學版）》2009年第5期，第50—53頁。

180. 牛路軍、張俊民：《懸泉漢簡所見鼓與鼓令》，《敦煌研究》2009年第2期，第50—54、122頁。

181. 汪受寬：《兩漢涼州畜牧業述論》，《敦煌學輯刊》2009年第4期，第17—32頁。

182. 汪桂海：《敦煌簡牘所見漢朝與西域的關係》，收入氏著《秦漢簡牘探研》，文津出版社，2009年。

183. 王旺祥：《敦煌懸泉置漢簡所記永光五年西域史事考論》，《西北師範大學學報（社會科學版）》2009年第1期，第63—67頁。

184. 于凱：《敦煌懸泉置遺址保護規劃與設計研究》，西安建築科技大學碩士學位論文，2009年。

185. 袁延勝：《懸泉漢簡所見康居與西漢的關係》，《西域研究》2009年第2期，第9—15+136頁。

186. 趙岩：《論漢代邊地傳食的供給——以敦煌懸泉置漢簡爲考察中心》，《敦煌學輯刊》2009年第2期，第139—147頁。

187. 趙岩：《由出土簡牘看漢代的馬食》，《農業考古》2009年第1期，第285—290頁。

188. 張德芳：《從懸泉漢簡看樓蘭（鄯善）同漢朝的關係》，《西域研究》2009年第4期，第7—16+133頁。

189. 張德芳：《懸泉漢簡中有關西域精絕國的材料》，《絲綢之路》2009年第24期，第5—7頁。

190. 張俊民：《敦煌懸泉漢簡所見"適"與"適"令》，《蘭州學刊》2009年第11期，第14—19+26頁。

191. 藤田勝久：《漢代西北の交通と懸泉置》，《資料學の方法を探る》2，2009年；中譯本見周洺儀譯《漢代西北的交通及懸泉置》，《白沙歷史地理學報》第10期（2010年），第1—33頁。

192. 藤田勝久：《漢代の交通と傳信の機能—敦煌懸泉漢簡を中心として》，《愛媛大学法文学部論集》人文学科編26，2009年；中譯本見周洺儀譯《漢代

交通與傳信的功能－以敦煌懸泉漢簡爲中心－》,《白沙歷史地理學報》第 12 期（2011 年）, 第 127—159 頁。

2010 年

193. 初世賓:《懸泉漢簡拾遺（二）》,中國文化遺產研究院編《出土文獻研究》第 9 輯, 中華書局, 2010 年, 第 89—110 頁。

194. 陳玲:《簡牘所見漢代邊塞刑徒的管理》,《南都學壇》2010 年第 5 期, 第 23—25 頁。

195. 高榮:《敦煌懸泉漢簡所見河西的羌人》,《社會科學戰綫》2010 年第 10 期, 第 100—106 頁。

196. 韓華:《兩漢時期河西四郡自然災害探析——以懸泉漢簡爲中心》,《絲綢之路》2010 年第 20 期, 第 5—8 頁。

197. 侯宗輝:《從敦煌漢簡所記物價的變動看河西地區經濟的起伏》,《甘肅社會科學》2010 年第 4 期, 第 203—209 頁。

198. 黃人二:《敦煌懸泉置〈四時月令詔條〉整理與研究》, 武漢大學出版社, 2010 年。

199. 李永平:《敦煌懸泉置遺址 F13 出土部分簡牘文書性質及反映的東漢早期歷史》,《敦煌研究》2010 年第 5 期, 第 105—109 頁。

200. 李曉岑:《甘肅漢代懸泉置遺址出土古紙的考察和分析》,《廣西民族大學學報（自然科學版）》2010 年第 4 期, 第 7—16 頁。

201. 劉國防:《西漢護羌校尉考述》,《中國邊疆史地研究》2010 年第 3 期, 第 9—17+148 頁。

202. 喬鑫:《懸泉漢簡虛詞整理》, 張顯成主編《簡帛語言文字研究》第 4 輯, 巴蜀書社, 2010 年, 第 162—229 頁。

203. 汪桂海:《從出土資料談漢代羌族史的兩個問題》,《西域研究》2010 年第 2 期, 第 1—7+122 頁。

204. 王裕昌:《漢代傳食制度及相關問題研究補述》,《圖書與情報》2010 年第 4 期, 第 149—151 頁。

205. 楊建:《西漢初期津關制度研究》, 上海古籍出版社, 2010 年, 第 103—106 頁。

206. 袁延勝:《懸泉漢簡所見辛武賢事蹟考略》, 雷依群、徐衛民編《秦漢研究》

第 4 輯，三秦出版社，2010 年，第 122—129 頁。

207. 袁延勝：《懸泉漢簡所見敬稱與謙稱》，雷依群、徐衛民編《秦漢研究》第 4 輯，三秦出版社，2010 年，第 78—91 頁。

208. 張俊民：《敦煌懸泉漢簡所見的"亭"》，《南都學壇》2010 年第 1 期，第 10—21 頁。

209. 張俊民：《懸泉漢簡所見傳舍及傳舍制度》，《魯東大學學報（哲學社會科學版）》2010 年第 6 期，第 83—88 頁。

210. 片野竜太郎：《郝樹声·張德芳著〈懸泉漢簡研究〉》，《東洋學報》第 92 卷，2010 年，第 87—94 頁。

211. 藤田勝久：《漢簡にみえる交通と地方官府の伝》，《愛媛大學法文學部論集》人文学科編 29，2010 年，第 73—100 頁。

2011 年

212. 初世賓：《懸泉漢簡拾遺（三）》，中國文化遺産研究院編《出土文獻研究》第 10 輯，中華書局，2011 年，第 228—249 頁。

213. 馮卓慧：《從〈四時月令〉詔令看漢代的農業經濟立法》，《甘肅政法學院學報》2011 年第 3 期，第 39—46 頁。

214. 韓飛：《從紙的一般性能看敦煌懸泉置遺址出土的麻紙》，《絲綢之路》2011 年第 4 期，第 29—31 頁。

215. 侯旭東：《從朝宿之舍到商鋪——漢代郡國邸與六朝邸店考論》，《清華大學學報（哲學社會科學版）》2011 年第 5 期，第 32—43+159 頁。

216. 侯宗輝：《漢簡所見西北邊塞的流動人口及社會管理》，《中國邊疆史地研究》2011 年第 1 期，第 22—33+148 頁。

217. 蔣樹森：《秦漢時期的嗇夫研究》，西北師範大學碩士學位論文，2011 年。

218. 李均明等：《當代中國簡帛學研究 1949—2009》，社會科學出版社，2011 年，第 179—181 頁。

219. 李并成：《漢敦煌郡境内置、騎置、驛等位置考》，《敦煌研究》2011 年第 3 期，第 70—77 頁。

220. 李并成、張力仁主編：《河西走廊人地關係演變研究》，三秦出版社，2011 年。

221. 李并成：《漢代河西走廊東段交通路綫考》，《敦煌學輯刊》2011 年第

1期，第58—65頁。

222. 李均明：《通道厩考——與敦煌懸泉厩的比較研究》，《出土文獻》第2輯，2011年，中西書局，第255—266頁。

223. 李曉岑：《澆紙法與抄紙法——中國大陸保存的兩種不同造紙技術體系》，《自然辯證法通訊》2011年第5期，第76—82+126—127頁。

224. 馬智全：《漢簡所見漢代河西羌人的生活狀態》，《西北民族大學學報（哲學社會科學版）》2011年第6期，第38—43頁。

225. 馬智全：《敦煌懸泉置F13〈列女傳〉簡考論》，《魯東大學學報（哲學社會科學版）》2011年第6期，第26—29+65頁。

226. 馬智全：《從出土漢簡看漢代羌族部族》，《絲綢之路》2011年第6期，第5—8頁。

227. 馬智全：《近20年敦煌懸泉漢簡研究綜述》，《絲綢之路》2011年第16期，第45—51頁。

228. 馬智全：《懸泉漢簡二十年研究綜述》，《中國史研究動態》2011年第5期，第39—48頁。

229. 石維娜：《漢代敦煌諸置研究》，梁安和、徐偉民主編《秦漢研究》第5輯，陝西人民出版社，2011年，第223—229頁。

230. 王昱：《懸泉置遺址：大漠深處的古文獻寶庫》，《酒泉日報》2011年6月22日，第4版。

231. 王裕昌：《敦煌懸泉置遺址F13出土簡牘文書研究》，《考古與文物》2011年第4期，第77—80頁。

232. 邢義田：《從金關、懸泉置漢簡與羅馬史料再探討所謂羅馬人建驪靬城的問題》，邢義田著《地不愛寶：漢代的簡牘》，中華書局，2011年，第285—315頁。

233. 伊傳寧：《由漢簡所見西漢馬政》，《和田師範專科學校學報》2011年第1期，第33—34頁。

234. 袁延勝：《懸泉漢簡"戶籍民"探析》，《西域研究》2011年第4期，第8—17頁。

235. 趙寵亮：《"懸泉浮屠簡"辨正》，《南方文物》2011年第4期，第33—36頁。

236. 張德芳：《懸泉漢簡編年輯證之一——漢武帝時期》，饒宗頤主編《敦煌吐魯番研究》第 12 卷，上海古籍出版社，2011 年，第 191—196 頁。

237. 張俊民：《懸泉漢簡所見律令文與張家山〈二年律令〉》，梁安和、徐衛民主編《秦漢研究》第 5 輯，陝西人民出版社，2011 年，第 57—68 頁。

238. 張俊民：《懸泉漢簡所見赦令文書初探》，卜憲群、楊振紅編《簡帛研究 2011》，廣西師範大學出版社，第 120—121 頁。

239. 片野竜太郎：《散見敦煌懸泉漢簡釈文集成——第一区域出土簡牘》，《國士舘東洋史學》（4·5），2011 年，第 89—194 頁。

2012 年

240. 戴春陽：《漢晋間敦煌地區佛教文化背景管窺——從敦煌懸泉漢代〈浮屠〉簡談起》，《歷史文物》2012 年第 3 期，第 46—57 頁。

241. 郭俊然：《"千人類職官"探析》，《安康學院學報》2012 年第 5 期，第 74—76 頁。

242. 鄧天珍、張俊民：《敦煌漢簡札記》，《敦煌研究》2012 年第 2 期，第 118—124+132 頁。

243. 高榮：《論秦漢的置（上）》，《魯東大學學報（哲學社會科學版）》2012 年第 5 期，第 60—65 頁。

244. 高榮：《論秦漢的置（下）》，《魯東大學學報（哲學社會科學版）》2012 年第 6 期，第 59—65 頁。

245. 郝延濤：《秦漢郵傳管理略論》，長江大學碩士學位論文，2012 年。

246. 焦天然：《漢代月令制度考論——以出土簡牘爲中心》，北京師範大學碩士學位論文，2012 年。

247. 李天虹：《秦漢時分紀時制綜論》，《考古學報》2012 年第 3 期，第 289—314 頁。

248. 李曉岑、王輝、賀超海：《甘肅懸泉置遺址出土古紙的時代及相關問題》，《自然科學史研究》2012 年第 3 期，第 277—287 頁。

249. 羅帥：《懸泉漢簡所見折垣與祭越二國考》，《西域研究》2012 年第 2 期，第 38—45+142—143 頁。

250. 呂世浩：《漢代時制初探——以懸泉置出土時稱木牘爲中心的考察》，張德芳主編《甘肅省第二屆簡牘學國際學術研討會論文集》，上海古籍出版社，2012 年，第 111—118 頁。

251. 馬智全：《戊己校尉的設立及其屬吏秩次論考》，《絲綢之路》2012年第6期，第9—12頁。

252. 孟建昇：《西北出土漢簡中所見的"養"及其相關問題的研究》，廣西師範大學碩士學位論文，2012年。

253. 王偉：《懸泉漢簡札記一則》，《敦煌研究》2012年第3期，第26頁。

254. 王昱：《懸泉置遺址——大漠深處的古文獻寶庫》，賀華東主編《酒泉日報20年文集·人文地理卷》，甘肅文化出版社，2012年，第136—138頁。

255. 邢義田：《敦煌懸泉〈失亡傳信冊〉的構成》，張德芳主編《甘肅省第二屆簡牘學國際學術研討會論文集》，上海古籍出版社，2012年，第5—15頁。

256. 袁延勝：《懸泉漢簡"户籍民"探析——兼論西域諸國之人的户籍問題》張德芳主編《甘肅省第二屆簡牘學國際學術研討會論文集》，上海古籍出版社，2012年，第201—214頁。

257. 張德芳：《從懸泉漢簡看西漢武昭時期和宣元時期經營西域的不同戰略》，黎明釧編《漢帝國的制度與社會秩序》，牛津大學出版社，2012年，第217—316頁。

258. 張俊民：《懸泉漢簡厩嗇夫厩佐人名綜述》，張德芳主編《甘肅省第二屆簡牘學國際學術研討會論文集》，上海古籍出版社，2012年，第175—200頁。

259. 張俊民：《懸泉漢簡所見西漢效穀縣的里名》，《敦煌研究》2012年第2期，第98—107頁。

260. 張俊民：《懸泉漢簡所見郵驛制度初探——以律令、制度簡爲中心的考察》，黎明釧編《漢帝國的制度與社會秩序》，牛津大學出版社，2012年，第317—340頁。

261. 張俊民：《懸泉置出土刻齒簡牘概說》，武漢大學簡帛研究中心主辦《簡帛》第7輯，上海古籍出版社，2012年，第235—256+435頁。

262. 張玲：《秦漢關隘制度研究》，河南大學博士學位論文，2012年。

263. 趙莉：《懸泉漢簡中的馬、馬政文書及相關問題》，《發展》2012年第9期，第50—51頁。

264. 宋真：《中國古代境界出入과그性格變化—通過祭儀에서通行許可制度로—》，首爾大學博士學位論文，2012年。

2013年

265. 卜憲群，劉楊：《秦漢日常秩序中的社會與行政關係初探——關於"自言"

一詞的解讀》，《文史哲》2013年第4期，第81—92+166頁。

266. 初昉、世賓：《懸泉漢簡拾遺（五）》，中國文化遺產研究院編《出土文獻研究》第12輯，中西書局，2013年，第234—252頁。

267. 杜潔芳：《揭開懸泉置的千年秘密》，《西部時報》2013年7月16日，第9版。

268. 杜潔芳：《走近2000年前的政府"招待所"》，《中國文化報》2013年7月11日。

269. 段熙：《懸泉漢簡語法專題研究》，華東師範大學碩士學位論文，2013年。

270. 郭俊然：《出土資料所見的漢代屬國及地方政府中的民族職官》，《濮陽職業技術學院學報》2013年第6期，第57—59頁。

271. 郭俊然：《漢官叢考——以實物資料為中心》，華中師範大學博士學位論文，2013年。

272. 郭志勇：《秦漢傳食制度考述》，鄭州大學碩士學位論文，2013年。

273. 何端中：《從懸泉置遺址和〈驛使圖〉談古代河西郵傳》，《檔案》2013年第2期，第34—36頁。

274. 焦天然：《"九月除道，十月成梁"考——兼論秦漢月令之統一性》，《四川文物》2013年第1期，第50—56頁。

275. 李炳泉：《甘延壽任西域使職年代考——兼及馮嫽在册封烏孫兩昆彌事件中的活動》，《西域研究》2013年第3期，第17—22+154頁。

276. 劉春雨：《從懸泉漢簡中的使者看西域與内地的關係》，《中州學刊》2013年第6期，第122—127頁。

277. 劉希慶：《從敦煌懸泉置〈四時月令詔條〉看西漢生態環境保護的國家意志》，《北京城市學院學報》2013年第4期，第51—54頁。

278. 吕志峰：《敦煌懸泉置考論——以敦煌懸泉漢簡為中心》，《敦煌研究》2013年第4期，第66—72頁。

279. 南玉泉：《秦漢式的種類與性質》，《中國古代法律文獻研究》第7輯，社會科學文獻出版社，2013年，第194—209頁。

280. 王冠輝．《漢代河西郵驛研究》，蘭州大學碩士學位論文，2013年

281. 王輝：《漢簡人名"延年"身份考》，《南都學壇》2013年第5期，第14—21頁。

282. 魏紅友：《兩漢時期河西地區外來人口構成類型分析》，西北師範大學

碩士學位論文，2013 年。

283. 徐清：《西北考古發掘的漢代帛書》，《中國書法》2013 年第 7 期，第 66—83 頁。

284. 徐燕斌：《漢簡扁書輯考——兼論漢代法律傳播的路徑》，《華東政法大學學報》2013 年第 2 期，第 50—62 頁。

285. 晏昌貴：《懸泉漢簡日書〈死吉凶〉研究》，《中國史研究》2013 年第 2 期，第 13—31 頁。

286. 張德芳：《懸泉漢簡與西域都護》，中國人民大學國學院主編《國學的傳承與創新——馮其庸先生從事教學與科研六十周年慶賀學術文集》下，上海古籍出版社，2013 年，第 1011—1025 頁。

287. 張俊民：《對出土文物資料中"節"的考察》，《湖南省博物館館刊》第 9 輯（2013 年），第 171—181 頁。

288. 張俊民：《西漢樓蘭、鄯善簡牘資料鉤沉》，《魯東大學學報（哲學社會科學版）》2013 年第 4 期，第 63—69 頁。

289. 張俊民：《西漢效穀縣基層組織"鄉"的幾個問題》，《魯東大學學報（哲學社會科學版）》2013 年第 1 期，第 70—74 頁。

290. 張俊民：《懸泉漢簡與班固〈漢書〉所引詔書文字的异同》，《文獻》2013 年第 2 期，第 55—61 頁。

291. 張俊民：《有關漢代廣至縣的幾個問題——以懸泉置出土文書爲中心的考察》，梁安和、徐衛民主編《秦漢研究》第 7 期，陝西人民出版社，2013 年，第 55—71 頁。

292. 張曉芳：《〈敦煌縣泉漢簡釋粹〉虛詞整理》，王華平主編《學行堂文史集刊》2013 年第 2 期，中國對外翻譯出版公司，第 31—41 頁。

293. 周峰：《西北漢簡中的馬》，西北師範大學碩士學位論文，2013 年。

294. 李昭毅：《西漢衛尉令長類屬官的建置與職掌——以公車司馬和旅賁爲中心的考察》，《興大歷史學報》第 26 期，2013 年，第 1—31 頁。

295. 吳峻錫：《秦漢代문서행정체계 연구》，慶北大學校博士學位論文，2013 年。

2014 年

296. 陳宗利：《采訪隴原二十年：陳宗立新聞作品集》，甘肅文化出版社，

2014 年，第 110—111 頁。

297. 初昉世賓：《懸泉漢簡拾遺（六）》，中國文化遺產研究院編《出土文獻研究》第 15 輯，中西書局，2014 年，第 403—414 頁。

298. 丁樹芳：《兩漢護羌校尉研究述評》，《南都學壇》2014 年第 2 期，第 17—20 頁。

299. 杜鵬姣：《漢代通關文書研究》，蘭州大學碩士學位論文，2014 年。

300. 龔德才、楊海豔、李曉岑：《甘肅敦煌懸泉置紙製作工藝及填料成分研究》，《文物》2014 年第 9 期，第 85—90 頁。

301. 郭昊：《西漢地方郵政"財助"問題芻議》，《中國社會經濟研究史》2014 年第 4 期，第 1—8 頁。

302. 郭俊然：《漢代郵驛職官考——以出土資料爲中心》，《五邑大學學報（社會科學版）》2014 年第 1 期，第 65—68+94 頁。

303. 韓華：《由紀年漢簡看敦煌懸泉置遺址出土紙張的年代問題》，《魯東大學學報（哲學社會科學版）》2014 年第 2 期，第 81—85 頁。

304. 侯旭東：《西北所出漢代簿籍册書簡的排列與復原——從東漢永元兵物簿說起》，《史學集刊》2014 年第 1 期，第 58—73 頁。

305. 李并成：《漢酒泉郡十一置考》，《敦煌研究》2014 年第 1 期，第 115—120 頁。

306. 李逸峰：《敦煌漢簡相關問題略説》，《中國書畫》2015 年第 1 期，第 15—19 頁。

307. 劉希慶：《敦煌懸泉置壁書中所見西漢官文書制度》，《檔案學通訊》2014 年第 2 期，第 39—42 頁。

308. 劉永強、王飛：《兩漢經營西域研究》，西北農林科技大出版社，2014 年，第 119—131 頁。

309. 劉再聰：《居延里程簡所記高平媼圍間綫路的考古學補證》，《吐魯番學研究》2014 年第 2 期，第 19—28+162 頁。

310. 劉振剛：《西漢邊疆與民族地理問題考辨》，南開大學博士學位論文，2014 年。

311. 呂志峰：《讀漢簡札記三則》，《中國文字研究》第 19 輯，上海古籍出版社，2014 年，第 177—180 頁。

312. 石雲濤：《漢代良馬的輸入及其影響》，《社會科學戰綫》2014 年第 7 期，第 69—78 頁。

313. 孫占鰲，劉生平：《從出土簡牘看漢代河西飲食》，《甘肅社會科學》2014 年第 6 期，第 90—94 頁。

314. 覃曉嵐：《秦漢傳車考略》，湖南大學碩士學位論文，2014 年。

315. 王鈣鎂：《秦漢時分紀時名稱研究》，東北師範大學碩士學位論文，2014 年。

316. 王麗娜：《漢代邸、舍制度研究》，東北師範大學碩士學位論文，2014 年。

317. 王文元：《偉大發現：敦煌懸泉置遺址發掘往事》，《檔案》2014 年第 12 期，第 29—34 頁。

318. 王子今：《河西漢簡所見"馬禖祝"禮俗與"馬醫""馬下卒"職任》，《秦漢研究》第 8 輯，陝西人民出版社，2014 年，第 9—17 頁。

319. 姚崇新：《佛教海道傳入說、滇緬道傳入說辨正——兼論懸泉東漢浮屠簡發現的意義》，榮新江，朱玉麒主編《西域考古·史地·語言研究新視野·黃文弼與中瑞西北科學考查團國際學術研討會論文集》，科學出版社，2014 年，第 459—496 頁。

320. 余欣：《出土文獻所見漢唐相馬術考》，《學術月刊》2014 年第 2 期，第 135—143 頁。

321. 張春海：《懸泉漢簡推進簡牘文書學研究》，《中國社會科學報》2014 年 4 月 4 日，第 A1 版。

322. 張德芳：《兩漢時期的敦煌太守及其任職時間》，《簡牘學研究》第 5 輯，甘肅人民出版社，2014 年，第 156—179 頁。

323. 張德芳：《西北漢簡中的絲綢之路》，《中原文化研究》2014 年第 5 期，第 26—35 頁。

324. 張國藩：《居延、懸泉漢簡〈傳置道里簿〉》，《檔案》2014 年第 5 期，第 27—28 頁。

325. 張俊民：《簡牘學論稿——聚沙篇》，甘肅教育出版社，2014 年。

326. 黎明釗：《懸泉置漢簡的羌人問題——以〈歸義羌人名籍〉爲中心》，《九州學林》第 34 期，2014 年，第 19—44 頁。

2015 年

327. 初昉世賓：《懸泉漢簡中涉及國際訴訟的案卷——简析〈康居王使者自言書〉册》，范鵬主編《隴上學人文存·初世賓卷》，甘肅人民出版社，2015 年，第 414—419 頁。

328. 丁義娟、于淑紅：《從出土簡看漢初律中贖刑種類及其發展》，《蘭台世界》2015 年第 12 期，第 44—45 頁。

329. 韓華：《由西北簡看兩漢河西地區的手工業》，《魯東大學學報（哲學社會科學版）》2015 年第 4 期，第 73—77 頁。

330. 郝樹聲：《漢簡中的大宛和康居——絲綢之路與中西交往研究的新資料》，《中原文化研究》2015 年第 2 期，第 59—69 頁。

331. 胡楊：《驚世漢簡：懸泉置的奉獻》，《檔案》2015 年第 11 期，第 39—41 頁。

332. 雷興鶴：《漢代河西走廊地區的農業社會研究》，黄賢全、鄒芙都主編《中國史全國博士生論壇論文集》，重慶出版社，2015 年，第 31—39 頁。

333. 劉太祥：《簡牘所見秦漢國有財物管理制度》，《南都學壇》2015 年第 3 期，第 1—9 頁。

334. 申硯歌：《懸泉漢簡的文字流變研究》，蘭州大學碩士學位論文，2015 年。

335. 石洋：《秦漢財産調查制度初探》《漢學研究》第 33 卷第 1 期，2015 年，第 1—32 頁。

336. 石明秀：《漢代驛站懸泉置》，《尋根》2015 年第 1 期，第 4—5 頁。

337. 謝繼忠：《對敦煌懸泉置詔書〈四時月令五十條〉的解讀——兼與馮卓慧先生商榷》，《邊疆經濟與文化》2015 年第 8 期，第 39—40 頁。

338. 謝繼忠：《敦煌懸泉置〈四時月令五十條〉的生態環境保護思想淵源探析》，《農業考古》2015 年第 6 期，第 122—125 頁。

339. 陽颺：《我國最早的漢代郵驛機構》，《檔案》2015 年第 9 期，第 28—32 頁。

340. 于洪濤：《論敦煌懸泉漢簡中的"厩令"——兼談漢代"詔""令""律"的轉化》，《華東政法大學學報》2015 年第 4 期，第 141—150 頁。

341. 岳亞斌：《簡紙并行——中國文字書寫史上的特殊時代》，《絲綢之路》2015 年第 8 期，第 19—20 頁。

342. 張東東：《西北屯戍漢簡四種所見詞語與〈漢語大詞典〉訂補——僅以少量"增補詞條"爲例》，《唐山師範學院學報》2015 年第 1 期，第 16—22+49 頁。

343. 張俊民：《敦煌懸泉置出土文書研究》，甘肅教育出版社，2015 年。

344. 張俊民：《漢代敦煌郡縣置名目考——以懸泉漢簡資料爲中心的考察》，梁安和、徐偉民主編《秦漢研究》，陝西人民出版社，2015 年，第 73—86 頁。

345. 張俊民：《西北漢簡所見"施刑"探微》，《石河子大學學報（哲學社會科學版）》2015年第2期，第31—39頁。

346. 張俊民:《懸泉漢簡所見絲綢之路》,《檔案》2015年第6期，第35—40頁。

347. 張俊民：《懸泉漢簡新見的兩例漢代職官制度》，《敦煌研究》2015年第6期，第96—103頁。

348. 周穎穎：《西漢簡牘書的淵源與流變》，曲阜師範大學碩士學位論文，2015年。

349. 朱芳：《〈敦煌懸泉漢簡釋粹〉札記》，王化平主編《學行堂文史集刊》第8輯，中譯出版社，2015年，第83—89頁。

350. 小谷仲男:《敦煌懸泉漢簡に記録された大月氏の使者》,《史窓》第72号，2015年，第15—37頁。

351. 畑野吉則：《秦漢時代の文書逓傳と情報處理——郵書記録と上行型の情報傳達》，《資料學の方法を探る》14，2015年。

352. YANG, Jidong: "Transportation, Boarding, Lodging, and Trade along the Early Silk Road: A Preliminary Study of the Xuanquan Manuscripts", Journal of the American Oriental Society 135.3（2015），pp. 421—432.

2016年

353. 白楊：《西北邊郡與秦漢政局研究》，山東大學碩士學位論文，2016年。

354. 初昉世賓：《懸泉漢簡拾遺（七）》，中國文化遺產研究院編《出土文獻研究》第15輯，中西書局，2016年，第330—357頁。

355. 胡一楠：《由絲路漢簡看古代的會計核算制度》，《寶雞文理學院學報（社會科學版）》2016年第4期，第155—158頁

356. 李楠：《兩漢戊己校尉職數再考證》，《內蒙古大學學報（哲學社會科學版）》2016年第3期，第68—73頁。

357. 李楠：《兩漢西域屯田組織管理體系》，《農業考古》2017年第1期，第124—132頁。

358. 李曉偉：《秦漢通行憑證研究》，河南大學碩士學位論文，2016年。

359. 李亞軍：《河西漢塞出土"人面形木牌"研究》，西北師範大學碩士學位論文，2016年。

360. 李銀良：《傳遞機構"驛"出現時間考辨》，《殷都學刊》2016年第2期，

第 39—45 頁。

361. 劉永强：《兩漢西域經濟研究》，西北農林科技大學出版社，2016 年，第 242—267 頁。

362. 馬智全：《漢代絲綢之路上的安定道》，《豳風論叢》第 2 號，中國社會科學出版社，2016 年，第 232—240 頁。

363. 馬智全：《漢簡反映的漢代敦煌水利芻論》，《敦煌研究》2016 年第 3 期，第 103—109 頁。

364. 孟豔霞：《漢簡所及敦煌地區水利建設與管理》，《敦煌研究》2016 年第 2 期，第 73—78 頁。

365. 蒲朝府：《秦漢郵驛制度研究》，山東大學碩士學位論文，2016 年。

366. 申硯歌：《懸泉漢簡的文字流變研究》，蘭州大學碩士學位論文，2015 年。

367. 石雲濤：《漢代駱駝的輸入及其影響》，《歷史教學（下半月刊）》2016 年第 6 期，第 3—11 頁。

368. 孫秋鳴：《簡牘所見秦漢郵傳制度探析》，鄭州大學碩士學位論文，2016 年。

369. 鄔文玲：《漢代"使主客"略考》，《中國史研究》2016 年第 3 期，第 49—56 頁。

370. 張德芳：《懸泉漢簡中的烏孫資料考證》，中國文化遺產研究院編《出土文獻研究》第 15 輯，中西書局，2016 年，第 358—368 頁。

371. 張德芳：《懸泉漢簡中的中西文化交流》，《光明日報》2016 年 10 月 13 日，第 11 版。

372. 趙海莉：《西北出土文獻中蘊含的民衆生態環境意識研究》，西北師範大學博士學位論文，2016 年。

373. 金秉駿：《中國古代における對外貿易のかたち―敦煌懸泉置漢簡を手掛かりとして》，《東方學報》第 91 期，2016 年，第 550—530 頁。

374. 藤田勝久：《中國古代國家と情報傳達―秦漢簡牘の研究―》，汲古书院，2016 年。

375. 宋真：《秦漢時代 券書와 제국의 물류 관리 시스템》，《동양사학연구》第 134 卷，2016 年，第 65—106 頁。

376. Lee Kim（李文實），Discrepancy between Laws and their Implementation: An Analysis of Granaries, Statutes, and Rations during China's Qin and Han periods, Journal of the Economic and Social History of the Orient, 59.4（2016），pp555—589.

2017 年

377. 初昉、世賓：《懸泉漢簡拾遺（八）》，中國文化遺產研究院編《出土文獻研究》第 16 輯，中西書局，2017 年，第 243—257 頁。

378. 代國璽：《從懸泉置壁書看新莽羲和、納言的職掌及相關問題》，《敦煌研究》2017 年第 6 期，第 147—152 頁。

379. 代國璽：《説"制詔御史"》，《史學月刊》2017 年第 7 期，第 32—46 頁。

380. 董保家：《從漢簡看漢代敦煌鄉里設置》，《絲綢之路》2017 年第 22 期，第 19—22 頁。

381. 葛承雍：《敦煌懸泉漢簡反映的絲綢之路再認識》，《西域研究》2017 年第 2 期，第 107—113+142 頁。

382. 霍耀宗：《〈月令〉與秦漢社會》，蘇州大學博士學位論文，2017 年。

383. 賈小軍：《河西走廊出土文獻中的絲綢之路意象》，《絲綢之路研究集刊》2017 年第 1 期，第 164—172+350—351 頁。

384. 李方：《漢唐西域民族與絲綢之路和邊疆社會》，《吐魯番學研究》2017 年第 2 期，第 46—58 頁。

385. 李楠：《近 20 年來兩漢西域治理問題研究》，《中國史研究動態》2017 年第 2 期，第 14—21 頁。

386. 孫志敏：《秦漢刑役研究》，東北師範大學碩士學位論文，2017 年。

387. 唐俊峰：《秦漢劾文書格式演變初探》，《中國古代法律文獻研究》第 12 輯，社會科學文獻出版社，2018 年，第 131—159 頁。

388. 王錦城：《西北漢簡所見郵書的類別及相關問題考略》，《古代文明》2017 年第 3 期，第 87—96+127 頁。

389. 袁維和：《郵驛：在歷史中遠去的一道背影》，《甘肅日報》2017 年 9 月 28 日。

390. 詹秋萍：《秦漢牛政研究》，湖南大學碩士學位論文，2017 年。

391. 張德芳：《懸泉漢簡整理研究的若干問題》，王子今、孫家洲主編《出土文獻與中國古代文明研究論文集》，中國社會科學出版社，2017 年，第 111—129 頁。

392. 張明悟、王曉強：《漢代古紙的斷代之我見》，《中國科技史雜誌》2017 年第 3 期，第 355—362 頁。

393. 趙倩男：《關於秦漢時期傳馬的幾個問題》，雲南大學碩士學位論文，

2017年。

394. 高震寰：《從勞動力運用角度看秦漢刑徒管理制度的發展》，臺灣大學博士學位論文，2017年。

395. 廣瀨薫雄：《漢代酒泉郡表是縣城遺迹を探して——草溝井城調查記》，高村武幸編：《周緣領域からみた秦漢帝國》，六一書房，2017年。

2018年

396. 高偉潔：《敦煌懸泉置〈四時月令五十條〉的思想史座標》，《史學月刊》2018年第6期，第132—136頁。

397. 葛承雍：《天馬與駱駝——漢代絲綢之路識別字號的新釋》，《故宮博物院院刊》2018年第1期，第55—64+159—160頁。

398. 韓華：《試論西北簡牘殘簡綴合——以簡牘材質和考古學方法爲中心》，《石家莊學院學報》2018年第1期，第82—87頁。

399. 何靜苗：《漢代河西治理研究》，蘭州大學碩士學位論文，2018年。

400. 胡宇蒙：《絲綢之路沿綫文化交流研究（公元前2世紀—公元2世紀）》，陝西師範大學碩士學位論文，2018年。

401. 李楠：《西漢王朝西域都護的行政管理》，《內蒙古社會科學（漢文版）》2018年第4期，第93—99頁。

402. 李豔玲：《漢代"穬麥"考》，《敦煌學輯刊》2018年第4期，第116—124頁。

403. 劉全波、李若愚：《敦煌懸泉漢簡研究綜述》，《甘肅廣播電視大學學報》2018年第4期，第6—12頁。

404. 納豆豆：《漢唐絲路酒泉敦煌段道路及沿綫遺址調查研究》，西北師範大學碩士學位論文，2018年。

405. 潘敏鐘：《漢墨的價格》，《西泠藝叢》2018年第1期，第69—71頁。

406. 裴永亮：《懸泉漢簡中的長羅侯經略西域》，《青海民族大學學報（社會科學版）》2018年第4期，第70—74頁。

407. 史研：《先秦兩漢出土簡帛尺牘文研究》，濟南大學碩士學位論文，2018年。

408. 孫海芳、历娜：《懸泉漢簡——基於"三功能説"的傳播學解析》，《蘭州文理學院學報（社會科學版）》2018年第5期，第1—5頁。

409. 孫志敏：《秦漢刑役減免探析》，《古代文明》2018年第4期，第

56—67+124—125 頁。

410. 王含梅：《居延新簡〈傳置道里簿〉地名新證》，《中國歷史地理論叢》2018 年第 3 期，第 55—60 頁。

411. 王錦城：《西北漢簡所見"司御錢"考》，《敦煌研究》2018 年第 6 期，第 134—139 頁。

412. 王蕾：《中古絲路交通視野下的河隴關津研究》，蘭州大學博士學位論文，2018 年。

413. 王志勇：《漢簡所見"柱馬"新解》，《南京師範大學文學院學報》2018 年第 3 期，第 146—148 頁。

414. 徐定懿，王思明：《從西漢邊關漢簡看麥作在當地的推廣情況》，《中國農史》2018 年第 6 期，第 11—22 頁。

415. 張德芳：《懸泉漢簡中的絲路繁華》，《人民日報》2018 年 6 月 14 日，第 22 版。

416. 趙晶：《古絲綢之路上驛站資訊傳播體系研究》，西北民族大學碩士學位論文，2018 年。

417. 羅仕杰：《從漢簡看邊塞鬥毆與兇殺的三個案例》，《嶺東通識教育研究學刊》7.4，2018 年，第 101—112 頁。

418. 菅野惠美：《中國古代的馬匹管理與漢代墓葬裝飾》，鶴間和幸、村松弘一編：《馬が語る古代東アジア世界史》，汲古書院，2018 年。

2019 年

419. 甘肅簡牘博物館、甘肅省文物考古研究所、陝西師範大學人文社會科學高等研究院、清華大學出土文獻研究與保護中心編：《懸泉漢簡（壹）》，中西書局，2019 年。

420. 范英傑，王晶波：《歷史時期河西會稽置廢遷移再探》，《絲綢之路研究集刊》2019 年第 2 期，第 200—223+389—390 頁。

421. 韓華：《西北漢簡中的"牛"資料再探討》，《石家莊學院學報》2019 年第 2 期，第 93—96 頁。

422. 黃聰：《漢晉時期戊己校尉研究》，江西師範大學碩士學位論文，2019 年。

423. 黃浩波：《蒲封：秦漢時期簡牘文書的一種封緘方式》，《考古》2019 年第 10 期，第 98—105 頁。

424. 賈小軍：《漢代敦煌郡驛置及道路交通考述》，《絲綢之路研究集刊》2019年第2期，第184—199+389頁。

425. 賈雨潼：《"鞭子"還是"吹鞭"？》，《大衆考古》2019年第4期，第44—45頁。

426. 劉全波、李若愚：《敦煌懸泉漢簡研究述評》，《吐魯番學研究》2019年第1期，第85—109+155頁。

427. 劉昱菡：《漢晉簡紙書寫研究與臨創實踐》，西北師範大學碩士學位論文，2019年。

428. 孫富磊：《懸泉漢簡〈甘露二年病死馬書〉所見驛置傳馬管理》，《敦煌學輯刊》2019年第3期，第164—170頁。

429. 孫富磊：《懸泉置出土〈失亡傳信册〉再考》，《敦煌研究》2019年第6期，第95—100頁。

430. 孫海芳：《河西走廊驛傳文化遺存初論》，《絲綢之路》2019年第1期，第97—101頁。

431. 宋豔萍：《從懸泉漢簡所見"持節"簡看漢代的"持節"制度》，《동서인문》第12輯，2019年，第5—44頁。

432. 王光華、李秀茹：《月令禁忌視域下戰國秦漢時期的政治運行機理管窺》，《重慶科技學院學報（社會科學版）》2019年第6期，第81—83+108頁。

433. 王貴元、李雨檬：《從出土漢代書信看漢代人的禮節用語與生活關切》，《學術研究》2019年第8期，第140—149+178頁。

434. 武鑫、賈小軍：《漢代張掖郡驛置與道路交通考》，《石河子大學學報（哲學社會科學版）》2019年第5期，第91—99頁。

435. 楊富學、劉源：《出土簡牘所見漢代敦煌民族及其活動》，《敦煌研究》2019年第3期，第32—45頁。

436. 姚磊：《肩水金關漢簡所見赦令研究》，《社會科學》2019年第10期，第145—154頁。

437. 張德芳：《漢簡中的絲綢之路》，《甘肅日報》2019年3月27日，第12版。

438. 張德芳：《懸泉漢簡的歷史與學術價值》，《光明日報》2019年2月13日，第11版。

439. 張德芳：《懸泉置：驛站小人物與歷史大事件》，甘肅日報2010年10月30日。

440. 張鵬飛：《西北漢簡所見"傳"文書研究》，河南大學碩士學位論文，2019年。

441. 張瑛：《從出土漢簡看漢朝與西域地區的經濟文化交流》，《社科縱橫》2019年第2期，第116—122頁。

442. 張瑛《從敦煌漢簡看漢匈西域之争》，《蘭州文理學院學報（社會科學版）》2019年第5期，第1—7頁。

443. 張瑛：《漢代西域都護設置的時間及其職責相關問題考辨》，《西北民族大學學報（哲學社會科學版）》2019年第3期，第120—128頁。

444. 張勇健、范英杰：《近十年來敦煌漢簡研究論著目録》，《敦煌學國際聯絡委員會通訊（2019年）》，第292—330頁。

445. 鄭蕙燕：《西漢庫魯克塔格區域經略》，上海師範大學碩士學位論文，2019年。

446. 曾磊：《劉賀"乘七乘傳詣長安邸"考議》，《石家莊學院學報》2019年第2期，第32—35+47頁。

447. 曾磊：《懸泉漢簡"傳信"簡釋文校補》，中國文化遺產研究院編《出土文獻研究》第18輯，中西書局，2019年，第257—278頁。

448. 林宏哲：《西漢西域的軍政管理—西域都護、戊己校尉拾零》，《中正歷史學刊》第22輯，2019年，第1—32頁。

449. 片野竜太郎：《漢代酒泉郡周邊遺迹的基礎研究——縣城與防衛戰》，收入高村武幸、廣瀬薰雄、渡邊英幸編《周緣領域からみた秦漢帝國2》，六一書房，2019年。

2020年

450. 甘肅簡牘博物館、甘肅省文物考古研究所、陝西師範大學人文社會科學高等研究院、清華大學出土文獻研究與保護中心編：《懸泉漢簡（貳）》，中西書局，2020年。

451. 高佳莉：《敦煌漢簡中的卑爰寔及相關問題研究》，《蘭州文理學院學報（社會科學版）》2020年第3期，第6—9頁。

452. 郭妙妙：《西北漢簡中的牛》，南京師範大學碩士學位論文，2021年。

453. 韓蓓蓓：《漢代河西農業開發述論》，《天水師範學院學報》2020年第6期，第58—61頁。

454. 賈小軍：《漢代酒泉郡驛置道里新考》，《敦煌研究》2020年第1期，第115—122頁。

455. 黎鏡明：《邊郡與漢代的邊疆經略》，陝西師範大學博士學位論文，2020年。

456. 李并成：《釋"平水"》，《西北師大學報（社會科學版）》2020年第3期，第90—94頁。

457. 李天野：《兩漢河隴地區交通路綫研究》，蘭州大學碩士學位論文，2020年。

458. 馬智全：《漢代敦煌郡庫與西域戍卒兵物管理》，《敦煌研究》2020年第1期，第123—127頁。

459. 馬智全：《漢代敦煌苜蓿種植與絲綢之路物種傳播》，《甘肅廣播電視大學學報》2020年第4期，第1—5頁。

460. 祁曉慶，楊富學：《西北地方絲綢之路與中外關係研究四十年》，《石河子大學學報（哲學社會科學版）》2020年第6期，第78—87頁。

461. 曲曉霜：《簡牘日書與秦漢社會》，中國社會科學院研究生院博士學位論文，2020年。

462. 任冬陽：《新出新莽簡及相關問題研究》，鄭州大學碩士學位論文，2020年。

463. 舒顯彩：《六畜與秦漢社會生活研究》，陝西師範大學碩士學位論文，2020年。

464. 陶喻之：《爲什麽説紙還是東漢蔡倫而不是西漢勞動人民發明的》，中國造紙學會《中國造紙學會第十九屆學術年會論文集》，2020年，第421—430頁。

465. 汪受寬：《絲綢之路上的漢代郵驛》，《甘肅日報》2020年6月10日。

466. 王春根、王丹青：《一張苧麻紙 記錄世界文明發展史》，《贛商》2020年第8期，第76—80頁。

467. 王蕾、盧山冰：《漢唐時期陽關的盛衰與絲路交通》，《西北大學學報（哲學社會科學版）》2020年第6期，第95—104頁。

468. 王元一：《簡牘所見漢代河西流動人口及相關問題研究》，鄭州大學碩士學位論文，2020年。

469. 楊富學、米小强：《貴霜王朝建立者爲大月氏而非大夏説》，《寧夏社會科學》2020年第4期，第168—179頁。

470. 姚磊：《〈懸泉漢簡（壹）〉散簡編連八則》，《簡牘學研究》第 10 輯，甘肅人民出版社，2020 年第 2 期，第 43—54 頁。

471. 佚名：《絲路風華——懸泉置漢簡的發現與研究》，《中國書法報》2020 年 6 月 10 日。

472. 鷹取祐司著，郭聰敏譯：《漢代長城防衛體制的變化》，《法律史譯評》第 8 卷，2020 年，第 142—194 頁。

473. 袁煒：《西漢、大月氏關係考——以漢簡和黃金之丘（Tillay Tepe）出土物爲研究物件》，《廣西博物館文集》，2020 年，第 90—96 頁。

474. 袁雅潔：《〈懸泉漢簡（壹）〉中出入符初探》，《敦煌研究》2020 年第 5 期，第 134—140 頁。

475. 張德芳：《漢簡中的敦煌郡》，《甘肅日報》，2020 年 7 月 1 日。

476. 張俊民：《懸泉置漢簡釋文再校訂及相關問題討論——以ⅠT0114①釋文爲例》，《出土文獻綜合研究集刊》第 12 輯，巴蜀書社，2020 年，第 96—109 頁。

477. 張唐彪：《兩漢西域都護資訊"督察"職能考》，《喀什大學學報》2020 年第 5 期，第 54—59 頁。

478. 趙玉龍：《秦漢"芻稿"稅研究》，山東大學碩士學位論文，2020 年。

479. 권민균：《漢代'境界空間'으로서 敦煌의性格》，《역사와경계》第 115 卷，2020 年，第 1—30 頁。

2021 年

480. 艾中帥：《敦煌懸泉置〈四時月令詔條〉所見漢代災害預防思想》，《河西學院學報》2021 年第 6 期，第 30—34 頁。

481. 陳松梅：《〈懸泉漢簡〉釋文校補四則》，《黑河學院學報》2021 年第 4 期，第 160—161+183 頁。

482. 丁盼盼：《秦漢時期吏員徭使考述》，東北師範大學碩士學位論文，2021 年。

483. 董莉莉：《絲綢之路與漢王朝的興盛》，山東大學博士學位論文，2021 年。

484. 段佳寧：《〈懸泉漢簡（壹）〉文字構形系統研究》，陝西師範大學碩士學位論文，2021 年。

485. 馮玉：《西北漢簡所見西域獻畜的管理》，《西域研究》2021 年第 3 期，第 9—18 頁。

486. 何偉俊：《關於考古出土紙質文物保護利用的若干思考》，《東南文化》

2021年第6期，第6—13+190—191頁。

487. 江志：《漢、唐時期河西地區水利研究》，江西師範大學碩士學位論文，2021年。

488. 李洪財：《秦漢簡中標識術語"剽"之新證》，《中國農史》2021年第5期，第13—22頁。

489. 李晶：《河西地區出土漢代簡牘書信研究》，西北師範大學碩士學位論文，2021年。

490. 李麗紅：《西北漢簡所見省作制度研究》，西北師範大學碩士學位論文，2021年。

491. 李知默：《漢簡所見域外人員研究》，湖南大學碩士學位論文，2021年。

492. 劉家齊：《〈懸泉漢簡（壹）〉實詞研究》，西北師範大學碩士學位論文，2021年。

493. 劉屹、劉菊林：《懸泉漢簡與伊存授經》，《敦煌研究》2021年第1期，第63—72頁。

494. 劉自穩：《邌書新論——基於湖南益陽兔子山遺址J7⑥:6木牘的考察》，《文物》2021年第6期，第87—92頁。

495. 馬強、曾維英：《出土文物與當代歷史地理學的互證——中華人民共和國成立以來從出土文物研究歷史地理述評》，《雲南大學學報（社會科學版）》2021年第5期，第58—72頁。

496. 米小強：《黃金之丘墓出土物與絲綢之路文化交流》，蘭州大學博士學位論文，2021年。

497. 錢柏翰：《漢代懸泉廄若干問題研究》，吉林大學碩士學位論文，2021年。

498. 曲可欣：《〈懸泉漢簡（壹）〉文書簡分類研究》，吉林大學碩士學位論文，2021年。

499. 蘇海洋：《西漢長安通姑臧南道交通綫路復原研究——以懸泉漢簡Ⅴ1611③:39A、B為基礎》，《敦煌研究》2021年第1期，第86—94頁。

500. 孫聞博：《輪台詔與武帝的西域經營》，《西域研究》2021年第1期，第37—48+169—170頁。

501. 孫占宇、趙丹丹：《〈懸泉漢簡（壹）〉曆表類殘冊復原——兼談"曆日"與"質日"》，《敦煌研究》2021年第6期，第127—135頁。

502. 汪豔萍：《〈懸泉漢簡（壹）〉虛詞研究》，西北師範大學碩士學位論文，

2021年。

503. 王靚：《出土文獻所見兩漢隴西郡研究》，西北師範大學碩士學位論文，2021年。

504. 王喬輝：《懸泉漢簡書法藝術特色研究》，西南大學碩士學位論文，2021年。

505. 王雨嘉：《漢代西北地方文書傳遞研究》，中國政法大學碩士學位論文，2021年。

506. 王子今：《秦漢時期中外關係史研究40年》，《貴州社會科學》2021年第6期，第85—97頁。

507. 鄔文玲：《簡牘所見漢代的財政調度及大司農屬官》，《貴州社會科學》2021年第2期，第94—101頁。

508. 姚磊：《懸泉置雞出入簿再認識》，《考古學集刊》第24集，社會科學文獻出版社，2021年，第134—146頁。

509. 袁延勝：《懸泉漢簡使節往來中的西域女性》，《西域研究》2021年第2期，第11—24+170頁。

510. 袁延勝：《懸泉漢簡養老簡與漢代養老問題》，《史學月刊》2021年第11期，第31—42頁。

511. 曾鴻雁：《漢代烽燧簡牘文學研究綜述》，《隴東學院學報》2021年第1期，第32—37頁。

512. 曾令杰：《出土文獻所見兩漢金城郡研究》，西北師範大學碩士學位論文，2021年。

513. 張德芳：《從出土漢簡看漢王朝對絲綢之路的開拓與經營》，《中國社會科學》2021年第1期，第143—155+207頁。

514. 張俊民：《懸泉漢簡：社會與制度》，甘肅文化出版社，2021年。

515. 張俊民：《懸泉置漢簡ⅠT0116②：118釋文與校讀——敦煌漢簡所見中外關係史資料檢討之一》，中國文化遺產研究院編《出土文獻研究》第20輯，中西書局，2021年，第359—371頁。

516. 張俊民：《玉門關早年移徙新證——從小方盤漢簡T14N3的釋讀說起》，《石河子大學學報（哲學社會科學版）》2021年第1期，第92—97頁。

517. 趙婧：《懸泉簡中的文學史料整理研究》，西北師範大學碩士學位論文，2021年。

518. 朱世超：《秦漢令比較研究》，華東政法大學碩士學位論文，2021年。

519. 김용찬:《懸泉置 雞出入簿를 중심으로 본 漢代肉食의 변화》,《중국고중세사연구》第 61 輯, 2021 年, 第 1—53 頁。

520. 김경호:《前漢時期 西域 境界를 왕래한 使者들—[敦煌懸泉置漢簡] 기사를 중심으로—》,《중국고중세사연구》第 61 輯, 2021 年, 第 55—100 頁。

521. 王琦:《前漢時期하서 둔전과 생태환경보호 정책—『敦煌懸泉月令詔條』를 중심으로—》成均館大學碩士學位論文, 2021 年。

2022 年

522. 韓亦杰:《讀〈懸泉漢簡(貳)〉札記四則》,《文物春秋》2022 年第 6 期, 第 53—57 頁。

523. 侯旭東:《東漢〈曹全碑〉"敦煌效穀人也"發微——兼論家族研究的視角》,《學術月刊》2022 年第 7 期, 第 181—195 頁。

524. 黃學超:《懸泉里程簡所見河西驛道與政區再議》,《歷史地理研究》2022 年第 3 期, 第 42—53+153 頁。

525. 黃豔萍、黃鴻:《〈懸泉漢簡(壹)〉紀年簡校考》,《絲綢之路研究集刊》2022 年第 1 期, 第 45—53+488 頁。

526. 康勁:《"簡"述古史 "牘"懂中華》,《工人日報》2022 年 6 月 12 日。

527. 李若愚:《〈漢書·西域傳〉匯考》, 蘭州大學碩士學位論文, 2022 年。

528. 李迎春:《懸泉"夏育"簡與漢代西北邊塞尚勇之風》,《中國社會科學報》2022 年 8 月 18 日。

529. 魯普平:《西北漢簡字詞叢考》,《中國文字研究, 2022 年第 2 期, 第 80—84 頁。

530. 馬小菲:《西漢春季歲時活動中的觀念研究》,《齊魯學刊》2022 年第 6 期, 第 45—62 頁。

531. 馬智全:《懸泉漢簡日書〈死吉凶〉補述》, 武漢大學簡帛研究中心主辦《簡帛》第 24 輯, 上海古籍出版社, 2022 年, 第 139—147 頁。

532. 買夢瀟:《〈懸泉漢簡(貳)〉日書簡册的復原與解讀》,《魯東大學學報(哲學社會科學版)》2022 年第 6 期, 第 44—50 頁。

533. 秦鳳鶴:《〈懸泉漢簡(壹)〉和〈玉門關漢簡〉校讀》,《衡陽師範學院學報》2022 年第 2 期, 第 87—91 頁。

534. 邱文傑:《懸泉漢簡所見許嘉、馮奉世宦歷及相關問題考證》,《簡帛研究 2022 春夏卷》，廣西師范大學出版社，2022 年，第 271—283 頁。

535. 舒顯彩：《秦漢時期牲畜常見疾病與醫治方法考論》，《農業考古》2022 年第 1 期，第 205—214 頁。

536. 孫儀：《西北漢簡所見貨幣流通及相關問題研究》，西北師範大學碩士學位論文，2022 年。

537. 孫梓辛：《釋"制詔某官"》，《魏晉南北朝隋唐史資料》第 46 輯，上海古籍出版社，2022 年，第 1—23 頁。

538. 汪桂海：《秦漢官文書裝具》，《出土文獻》2022 年第 3 期，第 116—132+157 頁。

539. 汪志：《千年郵驛敦煌懸泉置》，《文史春秋》2022 年第 3 期，第 64 頁。

540. 王加好：《秦漢簡所見"式"研究》，華東政法大學碩士學位論文，2022 年。

541. 王子今：《漢代中原的"胡甂"：民族文化交融的見證》，《中華文化論壇》2022 年第 4 期，第 4—14+154 頁。

542. 魏迎春、鄭炳林：《西漢敦煌郡通西域南道與對鄯善的經營》，《敦煌學輯刊》2022 年第 2 期，第 1—16 頁。

543. 魏迎春、鄭炳林：《西漢時期的玉門關及其性質——基於史籍和出土文獻的考論》，《寧夏社會科學》2022 年第 3 期，第 177—183 頁。

544. 鄔文玲：《走馬樓西漢簡所見赦令初探》，《社會科學戰綫》2022 年第 4 期，第 114—124 頁。

545. 楊富學：《霍去病徵祁連山路綫與月氏故地考辨》，《暨南學報（哲學社會科學版）》2022 年第 7 期，第 123—132 頁。

546. 張俊民：《懸泉置漢簡與西漢的絲綢之路》，《黑河學院學報》2022 年第 9 期，第 1—4+10 頁。

547. 趙蘭香：《潛心簡牘整理　致力考古事業——訪何雙全先生》，《中國史研究動態》2022 年第 1 期，第 65—72 頁。

548. 鄭炳林、司豪強：《西漢敦煌郡迎送接待外客研究》，《西北民族研究》2022 年第 5 期，第 124—133 頁。

549. 鄭炳林、許程諾：《西漢敦煌郡的水利灌溉研究》，《敦煌研究》2022 年第 4 期，第 130—141 頁。

550. 鄭炳林、張靜怡：《西漢敦煌郡醫事研究——兼論西漢敦煌市場藥材來源與銷售》，《敦煌學輯刊》2022 年第 3 期，第 1—15 頁。

551. 鄭炳林：《西漢經敦煌郡對南山羌的經營》，《國學學刊》2022 年第 1 期，第 32—49+139 頁。

552. 曾磊：《"童車"試解》，《形象史學》2022 年第 4 期，第 136—154 頁。

553. 黃建龍：《西北漢簡文書與行政運作》，《新北大史學》第 30 期，2022 年，第 25—37 頁。

554. 髙村武幸：《地域・官署による簡牘形狀の違い—敦煌漢簡"兩行"簡を中心に—》，《東洋学報》第 104 卷 3 號，2022 年，第 1—35 頁。

2023 年

555. 甘肅簡牘博物館、甘肅省文物考古研究所、陝西師範大學人文社會科學高等研究院、清華大學出土文獻研究與保護中心編：《懸泉漢簡（叁）》，中西書局，2023 年。

556. 畢燕嬌：《已刊懸泉漢簡所見綴合與編連簡輯錄》，武漢大學碩士學位論文，2023 年。

557. 常燕娜：《敦煌懸泉置出土古紙考述》，《絲綢之路》2023 年第 1 期，第 143—150 頁。

558. 程瑞杰：《〈懸泉漢簡〉（壹）（貳）名物詞研究》，西北師範大學碩士學位論文，2023 年。

559. 陳倩：《西北漢簡所見車輛資料的綜合研究》，西南大學碩士學位論文，2023 年。

560. 代國璽：《再論秦漢的糧食計量制度——以"斗""升"爲中心》，《史學月刊》2023 年第 5 期，第 37—45 頁。

561. 鄧明：《漢懸泉置明莊浪衛郵驛考略》，《檔案》2023 年第 11 期，第 28—31 頁。

562. 范常喜：《〈懸泉漢簡〉所記傳舍廁具"清侸"考》，《中山大學學報（社會科學版）》2023 年第 6 期，第 100—108 頁。

563. 郭偉濤、馬曉穩：《中國古代造紙術起源新探》，《歷史研究》2023 年第 4 期，第 157—176+223—224 頁。

564. 高雪：《兩漢時期湟水流域的經營與開發》，西北師範大學碩士學位論文，2023 年。

565. 高澤：《懸泉漢簡所見"吳斧"考》，《收藏》2023 年第 9 期，第 43—45 頁。

566. 韓高年：《〈懸泉漢簡（叁）〉帛書私記校釋譯論》，《出土文獻》2023年第2期，第14—27+159—161+154頁。

567. 黄豔萍、黄晨洲：《西北屯戍漢簡所見複姓輯考》，《南都學壇》2023年第2期，第1—8頁。

568. 黄鴻：《西北屯戍漢簡人名研究》，江南大學碩士學位論文，2023年。

569. 李迎春：《懸泉漢簡與漢代文書行政研究的新進步——以公務用券和簡牘官文書體系爲中心》，《出土文獻》2023年第2期，第1—13+154頁。

570. 李鑫鑫、何紅中：《國家主導：漢唐時期苜蓿在西北地方的推廣管理》，《中國農史》2023年第5期，第31—41+50頁。

571. 梁玄清：《〈懸泉漢簡（貳）〉文字編》，西北師範大學碩士學位論文，2023年。

572. 劉多：《漢代懸泉置的傳食管理研究》，《文物鑒定與鑒賞》2023年第4期，第114—117頁。

573. 馬智全：《從絮到紙：以漢簡爲視角的西漢古紙考察》，《出土文獻》2023年第2期，第28—36+155頁。

574. 馬智全：《敦煌懸泉置牆壁題記中的醫藥詔書》，《敦煌研究》2023年第2期，第70—74頁。

575. 聶蘇雅：《新莽東漢時期〈月令〉文獻研究》，華中師範大學碩士學位論文，2023年。

576. 裴永亮：《出土漢簡所見馮嫽事蹟探究》，《絲綢之路》2023年第3期，第66—72頁。

577. 齊浩良、李文亮：《西北漢簡所見漢與烏孫"和睦相親"語境下的交往交流》，《語言與文化研究》2023年第2期，第163—167頁。

578. 孫富磊：《懸泉漢簡所見"鞠所式"考》，《敦煌研究》2023年第2期，第151—155頁。

579. 孫富磊：《懸泉漢簡所見漢代文書傳遞機構研究》，《安陽師範學院學報》2023年第4期，第61—66頁。

580. 唐銘遠：《懸泉漢簡所見物價研究》，魯東大學碩士學位論文，2023年。

581. 王含梅：《漢代酒泉郡十一置新考》，《中國邊疆史地研究》2023年第2期，第140—145+216頁。

582. 王子今：《漢代絲綢之路的敦煌樞紐》，《敦煌研究》2023年第2期，第 107—118 頁。

583. 王喬輝、張會鋒：《懸泉漢簡書體及其書法析論——兼談早期行書、楷書特徵》，《西部文藝研究》2023 年第 4 期，第 125—133 頁。

584. 徐靖、黃豔萍：《文化語言學視域下〈懸泉漢簡（壹、貳）〉中的里名研究》，《漢字文化》2023 年第 2 期，第 1—3 頁。

585. 許程諾：《樓蘭國至鄯善國時期羅布泊地區的歷史與交通研究》，蘭州大學博士學位論文，2023 年。

586. 熊正：《秦漢出土楬研究》，西北師範大學碩士學位論文，2023 年。

587. 張俊民：《譯使萍蹤：懸泉置漢簡所見絲綢之路上的人員往來》，《石河子大學學報（哲學社會科學版）》，2023 年第 1 期，第 96—104 頁。

588. 張俊民：《簡牘釋文校訂與公文書的分類定性研究——以敦煌市博物館所藏漢晉簡牘爲例》，《隴右文博》2023 年第 3 期。

589. 趙含潤：《〈懸泉漢簡（貳）〉釋文校補及文書分類研究》，吉林大學碩士學位論文，2023 年。

590. 鄭炳林、張靜怡：《西漢敦煌郡厩置傳馬的配置、損耗與補充研究——以懸泉厩置傳馬爲中心》，《敦煌學輯刊》2023 年第 3 期，第 1—16 頁。

591. 鄭炳林、張靜怡：《西漢經敦煌與西域間畜牧物種的交流——以敦煌懸泉漢簡爲中心的探討》，《中國經濟史研究》2023 年第 6 期，第 17—27 頁。

592. 鄭炳林，陳晶晶：《西漢經敦煌郡與匈奴在西域地區的爭奪》，《中國社會科學院大學學報》2023 年第 6 期，第 72—89+154—155+157 頁。

593. 鄭炳林，司豪強：《西漢敦煌郡錢幣的使用與調配——以敦煌出土簡牘文獻爲中心》，《敦煌學輯刊》2023 年第 1 期，第 1—13 頁。

594. 鄭炳林，魏迎春：《西漢敦煌郡陽關設置與功能——基於漢唐敦煌出土文獻的考察》，《寧夏社會科學》2023 年第 2 期，第 168—177 頁。

595. 鄭炳林：《西漢政府的罪犯徙邊敦煌郡——以敦煌出土文獻爲中心的考察》，《華中師範大學學報（人文社會科學版）》2023 年第 2 期，第 34—42 頁。

596. 鄭炳林：《西漢敦煌郡釀酒業研究》，《敦煌研究》2023 年第 5 期，第 103—112 頁。

597. 鄭伊凡：《傳檄——秦漢國家對歸葬鄉里的制度設定與文書行政》，《"中研院"歷史語言研究所集刊》第 94 本第 2 分，2023 年，第 279—325 頁。

598. 周旭蓓：《〈懸泉漢簡（壹）〉文字編》，吉林大學碩士學位論文，

2023 年。

599. 祖全盛、趙學清：《懸泉漢簡與楷書形成問題探究》，《勵耘語言學刊》2023 年第 1 期，第 48—59 頁。

600. Lee, KyeHo and ChangYeon Yu, Overview of Excavated Wooden Slips in Northwest China of the Han Dynasty: Focusing on Ju—Yan（居延漢簡）and Xuan—Quan Wooden Slips（懸泉漢簡），AAS—in—Asia（2023）。

2024 年

601. 馬智全：《"過長羅侯費用簿"簡序調整與册書性質之再認識》，《魯東大學學報（哲學社會科學版）》2024 年第 1 期，第 47—53 頁。

602. 晉文、郭妙妙：《漢代絲路上的"信使"與"翻譯"：懸泉漢簡所見"驛騎"與"譯騎"》，《社會科學》2024 年第 2 期，第 48-56+68 頁。

603. 魏迎春、鄭炳林：《陽關：敦煌郡與西域間交流交往的關隘——基於史籍與出土文獻的考察》，《蘇州大學學報（哲學社會科學版）》2024 年第 1 期，第 176—182 頁。

604. 張俊民：《對敦煌漢代南塞的再認識》，《石河子大學學報（哲學社會科學版）》2024 年第 1 期，第 87—95 頁。

附録（網絡文章）

605. 張俊民：《敦煌懸泉置出土漢簡所見人名綜述（一）》，"簡帛"網 2008 年 9 月 13 日，http：//m.bsm.org.cn/?hanjian/4769.html。

606. 趙岩：《再論敦煌懸泉置漢簡中的一條律文》，"簡帛"網 2008 年 9 月 13 日，http：//m.bsm.org.cn/?hanjian/5079.html。

607. 王偉：《〈懸泉漢簡〉札記一則》，"簡帛"網 2009 年 2 月 24 日，http：//m.bsm.org.cn/?hanjian/5197.html。

608. 張俊民：《懸泉漢簡"置丞"簡與漢代郵傳管理制度演變》，"簡帛"網 2009 年 12 月 14 日，http：//m.bsm.org.cn/?hanjian/5393.html。

609. 張俊民：《懸泉漢簡詔書殘文證補〈史〉、〈漢〉二書异文一例》，"簡帛"網 2012 年 2 月 6 日，http：//m.bsm.org.cn/?hanjian/5823.html。

610. 張曉芳：《〈敦煌懸泉漢簡拾粹〉動詞研究》，"簡帛"網 2013 年 4 月 23 日，http：//m.bsm.org.cn/?hanjian/6028.html。

611. 姚磊：《〈懸泉漢簡（壹）〉綴合（一）》，"簡帛"網2019年12月16日，http：//m.bsm.org.cn/?hanjian/8185.html。

612. 姚磊：《〈懸泉漢簡（壹）〉綴合（二）》，"簡帛"網2019年12月16日，http：//m.bsm.org.cn/?hanjian/8186.html。

613. 姚磊：《〈懸泉漢簡（壹）〉綴合（三）》，"簡帛"網2019年12月19日，http：//m.bsm.org.cn/?hanjian/8192.html。

614. 姚磊：《〈懸泉漢簡（壹）〉綴合（四）》，"簡帛"網2019年12月20日，http：//m.bsm.org.cn/?hanjian/8195.html。

615. 姚磊：《〈懸泉漢簡（壹）〉綴合（五）》，"簡帛"網2019年12月23日，http：//m.bsm.org.cn/?hanjian/8197.html。

616. 姚磊：《〈懸泉漢簡（壹）〉綴合（六）》，"簡帛"網2019年12月30日，http：//m.bsm.org.cn/?hanjian/8203.html。

617. 姚磊：《讀懸泉漢簡（壹）札記（一）》，"簡帛"網2020年1月1日，http：//www.bsm.org.cn/?hanjian/8204.html。

618. 姚磊：《〈懸泉漢簡（壹）〉綴合（七）》，"簡帛"網2020年1月10日，http：//www.bsm.org.cn/?hanjian/8212.html。

619. 姚磊：《〈懸泉漢簡（壹）〉綴合（八）》，"簡帛"網2020年1月16日，http：//www.bsm.org.cn/?hanjian/8219.html。

620. 張俊民：《讀〈懸泉漢簡（壹）〉之傳文書札記》，"簡帛"網2020年2月29日，http：//www.bsm.org.cn/?hanjian/8229.html。

621. 姚磊：《〈懸泉漢簡（壹）〉綴合（九）》，"簡帛"網2020年3月4日，http：//www.bsm.org.cn/?hanjian/8232.html。

622. 張俊民：《讀〈懸泉漢簡（壹）〉之傳文書札記（續）》，"簡帛"網2020年3月11日，http：//www.bsm.org.cn/?hanjian/8233.html。

623. 姚磊：《〈懸泉漢簡（壹）〉綴合（十）》，"簡帛"網2020年9月9日，http：//www.bsm.org.cn/?hanjian/8298.html。

624. 姚磊：《〈懸泉漢簡（壹）〉綴合（十一）》，"簡帛"網2020年9月15日，http：//www.bsm.org.cn/?hanjian/8299.html。

625. 姚磊：《〈懸泉漢簡（壹）〉綴合（十二）》，"簡帛"網2020年9月17日，http：//www.bsm.org.cn/?hanjian/8302.html。

626. 姚磊：《讀懸泉漢簡（壹）札記（二）》，"簡帛"網2020年9月23日，

http：//www.bsm.org.cn/?hanjian/8304.html。

627. 姚磊：《〈懸泉漢簡（壹）〉綴合（十三）》，"簡帛"網2020年10月4日，http：//www.bsm.org.cn/?hanjian/8309.html。

628. 楊芬：《懸泉漢簡〈董母記〉試讀》，"簡帛"網2021年3月29日，http：//www.bsm.org.cn/?hanjian/8377.html。

629. 張俊民：《敦煌市博物館藏懸泉置漢簡釋文獻疑》，"簡帛"網2021年6月11日，http：//www.bsm.org.cn/?hanjian/8404.html。

630. 張俊民：《懸泉置漢簡釋文校讀（一）》，"簡帛"網2021年11月8日，http：//www.bsm.org.cn/?hanjian/8481.html。

631. 方勇：《讀懸泉漢簡《市藥記》零札》，"簡帛"網2021年11月20日，http：//www.bsm.org.cn/?hanjian/8487.html。

632. 方勇、袁開惠：《懸泉漢簡〈市藥記〉零札補》，"簡帛"網2021年11月21日，http：//www.bsm.org.cn/?hanjian/8488.html。

633. 謝明宏：《〈懸泉漢簡（貳）〉綴合（一）》，"簡帛"網2021年11月22日，http：//www.bsm.org.cn/?hanjian/8489.html。

634. 謝明宏：《〈懸泉漢簡（貳）〉綴合（二）》，"簡帛"網2021年11月23日，http：//www.bsm.org.cn/?hanjian/8490.html。

635. 謝明宏：《〈懸泉漢簡（貳）〉綴合（三）》，"簡帛"網2021年11月24日，http：//www.bsm.org.cn/?hanjian/8491.html。

636. 謝明宏：《〈懸泉漢簡（貳）〉綴合（四）》，"簡帛"網2021年11月26日，http：//www.bsm.org.cn/?hanjian/8492.html。

637. 姚磊：《〈懸泉漢簡（貳）〉綴合札記（一）》，"簡帛"網2021年11月26日，http：//www.bsm.org.cn/?hanjian/8494.html。

638. 姚磊：《〈懸泉漢簡（貳）〉綴合札記（二）》，"簡帛"網2021年11月26日，http：//www.bsm.org.cn/?hanjian/8495.html。

639. 張俊民：《懸泉置漢簡釋文校讀（二）》，"簡帛"網2021年11月26日，http：//www.bsm.org.cn/?hanjian/8496.html。

640. 姚磊：《〈懸泉漢簡（貳）〉綴合札記（三）》，"簡帛"網2021年11月27日，http：//www.bsm.org.cn/?hanjian/8497.html。

641. 謝明宏：《〈懸泉漢簡（貳）〉綴合（五）》，"簡帛"網2021年11月27日，http：//www.bsm.org.cn/?hanjian/8498.html。

642. 姚磊：《〈懸泉漢簡（貳）〉綴合札記（四）》，"簡帛"網2021年11月28日，http：//www.bsm.org.cn/?hanjian/8499.html。

643. 胡孟强：《〈懸泉漢簡（貳）〉讀札》，"簡帛"網2021年11月28日，http：//www.bsm.org.cn/?hanjian/8500.html。

644. 黄浩波：《〈懸泉漢簡（貳）〉綴合一例》，"簡帛"網2021年11月29日，http：//www.bsm.org.cn/?hanjian/8500.html。

645. 謝明宏：《〈懸泉漢簡（貳）〉綴合（六）》，"簡帛"網2021年11月29日，http：//www.bsm.org.cn/?hanjian/8503.html。

646. 謝明宏：《〈懸泉漢簡（貳）〉綴合（七）》，"簡帛"網2021年11月29日，http：//www.bsm.org.cn/?hanjian/8504.html。

647. 姚磊：《〈懸泉漢簡（貳）〉綴合札記（五）》，"簡帛"網2021年11月29日，http：//www.bsm.org.cn/?hanjian/8505.html。

648. 姚磊：《〈懸泉漢簡（貳）〉綴合札記（六）》，"簡帛"網2021年11月29日，http：//www.bsm.org.cn/?hanjian/8506.html。

649. 方勇、袁開惠：《懸泉漢簡小札一則》，"簡帛"網2021年11月30日，http：//www.bsm.org.cn/?hanjian/8507.html。

650. 姚磊：《〈懸泉漢簡（貳）〉綴合札記（七）》，"簡帛"網2021年11月30日，http：//www.bsm.org.cn/?hanjian/8508.html。

651. 謝明宏：《〈懸泉漢簡（貳）〉綴合（八）》，"簡帛"網2021年12月1日，http：//www.bsm.org.cn/?hanjian/8509.html。

652. 姚磊：《〈懸泉漢簡（貳）〉綴合札記（八）》，"簡帛"網2021年12月1日，http：//www.bsm.org.cn/?hanjian/8510.html。

653. 謝明宏：《〈懸泉漢簡（貳）〉綴合（九）》，"簡帛"網2021年12月1日，http：//www.bsm.org.cn/?hanjian/8511.html。

654. 姚磊：《〈懸泉漢簡（貳）〉綴合札記（九）》，"簡帛"網2021年12月1日，http：//www.bsm.org.cn/?hanjian/8512.html。

655. 姚磊：《〈懸泉漢簡（貳）〉綴合札記（十）》，"簡帛"網2021年12月1日，http：//www.bsm.org.cn/?hanjian/8513.html。

656. 姚磊：《〈懸泉漢簡（貳）〉綴合札記（十一）》，"簡帛"網2021年12月2日，http：//www.bsm.org.cn/?hanjian/8515.html。

657. 謝明宏：《〈懸泉漢簡（貳）〉綴合（十）》，"簡帛"網2021年12月2日，

http：//www.bsm.org.cn/?hanjian/8516.html。

658. 謝明宏：《〈懸泉漢簡（貳）〉綴合（十一）》，"簡帛"網 2021 年 12 月 2 日，http：//www.bsm.org.cn/?hanjian/8517.html。

659. 姚磊：《〈懸泉漢簡（貳）〉綴合札記（十二）》，"簡帛"網 2021 年 12 月 3 日，http：//www.bsm.org.cn/?hanjian/8519.html。

660. 姚磊：《〈懸泉漢簡（貳）〉綴合札記（十三）》，"簡帛"網 2022 年 1 月 9 日，http：//www.bsm.org.cn/?hanjian/8520.html。

661. 姚磊：《〈懸泉漢簡（貳）〉綴合札記（十四）》，"簡帛"網 2021 年 12 月 4 日，http：//www.bsm.org.cn/?hanjian/8521.html。

662. 謝明宏：《〈懸泉漢簡（貳）〉綴合（十二）》，"簡帛"網 2021 年 12 月 4 日，http：//www.bsm.org.cn/?hanjian/8522.html。

663. 姚磊：《〈懸泉漢簡（貳）〉綴合札記（十五）》，"簡帛"網 2021 年 12 月 5 日，http：//www.bsm.org.cn/?hanjian/8523.html。

664. 謝明宏：《〈懸泉漢簡（貳）〉綴合（十三）》，"簡帛"網 2022 年 12 月 5 日，http：//www.bsm.org.cn/?hanjian/8524.html。

665. 買夢瀟：《新刊懸泉漢簡〈日書〉簡册復原》，"簡帛"網 2022 年 12 月 6 日，http：//www.bsm.org.cn/?hanjian/8525.html。

666. 姚磊：《〈懸泉漢簡（貳）〉綴合札記（十六）》，"簡帛"網 2022 年 12 月 7 日，http：//www.bsm.org.cn/?hanjian/8526.html。

667. 西北師範大學簡牘讀書班：《讀〈懸泉漢簡（貳）〉札記（一）》，"簡帛"網 2022 年 12 月 7 日，http：//www.bsm.org.cn/?hanjian/8527.html。

668. 謝明宏：《〈懸泉漢簡（貳）〉綴合（十四）》，"簡帛"網 2022 年 12 月 7 日，http：//www.bsm.org.cn/?hanjian/8528.html。

669. 姚磊：《〈懸泉漢簡（貳）〉綴合札記（十七）》，"簡帛"網 2022 年 12 月 8 日，http：//www.bsm.org.cn/?hanjian/8529.html。

670. 謝明宏：《〈懸泉漢簡（貳）〉綴合（十五）》，"簡帛"網 2022 年 12 月 8 日，http：//www.bsm.org.cn/?hanjian/8530.html。

671. 姚磊：《〈懸泉漢簡（貳）〉綴合札記（十八）》，"簡帛"網 2022 年 12 月 10 日，http：//www.bsm.org.cn/?hanjian/8531.html。

672. 黃浩波：《懸泉漢簡文書編聯一例》，"簡帛"網 2022 年 12 月 10 日，http：//www.bsm.org.cn/?hanjian/8532.html。

673. 謝明宏：《〈懸泉漢簡（貳）〉綴合（十六）》，"簡帛"網2022年12月12日，http: //www.bsm.org.cn/?hanjian/8533.html。

674. 姚磊：《〈懸泉漢簡（貳）〉綴合札記（十九）》，"簡帛"網2022年12月12日，http: //www.bsm.org.cn/?hanjian/8534.html。

675. 張俊民：《懸泉置漢簡釋文校讀（三）》，"簡帛"網2022年12月13日，http: //www.bsm.org.cn/?hanjian/8535.html。

676. 姚磊：《〈懸泉漢簡（貳）〉綴合札記（二十）》，"簡帛"網2022年12月13日，http: //www.bsm.org.cn/?hanjian/8536.html。

677. 趙爾陽：《淺談〈懸泉漢簡（貳）〉所見複姓"山陽"》，"簡帛"網2022年12月15日，http: //www.bsm.org.cn/?hanjian/8539.html。

678. 謝明宏：《〈懸泉漢簡（貳）〉綴合（十七）》，"簡帛"網2022年12月15日，http: //www.bsm.org.cn/?hanjian/8540.html。

679. 西北師範大學簡牘讀書班：《讀〈懸泉漢簡（貳）〉札記（二）》，"簡帛"網2022年12月21日，http: //www.bsm.org.cn/?hanjian/8546.html。

680. 姚磊：《〈懸泉漢簡（貳）〉綴合札記（二十一）》，"簡帛"網2022年12月22日，http: //www.bsm.org.cn/?hanjian/8547.html。

681. 謝明宏：《〈懸泉漢簡（壹）〉綴合二則》，"簡帛"網2022年12月22日，http: //www.bsm.org.cn/?hanjian/8548.html。

682. 姚磊：《〈懸泉漢簡（貳）〉綴合札記（二十二）》，"簡帛"網2022年12月29日，http: //www.bsm.org.cn/?hanjian/8549.html。

683. 謝明宏：《〈懸泉漢簡（貳）〉綴合（十八）》，"簡帛"網2022年12月29日，http: //www.bsm.org.cn/?hanjian/8554.html。

684. 姚磊：《〈懸泉漢簡（壹）〉綴合（十四）》，"簡帛"網2022年12月31日，http: //www.bsm.org.cn/?hanjian/8581.html。

685. 西北師範大學簡牘讀書班：《讀〈懸泉漢簡（貳）〉札記（三）》，"簡帛"網2022年12月31日，http: //www.bsm.org.cn/?hanjian/8583.html。

686. 謝明宏：《〈懸泉漢簡（貳）〉綴合（十九）》，"簡帛"網2022年1月1日，http: //www.bsm.org.cn/?hanjian/8582.html。

687. 姚磊：《讀〈懸泉漢簡〉札記（一）》，"簡帛"網2022年1月1日，http: //www.bsm.org.cn/?hanjian/8584.html。

688. 姚磊：《讀〈懸泉漢簡〉札記（二）》，"簡帛"網2022年1月4日，

http：//www.bsm.org.cn/?hanjian/8588.html。

689. 張俊民：《懸泉置漢簡釋文校讀（四）》，"簡帛"網2022年1月5日，http：//www.bsm.org.cn/?hanjian/8592.html。

690. 謝明宏：《〈懸泉漢簡（貳）〉綴合（二十）》，2022年1月5日，http：//www.bsm.org.cn/?hanjian/8593.html。

691. 姚磊：《〈懸泉漢簡（貳）〉綴合札記（二十三）》，"簡帛"網2022年1月6日，http：//www.bsm.org.cn/?hanjian/8595.html。

692. 謝明宏：《〈懸泉漢簡（貳）〉綴合（二十一）》，"簡帛"網2022年1月6日，http：//www.bsm.org.cn/?hanjian/8596.html。

693. 姚磊：《讀〈懸泉漢簡〉札記（三）》，"簡帛"網2022年1月7日，http：//www.bsm.org.cn/?hanjian/8598.html。

694. 謝明宏：《〈懸泉漢簡（貳）〉綴合（二十二）》，"簡帛"網2022年1月7日，http：//www.bsm.org.cn/?hanjian/8599.html。

695. 姚磊：《讀〈懸泉漢簡〉札記（四）》，"簡帛"網2022年1月9日，http：//www.bsm.org.cn/?hanjian/8600.html。

696. 姚磊：《讀〈懸泉漢簡〉札記（五）》，"簡帛"網2022年1月9日，http：//www.bsm.org.cn/?hanjian/8601.html。

697. 謝明宏：《〈懸泉漢簡（貳）〉綴合（二十三）》，"簡帛"網2022年1月9日，http：//www.bsm.org.cn/?hanjian/8602.html。

698. 姚磊：《〈懸泉漢簡（貳）〉綴合札記（二十四）》，"簡帛"網2022年1月9日，http：//www.bsm.org.cn/?hanjian/8603.html。

699. 姚磊：《讀〈懸泉漢簡〉札記（六）》，"簡帛"網2022年1月10日，http：//www.bsm.org.cn/?hanjian/8604.html。

700. 姚磊：《〈懸泉漢簡（貳）〉綴合札記（二十六）》，"簡帛"網2022年1月11日，http：//www.bsm.org.cn/?hanjian/8606.html。

701. 姚磊：《讀〈懸泉漢簡〉札記（七）》，"簡帛"網2022年1月11日，http：//www.bsm.org.cn/?hanjian/8607.html。

702. 姚磊：《讀〈懸泉漢簡〉札記（八）》，"簡帛"網2022年1月12日，http：//www.bsm.org.cn/?hanjian/8608.html。

703. 西北師範大學簡牘讀書班：《讀〈懸泉漢簡（貳）〉札記（四）》，"簡帛"網2022年1月13日，http：//www.bsm.org.cn/?hanjian/8610.html。

704. 姚磊：《讀〈懸泉漢簡〉札記（九）》，"簡帛"網 2022 年 1 月 13 日，http：//www.bsm.org.cn/?hanjian/8611.html。

705. 謝坤：《〈懸泉漢簡（貳）〉小札》，"簡帛"網 2022 年 1 月 13 日，http：//www.bsm.org.cn/?hanjian/8612.html。

706. 姚磊：《讀〈懸泉漢簡〉札記（十）》，"簡帛"網 2022 年 1 月 14 日，http：//www.bsm.org.cn/?hanjian/8613.html。

707. 姚磊：《〈懸泉漢簡（貳）〉綴合札記（二十六）》，"簡帛"網 2022 年 1 月 14 日，http：//www.bsm.org.cn/?hanjian/8614.html。

708. 謝明宏：《〈懸泉漢簡（貳）〉綴合（二十四）》，"簡帛"網 2022 年 1 月 17 日，http：//www.bsm.org.cn/?hanjian/8616.html。

709. 張俊民：《懸泉置漢簡釋文校讀（五）》，"簡帛"網，2022 年 1 月 17 日，http：//www.bsm.org.cn/?hanjian/8617.html。

710. 姚磊：《讀〈懸泉漢簡〉札記（十一）》，"簡帛"網 2022 年 1 月 19 日，http：//www.bsm.org.cn/?hanjian/8618.html。

711. 謝明宏：《〈懸泉漢簡（貳）〉綴合（二十五）》，"簡帛"網 2022 年 1 月 19 日，http：//www.bsm.org.cn/?hanjian/8619.html。

712. 姚磊：《讀〈懸泉漢簡〉札記（十二）》，"簡帛"網 2022 年 1 月 19 日，http：//www.bsm.org.cn/?hanjian/8620.html。

713. 謝明宏：《〈懸泉漢簡（貳）〉綴合（二十六）》，"簡帛"網 2022 年 1 月 22 日，http：//www.bsm.org.cn/?hanjian/8621.html。

714. 張俊民：《〈《懸泉漢簡（貳）》綴合（二十五）〉剩義》，"簡帛"網 2022 年 1 月 22 日，http：//www.bsm.org.cn/?hanjian/8622.html。

715. 張俊民：《懸泉置漢簡釋文校讀（六）》，"簡帛"網 2022 年 1 月 26 日，http：//www.bsm.org.cn/?hanjian/8626.html。

716. 謝明宏：《〈懸泉漢簡（貳）〉綴合（二十七）》，"簡帛"網 2022 年 1 月 28 日，http：//www.bsm.org.cn/?hanjian/8627.html。

717. 謝明宏：《〈懸泉漢簡（壹）〉綴合一則》，"簡帛"網 2022 年 2 月 8 日，http：//www.bsm.org.cn/?hanjian/8633.html。

718. 張俊民：《懸泉置漢簡釋文校讀七》，"簡帛"網 2022 年 2 月 11 日，http：//www.bsm.org.cn/?hanjian/8634.html。

719. 謝明宏：《〈懸泉漢簡（貳）〉綴合（二十八）》，"簡帛"網 2022

年2月11日，http：//www.bsm.org.cn/?hanjian/8635.html。

720. 張俊民：《懸泉置漢簡釋文校讀八》，"簡帛"網2022年2月21日，http：//www.bsm.org.cn/?hanjian/8633.html。

721. 姚磊：《讀〈懸泉漢簡〉札記（十三）》，"簡帛"網2022年2月23日 http：//www.bsm.org.cn/?hanjian/8636.html。

722. 謝明宏：《〈懸泉漢簡（貳）〉綴合（二十九）》，"簡帛"網2022年2月23日，http：//www.bsm.org.cn/?hanjian/8639.html。

723. 姚磊：《讀〈懸泉漢簡〉札記（十四）》，"簡帛"網2022年2月25日，http：//www.bsm.org.cn/?hanjian/8640.html。

724. 雷倩：《懸泉Ⅰ90DXT0111③：10號簡文蠡測》，"簡帛"網2022年3月14日，http：//www.bsm.org.cn/?hanjian/8648.html。

725. 姚磊：《〈懸泉漢簡（壹）〉綴合（十五）》，"簡帛"網2022年3月14日，http：//www.bsm.org.cn/?hanjian/8649.html。

726. 姚磊：《讀〈懸泉漢簡〉札記（十五）》，"簡帛"網2022年3月15日，http：//www.bsm.org.cn/?hanjian/8651.html。

727. 姚磊：《〈懸泉漢簡（壹）〉綴合（十六）》，"簡帛"網2022年3月16日，http：//www.bsm.org.cn/?hanjian/8652.html。

728. 姚磊：《〈懸泉漢簡（貳）〉綴合札記（二十七）》，"簡帛"網2022年3月21日，http：//www.bsm.org.cn/?hanjian/8653.html。

729. 姚磊：《讀〈懸泉漢簡〉札記（十六）》，"簡帛"網2022年3月23日，http：//www.bsm.org.cn/?hanjian/8654.html。

730. 姚磊：《讀〈懸泉漢簡〉札記（十七）》，"簡帛"網2022年3月24日，http：//www.bsm.org.cn/?hanjian/8656.html。

731. 姚磊：《〈懸泉漢簡（貳）〉綴合札記（二十八）》，"簡帛"網2022年3月26日，http：//www.bsm.org.cn/?hanjian/8659.html。

732. 姚磊：《讀〈懸泉漢簡〉札記（十八）》，"簡帛"網2022年3月28日，http：//www.bsm.org.cn/?hanjian/8660.html。

733. 姚磊：《讀〈懸泉漢簡〉札記（十九）》，"簡帛"網2022年3月29日，http：//www.bsm.org.cn/?hanjian/8662.html。

734. 姚磊：《〈懸泉漢簡（壹）〉綴合（十七）》，"簡帛"網2022年3月31日，http：//www.bsm.org.cn/?hanjian/8667.html。

735. 姚磊：《讀〈懸泉漢簡〉札記（二十）》，"簡帛"網2022年4月3日，http：//www.bsm.org.cn/?hanjian/8669.html。

736. 姚磊：《〈懸泉漢簡（貳）〉綴合札記（二十九）》，"簡帛"網2022年4月6日，http：//www.bsm.org.cn/?hanjian/8671.html。

737. 姚磊：《讀〈懸泉漢簡〉札記（二十一）》，"簡帛"網2022年4月8日，http：//www.bsm.org.cn/?hanjian/8679.html。

738. 姚磊：《〈懸泉漢簡（貳）〉綴合札記（三十）》，"簡帛"網2022年4月11日，http：//www.bsm.org.cn/?hanjian/8681.html。

739. 謝明宏：《〈懸泉漢簡（壹）〉第5—6則》，"簡帛"網2022年4月12日，http：//www.bsm.org.cn/?hanjian/8682.html。

740. 謝明宏：《〈懸泉漢簡（貳）〉綴合（三十）》，"簡帛"網2022年4月12日，http：//www.bsm.org.cn/?hanjian/8683.html。

741. 謝明宏：《〈懸泉漢簡（貳）〉綴合（三十一）》，"簡帛"網2022年4月14日，http：//www.bsm.org.cn/?hanjian/8684.html。

742. 姚磊：《〈懸泉漢簡（壹）〉綴合（十八）》，"簡帛"網2022年4月14日，http：//www.bsm.org.cn/?hanjian/8685.html。

743. 姚磊：《〈懸泉漢簡（壹）〉綴合（十九）》，"簡帛"網2022年4月18日，http：//www.bsm.org.cn/?hanjian/8687.html。

744. 姚磊：《〈懸泉漢簡（貳）〉綴合札記（三十一）》，"簡帛"網2022年4月21日，http：//www.bsm.org.cn/?hanjian/8688.html。

745. 姚磊：《讀〈懸泉漢簡〉札記（二十二）》，"簡帛"網2022年4月22日，http：//www.bsm.org.cn/?hanjian/8690.html。

746. 謝明宏：《〈懸泉漢簡（壹）〉綴合第7則》，"簡帛"網2022年4月25日，http：//www.bsm.org.cn/?hanjian/8692.html。

747. 姚磊：《讀〈懸泉漢簡〉札記（二十三）》，"簡帛"網2022年4月27日，http：//www.bsm.org.cn/?hanjian/8694.html。

748. 謝明宏：《〈懸泉漢簡（貳）〉綴合（三十二）》，"簡帛"網2022年4月29日，http：//www.bsm.org.cn/?hanjian/8695.html。

749. 謝明宏：《〈懸泉漢簡（壹）〉綴合第8則》，"簡帛"網2022年5月4日，http：//www.bsm.org.cn/?hanjian/8696.html。

750. 姚磊：《讀〈懸泉漢簡〉札記（二十四）》，"簡帛"網2022年5月4

日，http://www.bsm.org.cn/?hanjian/8697.html。

751. 姚磊：《〈懸泉漢簡（貳）〉》綴合札記（三十二）》，"簡帛"網2022年5月6日，http://www.bsm.org.cn/?hanjian/8698.html。

752. 買夢瀟：《〈懸泉漢簡（貳）〉簡 I 91DXT0409④A：1 短札》，"簡帛"網2022年5月16日，http://www.bsm.org.cn/?sglj/8700.html。

753. 姚磊：《讀〈懸泉漢簡〉札記（二十五）》，"簡帛"網2022年5月16日，http://www.bsm.org.cn/?hanjian/8701.html。

754. 姚磊：《讀〈懸泉漢簡〉札記（二十六）》，"簡帛"網2022年5月17日，http://www.bsm.org.cn/?hanjian/8703.html。

755. 姚磊：《讀〈懸泉漢簡〉札記（二十七）》，"簡帛"網2022年5月20日，http://www.bsm.org.cn/?hanjian/8706.html。

756. 姚磊：《讀〈懸泉漢簡〉札記（二十八）》，"簡帛"網2022年5月30日，http://www.bsm.org.cn/?hanjian/8709.html。

757. 西北師範大學簡牘讀書班：《讀〈懸泉漢簡（貳）〉札記（五）》，"簡帛"網2022年5月31日，http://www.bsm.org.cn/?hanjian/8711.html。

758. 姚磊：《讀〈懸泉漢簡〉札記（二十九）》，"簡帛"網2022年6月2日，http://www.bsm.org.cn/?hanjian/8715.html。

759. 姚磊：《讀〈懸泉漢簡〉札記（三十）》，"簡帛"網2022年6月2日，http://www.bsm.org.cn/?hanjian/8716.html。

760. 西北師範大學簡牘讀書班：《讀〈懸泉漢簡（貳）〉札記（六）》，"簡帛"網2022年6月2日，http://www.bsm.org.cn/?hanjian/8727.html。

761. 趙含潤：《讀懸泉漢簡札記》，"簡帛"網2022年9月20日，http://www.bsm.org.cn/?hanjian/8795.html。

762. 謝明宏：《〈懸泉漢簡（貳）〉》綴合（三十三）》，"簡帛"網2022年10月13日，http://www.bsm.org.cn/?hanjian/8810.html。

763. 謝明宏：《〈懸泉漢簡（貳）〉》綴合（三十四）》，"簡帛"網2022年11月17日，http://www.bsm.org.cn/?hanjian/8851.html。

764. 陳寧：《據新見資料校讀〈敦煌懸泉漢簡釋粹〉"馬病"簡一則》，"簡帛"網2023年3月26日，http://www.bsm.org.cn/?hanjian/8947.html。

765. 邱春博：《讀〈懸泉漢簡（貳）〉札記一則》，"簡帛"網2023年3月30日，http://www.bsm.org.cn/?hanjian/8958.html。

766. 西北師範大學簡牘讀書班：《讀〈懸泉漢簡（貳）〉札記（七）》，"簡帛"網 2023 年 5 月 22 日，http：//www.bsm.org.cn/?hanjian/9026.html。

767. 西北師範大學簡牘讀書班：《讀〈懸泉漢簡（貳）〉札記（八）》，"簡帛"網 2023 年 6 月 8 日，http：//www.bsm.org.cn/?hanjian/9058.html。

768. 劉嘉銘、高一致：《懸泉漢簡日書〈死吉凶〉讀札一則》，"簡帛"網 2023 年 6 月 27 日，http：//www.bsm.org.cn/?hanjian/9075.html。

769. 姚磊：《〈懸泉漢簡（三）〉綴合札記（一）》，"簡帛"網 2023 年 6 月 28 日，http：//www.bsm.org.cn/?hanjian/9076.html。

770. 姚磊：《〈懸泉漢簡（三）〉綴合札記（二）》，"簡帛"網 2023 年 6 月 28 日，http：//www.bsm.org.cn/?hanjian/9077.html。

771. 姚磊：《〈懸泉漢簡（三）〉綴合札記（三）》，"簡帛"網 2023 年 6 月 28 日，http：//www.bsm.org.cn/?hanjian/9078.html。

772. 謝明宏：《〈懸泉漢簡（三）〉綴合（一）》，"簡帛"網 2023 年 6 月 29 日，http：//www.bsm.org.cn/?hanjian/9079.html。

773. 謝明宏：《〈懸泉漢簡（三）〉綴合（二）》，"簡帛"網 2023 年 6 月 29 日，http：//www.bsm.org.cn/?hanjian/9081.html。

774. 謝明宏：《〈懸泉漢簡（三）〉綴合（三）》，"簡帛"網 2023 年 6 月 29 日，http：//www.bsm.org.cn/?hanjian/9082.html。

775. 姚磊：《〈懸泉漢簡（三）〉綴合札記（四）》，"簡帛"網 2023 年 6 月 29 日，http：//www.bsm.org.cn/?hanjian/9083.html。

776. 姚磊：《〈懸泉漢簡（三）〉綴合札記（五）》，"簡帛"網 2023 年 6 月 30 日，http：//www.bsm.org.cn/?hanjian/9085.html。

777. 姚磊：《〈懸泉漢簡（三）〉綴合札記（六）》，"簡帛"網 2023 年 6 月 30 日，http：//www.bsm.org.cn/?hanjian/9086.html。

778. 姚磊：《〈懸泉漢簡（三）〉綴合札記（七）》，"簡帛"網 2023 年 6 月 30 日，http：//www.bsm.org.cn/?hanjian/9087.html。

779. 謝明宏：《〈懸泉漢簡（三）〉綴合（四）》，"簡帛"網 2023 年 6 月 30 日，http：//www.bsm.org.cn/?hanjian/9088.html。

780. 謝明宏：《〈懸泉漢簡（三）〉綴合（五）》，"簡帛"網 2023 年 6 月 30 日，http：//www.bsm.org.cn/?hanjian/9089.html。

781. 姚磊：《〈懸泉漢簡（三）〉綴合札記（八）》，"簡帛"網 2023 年 7

月2日，http：//www.bsm.org.cn/?hanjian/9090.html。

782. 姚磊：《〈懸泉漢簡（三）〉綴合札記（九）》，"簡帛"網2023年7月2日，http：//www.bsm.org.cn/?hanjian/9091.html。

783. 姚磊：《〈懸泉漢簡（三）〉綴合札記（十）》，"簡帛"網2023年7月2日，http：//www.bsm.org.cn/?hanjian/9092.html。

784. 謝明宏：《〈懸泉漢簡（三）〉綴合（六）》，"簡帛"網2023年7月2日，http：//www.bsm.org.cn/?hanjian/9093.html。

785. 謝明宏：《〈懸泉漢簡（三）〉綴合（七）》，"簡帛"網2023年7月2日，http：//www.bsm.org.cn/?hanjian/9094.html。

786. 謝明宏：《〈懸泉漢簡（三）〉綴合（八）》，"簡帛"網2023年7月2日，http：//www.bsm.org.cn/?hanjian/9095.html。

787. 謝明宏：《〈懸泉漢簡（三）〉綴合（九）》，"簡帛"網2023年7月2日，http：//www.bsm.org.cn/?hanjian/9096.html。

788. 謝明宏：《〈懸泉漢簡（三）〉綴合（十）》，"簡帛"網2023年7月4日，http：//www.bsm.org.cn/?hanjian/9097.html。

789. 謝明宏：《〈懸泉漢簡（三）〉綴合（十一）》，"簡帛"網2023年7月4日，http：//www.bsm.org.cn/?hanjian/9098.html。

790. 姚磊：《〈懸泉漢簡（三）〉綴合札記（十一）》，"簡帛"網2023年7月4日，http：//www.bsm.org.cn/?hanjian/9099.html。

791. 謝明宏：《〈懸泉漢簡（三）〉綴合（十二）》，"簡帛"網2023年7月7日，http：//www.bsm.org.cn/?hanjian/9100.html。

792. 謝明宏：《〈懸泉漢簡（三）〉綴合（十三）》，"簡帛"網2023年7月7日，http：//www.bsm.org.cn/?hanjian/9101.html。

793. 姚磊：《〈懸泉漢簡（三）〉綴合札記（十二）》，"簡帛"網2023年7月7日，http：//www.bsm.org.cn/?hanjian/9102.html。

794. 姚磊：《〈懸泉漢簡（三）〉綴合札記（十三）》，"簡帛"網2023年7月9日，http：//www.bsm.org.cn/?hanjian/9105.html。

795. 姚磊：《〈懸泉漢簡（三）〉綴合札記（十四）》，"簡帛"網2023年7月10日，http：//www.bsm.org.cn/?hanjian/9107.html。

796. 謝明宏：《〈懸泉漢簡（三）〉綴合（十四）》，"簡帛"網2023年7月13日，http：//www.bsm.org.cn/?hanjian/9111.html。

797. 謝明宏：《〈懸泉漢簡（三）〉綴合（十五）》，"簡帛"網2023年7月13日，http://www.bsm.org.cn/?hanjian/9112.html。

798. 謝明宏：《〈懸泉漢簡（三）〉綴合（十六）》，"簡帛"網2023年7月13日，http://www.bsm.org.cn/?hanjian/9113.html。

799. 姚磊：《〈懸泉漢簡（三）〉綴合札記（十五）》，"簡帛"網2023年7月13日，http://www.bsm.org.cn/?hanjian/9114.html。

800. 姚磊：《〈懸泉漢簡（三）〉綴合札記（十六）》，"簡帛"網2023年7月14日，http://www.bsm.org.cn/?hanjian/9115.html。

801. 謝明宏：《〈懸泉漢簡（三）〉綴合（十七）》，"簡帛"網2023年7月15日，http://www.bsm.org.cn/?hanjian/9117.html。

802. 姚磊：《讀〈懸泉漢簡〉札記（三十一）》，"簡帛"網2023年7月17日，http://www.bsm.org.cn/?hanjian/9118.html。

803. 謝明宏：《〈懸泉漢簡（三）〉綴合（十八）》，"簡帛"網2023年7月17日，http://www.bsm.org.cn/?hanjian/9119.html。

804. 謝明宏：《〈懸泉漢簡（三）〉綴合（十九）》，"簡帛"網2023年7月18日，http://www.bsm.org.cn/?hanjian/9120.html。

805. 姚磊：《讀〈懸泉漢簡〉札記（三十二）》，"簡帛"網2023年7月19日，http://www.bsm.org.cn/?hanjian/9123.html。

806. 謝明宏：《〈懸泉漢簡（三）〉綴合（二十）》，"簡帛"網2023年7月21日，http://www.bsm.org.cn/?hanjian/9124.html。

807. 謝明宏：《〈懸泉漢簡（三）〉綴合（二十一）》，"簡帛"網2023年7月24日，http://www.bsm.org.cn/?hanjian/9125.html。

808. 謝明宏：《〈懸泉漢簡（三）〉綴合（二十二）》，"簡帛"網2023年7月26日，http://www.bsm.org.cn/?hanjian/9126.html。

809. 謝明宏：《〈懸泉漢簡（三）〉綴合（二十三）》，"簡帛"網2023年7月26日，http://www.bsm.org.cn/?hanjian/9127.html。

810. 姚磊：《〈懸泉漢簡（三）〉綴合札記（十七）》，"簡帛"網2023年7月26日，http://www.bsm.org.cn/?hanjian/9128.html。

811. 姚磊：《讀〈懸泉漢簡〉札記（三十四）》，"簡帛"網2023年7月26日，http://www.bsm.org.cn/?hanjian/9129.html。

812. 姚磊：《讀〈懸泉漢簡〉札記（三十五）》，"簡帛"網2023年7月26日，

http://www.bsm.org.cn/?hanjian/9130.html。

813. "蘭山論簡"讀簡班：《〈懸泉漢簡（壹）〉釋文獻疑》，"簡帛"網2023年7月26日，http：//www.bsm.org.cn/?hanjian/9132.html。

814. 謝明宏：《〈懸泉漢簡（三）〉綴合（二十四）》，"簡帛"網2023年7月31日，http：//www.bsm.org.cn/?hanjian/9136.html。

815. 謝明宏：〈《懸泉漢簡（貳）》〉綴合（三十五）》，"簡帛"網2023年8月3日，http：//www.bsm.org.cn/?hanjian/9140.html。

816. 王馨振華：《懸泉漢簡（三）紀年殘簡釋文考補》，"簡帛"網2023年8月3日，http：//www.bsm.org.cn/?hanjian/9141.html。

817. "蘭山論簡"讀簡班：《〈懸泉漢簡（壹）〉冊書綴聯》，"簡帛"網2023年8月9日，http：//www.bsm.org.cn/?hanjian/9147.html。

818. 謝明宏：《〈懸泉漢簡（三）〉綴合（二十五）》，"簡帛"網2023年8月9日，http：//www.bsm.org.cn/?hanjian/9148.html。

819. 謝明宏：《〈懸泉漢簡（三）〉綴合（二十六）》，"簡帛"網2023年8月11日，http：//www.bsm.org.cn/?hanjian/9149.html。

820. 姚磊：《讀〈懸泉漢簡〉札記（三十六）》，"簡帛"網2023年8月16日，http：//www.bsm.org.cn/?hanjian/9152.html。

821. 謝明宏：《〈懸泉漢簡（三）〉綴合（二十七）》，"簡帛"網2023年8月28日，http：//www.bsm.org.cn/?hanjian/9161.html。

822. 謝明宏：《〈懸泉漢簡（三）〉綴合（二十八）》，"簡帛"網2023年8月30日，http：//www.bsm.org.cn/?hanjian/9164.html。

823. 姚磊：《讀〈懸泉漢簡〉札記（三十七）》，"簡帛"網2023年8月30日，http：//www.bsm.org.cn/?hanjian/9167.html。

824. 姚磊：《讀〈懸泉漢簡〉札記（三十八）》，"簡帛"網2023年9月4日，http：//www.bsm.org.cn/?hanjian/9169.html。

825. 姚磊：《讀〈懸泉漢簡〉札記（三十九）》，"簡帛"網2023年9月11日，http：//www.bsm.org.cn/?hanjian/9182.html。

826. 姚磊：《讀〈懸泉漢簡〉札記（四十）》，"簡帛"網2023年9月25日，http：//www.bsm.org.cn/?hanjian/9199.html。

827. 姚磊：《讀〈懸泉漢簡〉札記（四十一）》，"簡帛"網2023年9月28日，http：//www.bsm.org.cn/?hanjian/9202.html。

828. 蔡章麗：《〈懸泉漢簡（三）〉曆譜簡考釋》，"簡帛"網2023年10月4日，http：//www.bsm.org.cn/?hanjian/9205.html。

829. 洪帥：〈懸泉漢簡〉語言文字札記（一）》，"簡帛"網2023年10月7日，http：//www.bsm.org.cn/?hanjian/9209.html。

830. 簡讀西北工作坊：《〈懸泉漢簡（三）〉札記（一）》，"簡帛"網2023年10月9日，http：//www.bsm.org.cn/?hanjian/9211.html。

831. 吉強：《〈懸泉漢簡（三）〉釋文補釋一則》，"簡帛"網2023年10月10日，http：//www.bsm.org.cn/?hanjian/9213.html。

832. 姚磊：《讀〈懸泉漢簡〉札記（四十二）》，"簡帛"網2023年10月12日，http：//www.bsm.org.cn/?hanjian/9214.html。

833. 姚磊：《讀〈懸泉漢簡〉札記（四十三）》，"簡帛"網2023年10月12日，http：//www.bsm.org.cn/?hanjian/9216.html。

834. 洪帥：《〈懸泉漢簡（三）〉簡牘綴合彙編》，"簡帛"網2023年10月13日，http：//www.bsm.org.cn/?hanjian/9219.html。

835. 吉強：《〈懸泉漢簡（三）〉釋文訂補》，"簡帛"網2023年10月18日，http：//www.bsm.org.cn/?hanjian/9223.html。

836. 簡讀西北工作坊：《〈懸泉漢簡（三）〉札記（二）》，"簡帛"網2023年10月27日，http：//www.bsm.org.cn/?hanjian/9230.html。

837. 姚磊：《讀〈懸泉漢簡〉札記（四十四）》，"簡帛"網2023年10月30日，http：//www.bsm.org.cn/?hanjian/9233.html。

838. 簡讀西北工作坊：《〈懸泉漢簡（三）〉札記（三）》，"簡帛"網2023年11月2日，http：//www.bsm.org.cn/?hanjian/9244.html。

839. 姚磊：《讀〈懸泉漢簡〉札記（四十五）》，"簡帛"網2023年11月6日，http：//www.bsm.org.cn/?hanjian/9250.html。

840. 姚磊：《讀〈懸泉漢簡〉札記（四十六）》，"簡帛"網2023年11月8日，http：//www.bsm.org.cn/?hanjian/9250.html。

841. 洪帥：《〈懸泉漢簡〉語言文字札記（二）》，"簡帛"網2023年11月13日，http：//www.bsm.org.cn/?hanjian/9260.html。

842. 洪帥：《〈懸泉漢簡〉語言文字札記（三）》，"簡帛"網2023年11月15日，http：//www.bsm.org.cn/?hanjian/9262.html

843. 簡讀西北工作坊：《〈懸泉漢簡（三）〉札記（四）》，"簡帛"網

2023年11月16日，http：//www.bsm.org.cn/?hanjian/9264.html。

844. 簡讀西北工作坊：《〈懸泉漢簡（三）〉札記（五）》，"簡帛"網2023年11月16日，http：//www.bsm.org.cn/?hanjian/9265.html。

845. 姚磊：《讀〈懸泉漢簡〉札記（四十七）》，"簡帛"網2023年11月17日，http：//www.bsm.org.cn/?hanjian/9268.html。

846. 洪帥：《〈懸泉漢簡〉語言文字札記（四）》，"簡帛"網2023年11月20日，http：//www.bsm.org.cn/?hanjian/9271.html。

847. 洪帥：《〈懸泉漢簡〉語言文字札記（五）》，"簡帛"網2023年11月20日，http：//www.bsm.org.cn/?hanjian/9272.html。

848. 姚磊：《讀〈懸泉漢簡〉札記（四十八）》，"簡帛"網2023年11月28日，http：//www.bsm.org.cn/?hanjian/9285.html。

849. 姚磊：《讀〈懸泉漢簡〉札記（四十九）》，"簡帛"網2023年11月29日，http：//www.bsm.org.cn/?hanjian/9287.html。

850. 簡讀西北工作坊：《〈懸泉漢簡（三）〉札記（六）》，"簡帛"網2023年11月30日，http：//www.bsm.org.cn/?hanjian/9288.html。

851. 洪帥：《〈懸泉漢簡〉語言文字札記（六）》，"簡帛"網2023年12月1日，http：//www.bsm.org.cn/?hanjian/9290.html。

852. 姚磊：《〈懸泉漢簡（壹）綴合（二十）》，"簡帛"網2023年12月4日，http：//www.bsm.org.cn/?hanjian/9291.html。

853. 董强山：《〈懸泉漢簡〉中"受"字探析》，"簡帛"網2023年12月4日，http：//www.bsm.org.cn/?hanjian/9292.html。

854. 姚磊：《讀〈懸泉漢簡〉札記（五十）》，"簡帛"網2023年12月5日，http：//www.bsm.org.cn/?hanjian/9294.html。

855. 姚磊：《讀〈懸泉漢簡〉札記（五十一）》，"簡帛"網2023年12月8日，http：//www.bsm.org.cn/?hanjian/9298.html

856. "簡牘西北"工作坊：《〈懸泉漢簡（三）〉札記（七）》，"簡帛"網2023年12月28日，http：//www.bsm.org.cn/?hanjian/9315.html。

857. 吉强：《懸泉漢簡郵書刺簡考辨》，"簡帛"網2023年12月28日，http：//www.bsm.org.cn/?hanjian/9317.html。

858. "簡牘西北"工作坊：《〈懸泉漢簡（三）〉札記（八）》，"簡帛"網2023年12月28日，http：//www.bsm.org.cn/?hanjian/9318.html。

859. 姚磊：《〈懸泉漢簡（壹）〉綴合（二十一）》，"簡帛"網2024年1月1日，http://www.bsm.org.cn/?hanjian/9321.html。

860. 姚磊：《讀〈懸泉漢簡〉札記（五十二）》，"簡帛"網2024年1月3日，http://www.bsm.org.cn/?hanjian/9324.html。

861. 姚磊：《讀〈懸泉漢簡〉札記（五十三）》，"簡帛"網2024年1月3日，http://www.bsm.org.cn/?hanjian/9325.html。

862. 張航、姚磊：《讀〈懸泉漢簡〉札記》，"簡帛"網2024年1月9日，http://www.bsm.org.cn/?hanjian/9329.html。

863. 姚磊：《〈懸泉漢簡（貳）〉綴合札記（三十三）》，"簡帛"網2024年1月22日，http://www.bsm.org.cn/?hanjian/9337.html。

864. 姚磊：《〈懸泉漢簡（三）〉綴合札記（十八）》，"簡帛"網2024年1月23日，http://www.bsm.org.cn/?hanjian/9340.html。

865. 姚磊：《讀〈懸泉漢簡〉札記（五十四）》，"簡帛"網2024年1月25日，http://www.bsm.org.cn/?hanjian/9342.html。

866. 劉晨亮：《漢簡及石刻文獻中的"如詔書"》，"簡帛"網2024年1月25日，http://www.bsm.org.cn/?hanjian/9343.html。

867. 姚磊：《〈懸泉漢簡（貳）〉綴合札記（三十四）》，"簡帛"網2024年1月25日，http://www.bsm.org.cn/?hanjian/9345.html。

868. "簡牘西北"工作坊：《〈懸泉漢簡（三）〉札記（八）》，"簡帛"網2024年1月28日，http://www.bsm.org.cn/?hanjian/9346.html。

869. 姚磊：《〈敦煌懸泉置遺址〉讀後札記》，"簡帛"網2024年1月31日，http://www.bsm.org.cn/?hanjian/9352.html。

附記：

本文是古文字與中華文明傳承發展工程"中國文書簡的理論研究與體系構建"（G1424）的前期成果。

作者簡介：張官鑫，男，1997年生，清華大學歷史系博士研究生，主要研究方向爲秦漢史、簡牘學。

《簡牘學研究》文稿技術規範

《簡牘學研究》文稿技術規範在原有基礎上進行了適當調整，敬請同仁垂注。

一、作者投稿，請惠寄打印稿或電子稿（WORD+PDF 文檔）。文稿務請達到齊（内容摘要、關鍵詞、正文、注釋均需完整）、清（整齊清晰）、定（作者定稿）。

二、本刊采用繁體横排。標題下爲作者名，後加括號標注作者單位、城市名、郵編，如：×××（西北師範大學簡牘學研究所，蘭州 730070）。

三、論文正文前需附内容摘要（200—300 字）、關鍵詞（3—5 個，以分號隔開）。綜述、書評、會訊等不附内容摘要和關鍵詞。

四、文内分節或分層的數字順序依次是：一、二、三、四、……；（一）（二）（三）（四）……；1. 2. 3. 4. ……；（1）（2）（3）（4）……。二級、四級標題後不再加標點，三級標題阿拉伯數字後用"．"。

五、本刊采用頁下注，每頁連續編號，注號采用①②③……數碼形式，**標在標點符號（頓號、逗號、句號、引號等）之後，上標**。各類引文注釋格式如下：

（一）著作類：〔撰寫者時代或國别〕作者，譯者或整理者（譯著或古籍整理類）：《著作名》卷數，出版社，年份，第 × 頁。習見古籍如二十四史、《資治通鑑》等，征引時不出撰寫者時代和作者。增訂本、修訂本、書的册序標在書名號内，加括弧。

（二）論文類：〔國别〕作者，譯者（譯文類）：《論文名》，《期刊名》年期。

（三）集刊類：〔國别〕作者，譯者（譯文）：《論文名》，編者《集刊名》，出版社，出版年，第 × 頁。集刊"第 × 輯（卷、期）"中的"×"統一爲阿拉伯數字，"第 × 輯（卷、期）"標在書名號外，不加括弧。（注：以上〔國别〕〔時代〕都用六角括號〔〕括注，非方括號［］）。

（四）凡征引文獻以"參見""詳見""并見"等引導，作者直接與論著名連接，不加"："。如：參見陳夢家《漢簡綴述》，中華書局，1980 年，第 20 頁。

（五）同一文獻再次引用時，仍需完整標出責任者、著作名、出版信息和頁碼。一律不采用"前揭""前引""同前注""同上注"等。

（六）網絡文章，先標注出網絡名、發表時間，再標注出網址。如：陳偉：《嶽麓書院秦簡"質日"初步研究》，"簡帛"網2012年11月17日，http：//www.bsm.org.cn/show_article.php?id=1755。再次引用時，不需再標出網址，如：陳偉：《嶽麓書院秦簡"質日"初步研究》，"簡帛"網2012年11月17日。

（七）學位論文格式：××大學博士學位論文，××××年。

六、綜述、書評、會訊等所評述的論著，出版信息以括號形式注出，如：裘錫圭《湖北江陵鳳凰山十號漢墓簡牘考釋》（《文物》1974年第7期）。

七、因突出引文的重要而另立段落者，引文第一行起首空四格，從第二行起，每行之首均空兩格。引文的首尾不加引號。引文的注釋號標在引文最後標點之後。

八、系統在默認狀態下不能處理、錄入的文字，請造字或以圖片形式插入正文。

九、數字的用法

（一）一般性叙述均使用阿拉伯數字。

（二）古籍文獻中的卷數，如"《漢書》卷九七上""《資治通鑑》卷一〇〇"，使用漢字。

（三）中國朝代的年號及干支紀年使用漢字，其後加括號標出公元年代。如：秦始皇二十六年（前221）；建武二十五年（49）秋。

十、標點符號的用法

（一）文字間的連接號采用長橫"——"，占兩個字符；數字間的連接號采用短橫"—"，占一個字符。

（二）省略號前、後均不加逗號、句號等標點符號。如《漢書·王莽傳上》："公卿咸嘆公德……傳曰申包胥不受存楚之報……"。

（三）連續使用引號或書名號，之間不加頓號，如"案""劾"，《史記》《漢書》等。

十一、表格形式

表格需注明表題，文中含一個以上的表需用阿拉伯數字注明表序號，表中或表後應注明資料來源。

十二、課題、項目資助、鳴謝等以附記形式附正文後。

十三、文末附作者詳細信息（姓名，性別，出生年月，工作或學習單位，職稱，學歷，專業領域）。

《簡牘學研究》征稿啓事

　　《簡牘學研究》創刊於 1997 年，是國内較早的簡牘（簡帛）學類專業學術集刊，至今已公開出版十五輯。現由西北師範大學歷史文化學院、甘肅簡牘博物館、河西學院河西史地與文化研究中心、蘭州城市學院簡牘研究所聯合主辦。

　　優質稿件是辦好刊物的根本，《簡牘學研究》衷心希望學界同仁鼎力支持，惠賜與下述内容相關的佳作，并對我們的工作予以批評指導。

　　1. 出土簡牘的整理、考證成果；2. 以簡牘爲主要材料，研究中國古代語言文字、制度、歷史、社會、文化、思想的成果；3. 代表性的國外簡牘研究成果譯文；4. 包括簡牘學理論方法探討、簡牘研究綜述、簡牘研究新書評介、簡牘研究論著索引、簡牘學人專訪在内的簡牘學學術史動態。

　　惠賜稿件請注意以下事項：
　　1. 本刊注重稿件的原創性、首發性，祇接受首發投稿。已在正式出版物和網絡上刊發者，均不視爲首發。
　　2. 來稿應遵守學界公認的學術規範，作者文責自負。
　　3. 來稿格式請按照《〈簡牘學研究〉文稿技術規範》執行。
　　4. 來稿請提交 word 文本和 pdf 文本的電子文稿（電子郵件）。
　　5. 本刊實行雙向匿名專家審稿制度。稿件中勿出現作者個人信息，請另紙寫明作者姓名、工作單位、職稱或職務、電話號碼、電子郵件、通訊地址和郵政編碼，以便聯繫。
　　6. 本刊處理來稿期限爲三個月。逾期未接到通知，作者有權對自己的稿件另行安排。
　　7. 來稿一經刊用稿酬從優，并奉送樣刊兩本。
　　來函請寄：
　　甘肅省蘭州市安寧東路 967 號西北師範大學歷史文化學院
　　魏振龍收　郵編：730070
　　電子郵件請寄：
　　jianduxueyanjiu@nwnu.edu.cn